企業訴訟実務問題シリーズ
COMMERCIAL LITIGATION

森・濱田松本法律事務所 [編]
弁護士 大石篤史・小島冬樹・飯島隆博 [著]

Tax Litigation

税務訴訟

中央経済社

はしがき

　本書は，森・濱田松本法律事務所に所属する弁護士が，企業訴訟にかかる知識経験に基づき執筆した「企業訴訟実務問題シリーズ」の1つとして，税務訴訟について解説するものです。

　税務訴訟は，本シリーズにおいて取り上げられる他の訴訟類型とは異なる特殊性を有しています。すなわち，税法や訴訟制度自体の特殊性に加え，企業の側から見ると，プランニング～税務調査～不服申立て・税務訴訟という各段階において，事業部門，税務部門（経理部門，財務部門等）および法務部門という，少なくとも3つの部門の関与が必要であり，また外部の専門家（弁護士，税理士等）の関与も必要になります。たとえば，企業が取引を行う際には，ビジネス面，税務面および法務面から，プランニングの検討を同時に行う必要があります。

　しかし，企業（特に大企業）においては，検討の主体が各部門に分割される結果，連携が不十分となることがあります。このことは，税務調査や不服申立て・税務訴訟という「有事」に至った段階において，特に問題となります。たとえば，税務調査においては，税務部門が税務当局への対応を担当することが多いと思いますが，その場合には，税務部門の担当者が，法務部門と連携し，必要に応じて専門家の助言を得て，問題とされている税法の解釈・適用に関する正しい理解に基づいた対応をしなければなりません。ところが，それが不十分であるために，事業部門に対して的確な事実確認を行うことができず，税務当局に対する説明が不完全となり，その結果，不本意な形で課税処分を受けるリスクがあります。不服申立てや税務訴訟に至り，弁護士に手続を委ねる段階においても，同様に税務部門と法務部門の連携がなければ，弁護士に対して適時に適切な情報共有ができず，裁判所等に対する主張立証が不完全となるリスクもあります。

　もちろん，プランニングの段階においても，法務部門と税務部門が連携し，問題となり得る税法の解釈・適用に関する検討のポイントを共有できていなければ，プランニングに不備が生じるリスクがあります。

はしがき

　このように，企業は，プランニング～税務調査～不服申立て・税務訴訟という各段階において，税務と法務を一体として検討しなければ，本来正当な企業の主張が認められず，ひいては過大な税負担やレピュテーションリスク，役員責任等の問題を惹き起こしかねません。

		プランニング	税務調査	不服申立て・税務訴訟
実際の関与	税務部門	○	○（ただし，法的検討が不十分な場合あり）	△
	法務部門	△	△	○
必要な関与	税務部門	○	○	○
	法務部門	○	○	○

　当法律事務所は，このようなプランニング，税務調査および不服申立て・税務訴訟のいずれの場面においても，法務・税務について一体的なアドバイスを提供する必要性から，税理士事務所を立ち上げ，連携して業務を行っています。

　上記のような問題意識から，本書は，（訴訟には関心が薄いかもしれない）税務部門の担当者，（税務には関心が薄いかもしれない）法務部門の担当者をはじめ，企業において税務に触れる機会のある方々に是非広く読んでいただきたく，税務調査を含む手続の基本から，近時の裁判例等に基づく戦略の検討に至るまで，内容の充実を図っています。

　本書では，まず税務訴訟の全体像として，第1章および第2章において，税務調査も含め，税務訴訟の特殊性および具体的な手続に照らした訴訟戦略について説明します。単に税務調査や訴訟の一般的な手続について概説するのではなく，筆者らの経験を踏まえ，各手続段階における具体的な対応のポイント等について，可能な限り実務的な説明を心がけています。

　第3章から第5章では，典型的な税務訴訟として，近時の裁判例を，「租税回避」，「グループ内取引」および「会計と税務の交錯が問題となる事案」に分類したうえで，それらの分析を通じて，企業がとるべき戦略について検討しま

す。筆者らの経験上，企業が当事者となる近時の税務訴訟はこのような問題類型として顕れることが多いことから，税務に携わる担当者におかれては，是非ご理解いただきたい内容です。

　本書によって，企業の皆様が税務訴訟への関心および理解を深め，有事における税務調査，税務訴訟対応についてはもちろん，平時のプランニング段階における検討の一助となれば，筆者らとしては望外の喜びです。

　最後に，中央経済社法律編集部の川副美郷さんには，力強いサポートをいただいたことに心から感謝申し上げます。

　平成29年1月

執筆者を代表して
弁護士　大石　篤史

目　次

第1章　はじめに
―税務訴訟の特殊性

第1節　税務訴訟に対する懸念 ―――――――――――――― 2
1. 税務訴訟は勝てるのか／2
2. 税務訴訟を提起すると，後で不利益を受けないか／4

第2節　税務訴訟の特徴 ―――――――――――――――― 5
1. 企業法務からは縁遠い税務訴訟／5
2. 複雑・難解な租税法／6
3. 課税処分の高額化／7
4. 税務訴訟と取締役の善管注意義務との関係／8

第2章　税務訴訟における訴訟戦略

第1節　税務調査対応 ―――――――――――――――――― 12
1. 税務調査対応の重要性／12
2. 税務調査手続の概要／13
3. 課税処分／24

目　次

第2節　不服申立て対応 ―― 32

1. 不服申立手続の概要／32
2. 再調査の請求・審査請求における実務上の注意点／39

第3節　税務訴訟対応 ―― 41

1. 訴訟当事者／41
2. 訴訟戦略の確立／44
3. 租税法のリサーチ方法／46
4. 訴訟の各段階でのポイント／51

第3章　租税回避行為の否認が争点となる事案

第1節　総　論 ―― 70

1. 「租税回避」の意義／70
2. 租税回避行為の「否認」とは／71
3. 租税回避行為の否認の類型／73
4. 本章のテーマ／75

第2節　個別否認規定による否認 ―― 76

1. 個別否認規定とは／76
2. 裁判例の展開
   ―タックス・ヘイブン対策税制に関する事案を通じた分析／80
3. まとめ―裁判例を踏まえた戦略／98

第3節　事実認定による否認 ―― 100

1. 事実認定による否認とは／100
2. 理論と裁判例の展開／101

目　次

3　まとめ―裁判所の考え方を前提とした戦略／118

第4節　法解釈による否認 ─────────── 123

1　法解釈による否認とは／123
2　裁判例の展開／129
3　まとめ―判例による租税法解釈のルールを踏まえた戦略／145

第5節　一般的否認規定による否認 ─────── 148

1　一般的否認規定とは／148
2　裁判例の展開―「不当」の解釈論を中心に／151
3　まとめ―判例による「不当」の判断基準を踏まえた戦略／176

第6節　租税回避行為の否認が争点となる事案における戦略の総括 ─────── 181

1　判例を踏まえた「租税回避行為の否認」の再整理／181
2　納税者としての戦略の総括／183

第4章　グループ内取引が争点となる事案

第1節　総　　論 ─────── 188

第2節　通常の事業活動としてなされる取引に関する諸問題 ─────── 190

1　適正な時価による取引の問題／190
2　寄附金課税に係る裁判例／192

目　次

第3節　株主法人間取引に関する諸問題 —— 206
1　株主法人間取引の特殊性／206
2　出資（Contribution）に関する税務訴訟—有利発行／207
3　分配（Distribution）に関する税務訴訟／222

第5章　会計と税務の取扱いが交錯する事案

第1節　総　　論 —— 238
1　企業会計と法人税法の関係に関する伝統的な議論／238
2　近時の議論／239

第2節　企業会計と公正処理基準 —— 242
1　基本となる判例—大竹貿易事件（納税者敗訴）／243
2　近時の裁判例①—ビックカメラ事件（納税者敗訴）／247
3　近時の裁判例②—オリックス事件（納税者勝訴）／254
4　企業会計と公正処理基準の関係についての検討／266

第3節　企業会計と別段の定め —— 278
1　近時の裁判例—アリコ事件（納税者勝訴）／278
2　企業会計と「別段の定め」についての検討／282

事項索引 —— 287
判例索引 —— 292

凡　例

■判例集・雑誌
民（刑）集：最高裁判所民（刑）事判例集
集民：最高裁判所裁判集民事
訟月：訟務月報
税資：税務訴訟資料
判時：判例時報
判タ：判例タイムズ
ジュリ：ジュリスト
金判：金融・商事判例
税大論叢：税務大学校論叢

■主な文献
金子：金子宏『租税法（第21版）』（弘文堂，2016年）

■法令・通達
措置法：租税特別措置法（昭和32年3月31日法律第26号）
措置法施行令：租税特別措置法施行令（昭和32年3月31日政令第43号）

第1章

はじめに
──税務訴訟の特殊性

　本章では，税務訴訟の全体像を示す一環として，税務訴訟がそれ以外の訴訟と比較していかなる特殊性を有するのか，という点について検討を加える。税務訴訟の実態については必ずしも正確な情報が共有されているわけではないため，納税者からは，税務訴訟では勝てないのではないか，税務訴訟で争うとその後の税務処理において不利益を受けるのではないか，といった懸念が示されることがある。しかし，このような懸念は必ずしも正当なものではない。

　また，企業において税務訴訟に関与する機会のある担当者が多くはないことや，税法の規定が複雑難解であることから，これまで税務訴訟は企業法務においても特殊な領域とされてきた。しかしながら，課税処分が高額化するなどの背景のもと，漫然と課税処分を容認することはレピュテーションの問題や役員の法的責任を生じさせることすらあり得る。そのため，税務訴訟の実態について適切に理解する必要がある。

第1章　はじめに—税務訴訟の特殊性

第1節

税務訴訟に対する懸念

　税務処理に関し，税務当局との間で食い違いが生じた場合，納税者は，税務当局の指摘に従って納税を行うか，争うかの2つの選択肢を有する。納税者が税務当局と争うかを判断する際には，主に，以下の2点を懸念することが多い。

> 懸念①：国（または地方公共団体）を相手として税務訴訟を提起したとしても，どうせ勝てないのではないか？
> 懸念②：いったん税務当局の指摘を争うと，次からの税務調査が厳しくなるのではないか？

1　税務訴訟は勝てるのか

　まず，懸念①について，本当に，納税者は税務訴訟で勝訴できないのか，実際に公表されている納税者の勝訴率は以下のとおりである[1]。

【図表1−1】　異議申立ての状況

区分	申立て件数		処理済件数	請求認容件数	
		伸び率			割合
	件	%	件	件	%
平成22年度	5,103	6.4	4,746	476	10.0
23	3,803	△25.5	4,511	375	8.3
24	3,424	△10.0	3,286	325	9.9

1　http://www.nta.go.jp/kohyo/tokei/kokuzeicho/sonota2015/pdf/19_fufukushinsa.pdf

25	2,358	△31.1	2,534	253	10.0
26	2,755	16.8	2,745	256	9.3
27	3,191	15.8	3,200	270	8.4

【図表1-2】 審査請求の状況

区分	審査請求件数		処理済件数	認容件数	
		伸び率			割合
	件	%	件	件	%
平成22年度	3,084	△5.2	3,717	479	12.9
23	3,581	16.1	2,967	404	13.6
24	3,598	0.5	3,618	451	12.5
25	2,855	△20.7	3,073	236	7.7
26	2,030	△28.9	2,980	239	8.0
27	2,098	3.3	2,311	184	8.0

【図表1-3】 国側を被告とした訴訟状況

区分	訴訟提起件数		訴訟終結件数	原告勝訴件数	
		伸び率			割合
	件	%	件	件	%
平成22年度	350	3.2	354	27	7.6
23	391	11.7	380	51	13.4
24	340	△13.0	383	24	6.3
25	290	△14.7	328	24	7.3
26	237	△18.3	280	19	6.8
27	231	△2.5	262	22	8.4

　過去のデータを見ると，異議申立ての勝訴率は10％前後，審査請求の勝訴率は12％前後，および訴訟の勝訴率は8％前後となっている。この勝訴率を見て，意外に高いと思うか，やはり勝訴率は低いと思うかは，人それぞれであろう。ただ，通常の民事訴訟において原告が勝訴する率と比較すると，やはり税務訴訟における勝訴率は低いと評価せざるを得ない。なにゆえ納税者の勝訴率が低いのかについては，さまざまな説明が試みられている。たとえば，政府に好意的な裁判官が重要なポストに就任するため，裁判官は税務当局を敗訴させる判

決を出すことに消極的であるといった説明や，税務当局は，継続的に税務訴訟を担当していることから，租税判例等に精通しており，その知識・経験等を踏まえて勝訴できる事件を選択して課税処分をしている，といった説明がなされる[2]。

全体として勝訴率は低いものの，税務当局が勝訴する可能性が高いと考えて行われた課税処分のうち，10％前後が異議決定で取り消されており，異議決定によって取り消されなかった課税処分のうち，12％前後の割合で審査請求において取り消され，さらに，その残りの課税処分でさえも8％前後の割合で訴訟において取り消されているという事実は無視できないであろう（合算すれば，異議申立件数の約25％が取り消されていることになる）。また，訴訟提起件数は，本人訴訟も含まれており，税務に精通した専門家が代理人となった事件では，勝訴率はもっと高いのではないかと思われる。

2　税務訴訟を提起すると，後で不利益を受けないか

次に，懸念②については，そもそも訴訟さえ提起しなければ税務調査において調査官が手心を加えてくれるとの前提自体が誤っているように思われる。納税者が税法に従った適切な税務処理を行っていれば，それ以上に調査官から非違を指摘されることにはならない。また，課税処分を争った場合，その後の税務調査が厳しくなり，大量の資料を提出するように要求されるのではないか，との懸念を持つ向きもある。しかし，後記**第2章第1節2**のとおり，調査官は税務調査において広範な裁量を有するとはいえ，裁量には当然に限界があり，もし調査官から不合理な要求があれば毅然と対応すべきである。

以上のとおり，懸念②は，税務訴訟を提起するかどうかの考慮要素としては不適切であると思われる。むしろ，法的な根拠があいまいなままに，単に税務当局との厄介な紛争に巻き込まれたくないという目的で税務当局の指摘に応じて修正申告を行う場合には，後記**第2節4**のとおり，取締役として，会社に対する善管注意義務を果たしたといえるのかが問われ得ることになる。

---

[2] J・マーク・ラムザイヤー＝エリック・B・ラスムセン（吉村政穂訳）「どうして日本の納税者は勝てないのか？」『公法学の法と政策（下）金子宏先生古稀祝賀論文集』（有斐閣，2000年）147頁以下参照。

第2節

税務訴訟の特徴

1 企業法務からは縁遠い税務訴訟

　企業の法務部員のうち、労働訴訟、PL訴訟、システム開発訴訟といった民事事件については、一定の割合で生じることから、手続に精通している社員もいるであろう。しかし、税務訴訟は、頻繁に生じるものではなく、税務訴訟に精通した企業の法務部員はおそらくごく少数にとどまると思われる。また、企業の経理部で税務を担当している社員も、通常の申告業務や税務調査対応等については経験を有していたとしても、税務訴訟に精通している社員はやはり少数であろう。

　これは弁護士も同様である。弁護士は、日常的に民事事件を取り扱っていることから、民事事件であれば依頼者から事件の概要の説明を受けて、重要な証拠関係を見た段階で、おおよその事件の筋（勝訴できる可能性等）を見極められることが多い。しかし、税務訴訟を日常的に担当している弁護士は、限られていると思われる。【図表1-3】を見るとわかるとおり、日本全国で1年間に提起される税務訴訟の件数は200〜400件程度であるが、司法統計によれば、平成26年度における民事事件の通常訴訟の新受件数は約1万4000件である。このように、税務訴訟の件数は、通常の民事事件に比べて圧倒的に少なく、税務訴訟を担当する機会はそれほど多くないのが実情である。

　以上のとおり、通常の企業の法務部員・経理部員や一般的な弁護士が税務訴訟を担当することは、極めてまれであり、実際に目の前に案件がなければ、そもそも税務訴訟について勉強しようというインセンティブが働かないように思われる。

2 複雑・難解な租税法

　税務訴訟は，当然のことながら，租税法の解釈適用が問題となっている訴訟であるが，そもそも租税法の条文は複雑で入り組んでおり，一読では何が規定されているのか全く理解できないことさえある。特に，措置法の条文は，1つの条文の中に，二重括弧，三重括弧が当たり前のように使われており，どこからどこまでが括弧の中の文章なのか，それを把握することだけでも時間を要する。法律を読むことに慣れている弁護士であっても，当該条文を読んだだけでは，何が要件であり，その要件を満たすとどのような効果があるのか，ただちには把握できないことがしばしばある。このことを指して，税法の条文は，「一読して難解，二読して誤解，三読して不可解」などと揶揄されている。

　また，一般的に，所得税法は個人の課税関係，法人税法は法人の課税関係を規律していると考えられているが，一定の場合には法人に対しても所得税が課されることになっている（所得税法7条4号・5号）。また，所得税法や法人税法の規定が措置法や租税条約により修正されていることもある。したがって，租税法の体系を十分に理解しておかなければ，基本的な条文を見落とす可能性が高い。

　さらに，租税法は，法律の条文のみならず，施行令，施行規則が規定されており，国税庁からは当該条文の解釈適用に関する基本通達および個別通達が発遣されている。加えて，国税庁または国税局からは，Q&A，質疑応答事例，文書照会事例などが公表されている。また，クロスボーダー取引の課税関係が問題となる場合には，租税条約も検討する必要があり，租税条約の意味内容を理解するためには，経済協力開発機構（OECD）が公表しているモデル租税条約のコメンタリーを確認しなければならない。

　このように，ある取引の租税法の解釈適用を把握しようとすると，これらの膨大な法令等の森に分け入ってリサーチする必要がある。この森こそが，人を租税法から遠ざける1つの理由である。

　また，税務訴訟の手続も複雑である。税務訴訟は，行政訴訟の一類型であり，行政事件訴訟法に従って行われる。もっとも，行政訴訟も，行政事件訴訟法に規定されていない事項については，民事訴訟の手続の例によるとされているた

め(行政事件訴訟法7条),原則として,民事訴訟と同様の手続の流れとなる。しかし,後述するとおり,行政訴訟は,不服申立前置主義が取られており,課税処分に対していきなり訴訟を提起することはできない。また,出訴期間を経過すると,訴えが却下される。さらに税務訴訟との関係では,課税処分が複数ある場合の訴えの利益の有無についても,誤りが生じやすい。

以上のとおり,税務訴訟は,論点となる根拠法の理解も困難であり,かつ,手続も複雑・難解である。

3 課税処分の高額化

しかし,租税に関する紛争は,いったん生じた場合には,係争金額が大きくなりやすい。しかも,通常の民事訴訟であれば,仮に敗訴して金銭を支払ったとしても,支払った金銭は,一般的に損金の額に算入され,税額を減少させる効果を有するのに対し,税金については,敗訴した場合であっても,損金の額に算入できないことが多く(法人税法38条等),企業のキャッシュ・フローに多大な影響を生じる。

課税額が巨額となった税務訴訟等としては,主として以下のようなものがある。

【図表1-4】 課税額が巨額となった税務訴訟等

判決年月日	主な争点	課税額
最決平28・2・18 (IBM事件)	法人税法132条の解釈適用	約1200億円
平24・4・6異議決定 (武田薬品事件)	移転価格税制	約1223億円
最判平22・2・18 (武富士事件)	相続税法上の「住所」の解釈適用	約1330億円
最判平16・12・24 (興銀事件)	貸倒損失を法人税法22条3項に規定する損金の額に算入できるか	約1500億円

さらに,いったん課税処分が行われると,マスコミでは,「申告漏れ」・「所

得隠し」などと報道されることが多く，企業のレピュテーションを低下させることになる。それゆえ，税務当局からの指摘に納得できない場合には，不服審査や訴訟において，自らの見解が正しいことを堂々と主張する必要がある。

4 税務訴訟と取締役の善管注意義務との関係

また，近時は，取締役の善管注意義務の観点からも，税務訴訟は重要性を帯びてきている。たとえば，従業員の経理ミスや不正行為によって課税処分を受けた場合，取締役の監督（監視）義務違反や，内部統制システム構築義務違反となる可能性がある。

まず，取締役の監督（監視）義務違反に関し，東京地判平13・7・26判タ1084号113頁は，石油元売会社が石油製品の業者間転売取引を行っていた者に対して政界や官界の情報収集等の報酬として支出した金額を損金の額に算入していたところ，税務当局から当該報酬は交際費（措置法61条の4第4項参照）に該当することを理由として損金算入を否認され，重加算税を含めて約27億6000万円の追徴課税がされたため，同社の株主が株主代表訴訟を提起した事案である。この事件において，東京地裁は，「税法に従って適正に申告し，追徴課税等を避けて，納税額を最低限にとどめるように取締役が留意すべきことは一般論として当然なことではある」としつつも，「税務申告において，所得を算定するに当たって，特定の支出が収入から控除されるべき費用に当たるかどうかについて，税務当局と申告者との間で判断を異にする場合があることは，必ずしも少なくなく，そうであるとすると，追徴課税がされたということから直ちに取締役に責めに帰すべき事由があるとは断定できない」とし，また，従業員が外形上取引の形態で報酬を支払っていたことから，費用に計上されていることを見過ごしたとしても，これをもって取締役の監視義務に違反するということもできないと判断した。このような判示内容からすると，取締役に従業員の税務処理の誤りに関する認識可能性がない場合には，監督（監視）義務違反は成立しないものと考えられる[3]。この点について，鉄鋼メーカーがプラント工事

---

3 監督（監視）義務に関する認識可能性の具体的判断の整理については，澤口実編著『新しい役員責任の実務（第2版）』（商事法務，2012年）129頁以下参照。

の受注のための地元対策費を損金の額に算入していたところ、税務当局から使途秘匿金（措置法62条2項参照）として損金の額に算入することが否認され、約33億円の追徴課税がなされたため、同社の株主が株主代表訴訟を提起したという事案もある。この事案においては、役員は同社に対し、使途秘匿金に係る事案その他の解決金として2億3000万円を支払うとの和解が成立したようである[4]。詳細な事実関係や和解金の内訳等は不明であるものの、追徴課税を契機として役員の責任が追及された事例として参考になる。

次に、内部統制システム構築義務違反に関しては、電力会社の複数の社員が自ら取引権限を濫用し、または担当者からの不適切な発注依頼を看過して、架空または水増しの発注を行っていたところ、税務当局から追徴課税を受けたことから、株主が同社の役員に対して株主代表訴訟を提起したという事案がある（東京地判平11・3・4判夕1017号215頁）。原告株主は、取締役が従業員による不正行為および不正行為による危険を管理するシステムを構築せず、また、下位の職位者への権限委譲を容易にするために職務規程を作成していたものの、その職務規程には欠陥が多く、不正取引を未然に防止し得なかったと主張したのに対し、同判決は、取締役が従業員の業務執行について負う指導監督義務の懈怠の有無については、当該会社の業務の形態、内容および規模、従業員の数、従業員の職務執行に対する指導監督体制などの諸事情を総合して判断するのが相当であると判断し、当該事案においては取締役の責任を否定した。この事案では、従業員の不正行為を防止するための体制が構築されていたかどうかが争点となっており、タックス・コンプライアンス体制の構築が直接争点となっているものではないが、コンプライアンス体制が構築されていたかどうかを具体的事実に即して判断している点で、一定の参考となる。

以上のように、税務調査等を契機として不祥事が発覚することもあり、税務当局の指摘を認めるかどうかは、株主代表訴訟にも影響を及ぼしかねない。

---

4 読売新聞夕刊2010年3月30日付記事。

> **コラム　税務コンプライアンス**
>
> 　取締役は，不作為による任務懈怠によっても会社法上の責任を負うと解されている。不作為の任務懈怠が問題となる典型として，他の取締役および従業員に対する監督（監視）義務違反と内部統制システム構築義務違反の2つが挙げられる。監督（監視）義務は，他の取締役または従業員の違法な業務活動の内容を認識し，または認識しうる場合には，これを防止すべく行為する義務である。内部統制システム構築義務は，取締役の職務の執行が法令および定款に適合することを確保するための体制その他株式会社（ないしその企業集団）の業務の適正を確保するために必要なものとして法務省令で定める体制（会社法348条3項4号・362条4項6号）を整備する義務である。内部統制システム構築義務は，少なくとも会社の実情が規模的に直接の監視・監督を困難とするものになっていれば，会社の種類を問わず取締役に課されると解されている。
> 　税務に関しても，取締役の監督（監視）義務（特に税務を担当する取締役および従業員に対する監督義務）および内部統制システム構築義務が課されると考えるべきであろう。

第2章

税務訴訟における訴訟戦略

　本章では，税務調査，不服申立ておよび訴訟の各段階に応じて，それぞれの手続の概要および納税者がどのように税務当局・裁判所に対応すべきか，という点について実践的な検討を加える。
　税務調査に対する納税者の対応は，不服申立てや税務訴訟を見据えたものでなければならない。税務調査段階における対応は，その後の手続における主張立証活動を大きく制約することになる可能性があり，法務・税務の専門家と協働して戦略的な対応を行う必要がある。
　不服申立ておよび税務訴訟という現実の紛争の場面においても，租税法のリサーチ方法や特有の手続など，納税者が知っておかなければならない事項は多い。
　これらの特殊性を踏まえつつ，租税「法」に基づき，納税者が正当な権利を主張し，確保するために必要な戦略について述べる。

第1節 税務調査対応

1 税務調査対応の重要性

　税務当局が課税処分を行う前に，通常，税務調査が行われる。税務調査とは，国税通則法上，「国税（法第74条の2から法第74条の6までに掲げる税目に限る。）に関する法律の規定に基づき，特定の納税義務者の課税標準等又は税額等を認定する目的その他国税に関する法律に基づく処分を行う目的で当該職員が行う一連の行為（証拠資料の収集，要件事実の認定，法令の解釈適用など）をいう」とされている（国税通則法第7章の2（国税の調査）関係通達1－1）。

　税務調査には，任意調査と強制調査がある。

> ① 任意調査：
> 　任意調査は，税務調査の相手方の同意を得て行うものであり，税務職員が，直接強制することはできない。しかし，税務調査の相手方は，適法な税務調査である限り，質問に答え，検査を受忍する義務がある。回答を拒んだり，検査を妨げたりした場合，1年以下の懲役または50万円以下の罰金，そして法人も罰金が科される（国税通則法127条2号・3号・129条1項）。
> ② 強制調査：
> 　租税に関する犯罪の調査について，税務職員は，裁判所の許可を得て，捜索・差押等を行うことができる（国税犯則取締法2条）。このような強制調査は，任意調査と異なり，調査の相手方の同意の有無によらず，強制的に行われる。

　税務調査においては，税額の計算にとどまらず，税務に関するさまざまな法

律問題が論点となる。近時，M&Aに代表される複雑な商取引や，クロスボーダー取引が増加していることから，税務調査においても，これらの取引の内容や契約書の条項の意義等を十分に理解したうえで税務調査に対応する必要性がある。

特に，税務当局と全面的に見解が異なるような場合には，税務調査は訴訟等の前哨戦という色彩を帯び，訴訟等を見据えた戦略的な対応が必要となる。たとえば，税務調査段階において納税者が主張していた事実を，その後の手続で撤回すれば，それ自体，審判官や裁判官の心証に対して不利な影響を及ぼす可能性がある。さらに，いったん税務調査において税務当局に対して提出した資料を後になって取り戻すことはできない。このように，税務調査段階における対応は，その後の手続における主張立証活動を大きく制約することになる可能性がある。税務調査の段階で対応を誤ると，納税者にとって致命傷となる場合があり得る。

税務調査対応において特に気を付けるべきポイントは以下のとおりである。

- 質問内容を理解しないままに安易に答えない。
- 即答できない場合には，資料を確認して回答する旨を伝える。
- 社内関係各部署と密接な連携を取る。
- 精査することなく資料を提出することを避ける。
- 広い範囲で資料の提出を求められた場合には，可能な限り特定するように伝える。
- 後の訴訟において当局がいかなる資料を持っているのかを把握するために，提出した資料を記録しておく。
- 法解釈，契約解釈，事実評価の論点が生じた場合には，弁護士に相談する。

2 税務調査手続の概要

平成23年12月の税制改正前までは，個別の租税法規において税務調査手続が定められており，手続は税務職員の運用に委ねられていた。平成23年12月の税

制改正により、納税者の権利の明確化・拡充を目的として、国税通則法がそれまでの運用上の取扱いを明確にして規定することとなり、個別の各税法の税務調査手続が横断的に整備された。

税務調査手続の基本的な流れは次のとおりである。

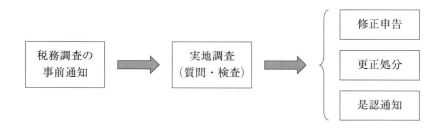

(1) 税務調査の事前通知

納税者に対して実地調査を行う場合、納税者またはその代理人に対して、調査の開始場所、調査の目的、調査対象税目、調査対象期間、調査の対象となる帳簿書類等に関する事前通知が必要とされている（国税通則法74条の9第1項）。これは、実際の実地調査の2～3週間程度前に行われることが多い。納税者から合理的な理由を付して日時や場所の変更の求めがあった場合には、協議するように努めることとされている（同条2項）。法人税の調査であれば、調査対象期間は3年であることが多い。

事前通知があった場合には、調査対象期間における申告書等の税務資料を整理することは当然のことながら、M&Aや大型な取引の契約書や資料についても精査しておくことが必要となる。

また、事前通知を行う担当部署により、いかなる調査が行われる予定かが判明することがある。すなわち、事前の通知では、調査を行う職員の氏名および所属官署が伝えられる（国税通則法74条の9第1項7号、同法施行令30条の4第1項2号）。そこで、税務調査を担当する部署を整理しておく。

まず、大きく分けて、資本金が1億円以上の法人かどうかで区別される。資本金が1億円以上である法人の場合には、国税局が税務調査を担当する。また、国税局は、外国法人の税務調査も担当する。それ以外の法人については、税務

署が税務調査を担当することになる。

　国税局が法人税の税務調査を行う場合，東京国税局を例にとると，調査第一部から第四部の部門に所属する調査官が実地調査を行うのが基本である。ただし，大口の納税者に対しては，部門ではなく，調査第一部特別国税調査官が税務調査を担当する。国内取引のみならず，海外取引も重点的に調査する場合には，調査第一部国際調査課所属の調査官が立ち会うことがある[1]。また，移転価格税制の適用が論点になる場合には，専門性が高いため，調査第一部国際情報第一，二課所属の調査官が立ち会い，移転価格調査を行う。最近では，コンピュータを利用したデータ分析等を行うため，税務調査に調査第一部調査開発課所属の調査官が立ち会うこともあるようである。

　税務署が法人税の税務調査を行う場合，法人課税部門に所属する調査官が実地調査を行う。海外取引も調査する場合には，国際税務専門官が立ち会うことがある。また，税務署での調査が困難であると判断された場合には，国税局課税部資料調査課所属の調査官が立ち会うことになる。それゆえ，国税局課税部資料調査課所属の調査官が臨場する場合には，税務当局は納税者に非違があり，納税者が悪質な税務処理をしているとの疑念を抱いていると想定できる。また，資本金が１億円未満の法人のうち，大口納税者に対しては，税務署の特別国税調査官が税務調査を担当する。

　なお，源泉所得税の税務調査については，法人税の調査が国税局であったとしても，税務署の法人課税部門が担当する。

　上記の実地調査を担当する部門とは別に，税務調査の中で法律の解釈適用の質問を受けたり，調査結果を審理したりする部署として，国税局には調査審理課，税務署には審理官が置かれている。

　以上のとおり，事前通知により，どの部署の職員が税務調査に来るのかを知ることができ，来るべき税務調査の目的をある程度把握することが可能である。

　なお，国税に関する調査の適正な遂行に支障を及ぼすおそれがあると認める場合には，事前通知が不要とされていることから（国税通則法74条の10），取引先等に対する反面調査の際には事前通知が行われないことが多い。

1　遠藤克博＝三関公雄『海外進出企業のための税務調査対応と文書化の実務』（大蔵財務協会，2015年）23頁以下。

(2) 実地調査

① 質問検査権の範囲

　税務当局は、調査の必要があるときは、納税者に対して質問し、帳簿書類その他の物件を検査できるとともに、帳簿書類等の提示・提出を求めることができ（国税通則法74条の2）、国税の調査について必要があるときは提出物件を留め置くことができるものとされている（同法74条の7）。

　税務調査については、任意調査であっても納税者が受忍・協力する義務がある。税務職員は、合理的な範囲で質問・検査を行うことができると解されており（最判昭48・7・10刑集27巻7号1205頁）、かつ、納税者には、税務職員に対して調査の理由等の開示を求める権利は認められていない。ただし、質問検査権の行使が税務職員の自由裁量に委ねられているわけではなく、一定の制約もあり、さらに、強制調査と異なり、税務職員が強制的に資料を徴収することはできない。

　納税者としては、税務調査を受ける際には、そもそも税務調査の適法性の確認のため、税務職員の身分証明書を確認する必要がある。また、税務調査においては、要求された資料を漫然とすべて提出するのではなく、要求された資料がなぜ必要であるかの理由を確認するなどして、適切な範囲でのみ税務調査を受けるように対応することが重要である。

　もっとも、実務上、任意調査で要求された資料をどの範囲で提出すべきかは、常に悩ましい問題である。以下では、税務調査においてしばしば論点となるポイントについて説明する。

② 税務調査と個人情報保護法との関係

　まず、個人情報保護法の適用がある情報が記載されていることを理由として、税務調査において資料提出を拒否できるかが問題となる。

　この点について、企業は、個人情報取扱事業者として、原則として本人の同意なく第三者に対して個人データを提供してはならない（個人情報保護法23条1項柱書）。ただし、「法令に基づく場合」には第三者に個人データを提供することが許容されている（同項1号）。税務調査は、「法令に基づく場合」に該当するため、企業が税務職員に対しその保有する個人データを提供しても個人情報保護法に反することにはならないし、逆に言えば、個人情報保護法を理由と

して顧客の個人データの提出を拒むことはできない。

　しかし，個人のセンシティブな情報が記載されている資料については，税務調査官に対して，いかなる理由で当該資料が必要であるのかや，マスキングによる提出は可能であるか等を確認することも考えられよう。

③　電子メールの取扱い

　実務上，しばしば電子メールの閲覧やプリントアウトの提出を求められた場合の対応が問題となる。この点については，上記最高裁判決が税務調査官の裁量を認めているため，客観的な必要性が認められる場合には，原則として電子メールを閲覧させるか，またはプリントアウトした資料を提出する必要がある。

　しかし，電子メールの分量が相当多くなる場合や，電子メールに企業秘密が記載されている場合には，電子メールの提供の要求は合理的な範囲を超えるものとして，電子メールの範囲を日付・送信者等により特定することや，いかなる調査で電子メールの閲覧が必要なのかを明らかにするように申し入れて，合理的な範囲に限定して提出することも検討すべきであろう。

　また，すでに電子メールが社内規則等に従ってサーバーからも消去されて復元できない場合には，その旨を伝えて，なぜ提出できないかを説明すべきである。ただし，税務調査が開始された後で電子メールを消去すると，仮装隠ぺい行為が行われたとして重加算税の対象となりかねない点には十分な注意が必要となる。

　なお，電子メールが重要な証拠となり得ることから，取引の組成時から税務調査を念頭において電子メールでやりとりを行うことにより，取引の検討過程を詳細に証拠化しておき，税務調査の際に積極的に自らの立場を説明する資料として提供することも考えられる。

④　秘匿特権の有無

　納税者が弁護士・税理士から法的アドバイスを受けていた場合，当該アドバイスが記載されている文書は，税務調査において提出要求があった場合において提出しなければならないかという問題がある。諸外国においては，納税者は，弁護士等からのアドバイスに関する文書を提出する必要はないという弁護士・依頼者間の秘匿特権が認められている国もある。たとえば，米国においては，税務調査においても秘匿特権（Attorney-Client Privilege）が認められており

(ただし，依頼者は放棄可能)，また，弁護士が訴訟を予想して作成した意見書等については開示を強制されることはないという法理（Work-Product Doctrine）も存在する。

しかし，日本においては，かかる秘匿特権や法理を認める規定や判例は存在しない。このため，税務調査官が文書提出の必要性・相当性を認めた場合，納税者は原則として受忍・協力する義務があると考えられている。

(3) 弁護士の立会い・弁護士意見書の必要性
① 弁護士の立会いの手続

税務調査においては申告書を作成した税理士が立ち会うことが多い。しかし，法律や契約の解釈が争われるような場合には，税理士とともに弁護士が税務調査に立ち会うこともあり，近時ではその例が増加している。

そもそも弁護士が税務調査に立ち会うためには，次の2つのいずれかの手続をとっておく必要がある。

> (i) 税理士業務を行うものとして，管轄の国税局長に対して所属弁護士会を通じて通知する方法（税理士法51条）
> (ii) 税理士登録をする方法

弁護士で税理士登録を行っている者は少数であることから，通常は，(i)の方法のように，管轄の国税局長に対して税理士業務開始の通知をすることになる。かかる通知の効果が発生するのは，実務上弁護士会に申請してから1週間程度を要する。そのため，弁護士に税務調査の立会いを求める際には，税務調査の日程との関係で，弁護士に対して早めに伝える必要がある。

なお，上記2つのいずれの手続もとっていない場合，弁護士が税務調査に立ち会うことは許されるかという問題がある。この点について，弁護士は，弁護士法上，「弁護士は，当然，……税理士の事務を行うことができる」と規定している（弁護士法3条2項）ことからすれば，上記の手続は不要であるとの考え方もあり得る。しかし，大阪高判平24・3・8訟月59巻6号1733頁は，「弁護士が当然税理士の事務を行うことができる旨を定める弁護士法3条2項の規定は，税理士法による制約を受け，弁護士が現実に税理士業務を行うについて

は，税理士法の手続規定に従い，同法18条の税理士の登録を受けるか同法51条1項による通知を要するものと解するのが相当である」と判断している。したがって，上記2つの方法のいずれかの手続をとる必要があると思われる。

さらに，弁護士が税務調査に立ち会うためには，税務代理権限証書が必要となる。国税庁は，税理士または税理士法人用の税務代理権限証書のフォームを公表しており，実務上は，このフォームを弁護士用に修正のうえ，必要事項を記載して提出することとなる。

② 弁護士の立会いのメリット

税務調査においては，税務調査官との間で，税務に関するさまざまな法律問題が論点となる。とりわけ，近時，M&A取引やファイナンス取引などの複雑な商取引や，クロスボーダー取引が増加していることから，税務調査においても，これらの取引の内容や契約書の条項の意義等を十分に理解したうえで対応する必要性が増している。

また，ここ十数年間で，M&A取引やファイナンス取引に関する重要な裁判例や裁決例，租税法学の議論が積み重ねられてきている。税法も法律である以上，税務調査において，裁判所の判断や学説を前提とした説得的な法的主張を展開することが必要となっている。さらに，現在の裁判例および学説によれば，課税関係は私法上の法律関係を前提として決定されるため，私法上の法律関係を正確に理解することが，税務調査対応の大前提となってきている。また，取引の内容によっては，各種業法（金融商品取引法，資金決済法，薬事法など）との関係についても十分に配慮する必要がある。

以上のような背景から，税務調査において，弁護士が立ち会う必要が増している。特に，問題となりやすい取引の主な類型は，以下のとおりである。

■私法上の法律関係が問題
- ✓パートナーシップ・信託・匿名組合関連等の節税スキームに係る契約解釈が問題となる事例
- ✓問屋・委託販売等，請負・委任の区別，知的財産権の帰属等が問題となる事例
- ✓会社法，業法（金融商品取引法，保険業法，割賦販売法，貸金業法等）

の解釈が課税関係に影響する事例
　✓新規性のある複雑な取引（M&A・組織再編・金融取引等）に関する契約解釈が問題となる事例
　✓証券化・流動化事案において金融資産の性質等が問題となる事例
■裁判例の射程が問題
　✓行為・計算否認規定の適用が問題となる事例
　✓新株の有利発行が問題となる事例
■クロスボーダー取引が問題
　✓タックス・ヘイブン対策税制の解釈が問題となる事例
　✓PE（恒久的施設）の認定が問題となる事例
　✓消費税の内外判定・輸出免税の該当性等が問題となる事例

　このような状況を踏まえ，企業における税務調査対応のあり方も見直しを迫られていると思われる。

(4) 質問応答記録書（聴取書）の作成―署名の要否と証拠としての重要性

　税務調査の際に，税務調査官との質疑応答について，質問応答記録書（従前の聴取書）を作成することがある。質問応答記録書は，法的根拠に基づく文書ではなく，税務調査官が内部報告または訴訟に向けて，事実を明らかにする目的で作成されるものである。

　作成の方法として，まず税務調査官が納税者の担当者に対して事実関係等を質問したうえで，所定の用紙に手書きまたはパソコンを利用して問答方式で質疑応答を記載し，税務調査官が質問を受けた者に対して読み聞かせを行い，その者が署名・押印するという流れとなる。

　納税者は，質問応答記録書の作成や署名・押印を拒否できるか。この点については，そもそも質問応答記録書は，法令に基づくものではなく，調査官の事務処理の観点から作成されるものであるため，納税者には，作成に協力する法的義務や署名・押印する法的義務はない。そこで，署名・押印を拒否したとしても，法的には問題は生じない。

　しかし，納税者が署名・押印がなかったとしても，税務調査官が作成した質

問応答記録書に記載された内容は，訴訟等において，事実認定の証拠として利用されることがある。すなわち，一律に質問応答記録書の作成や署名・押印を拒否したような場合には，税務調査官が納税者の確認なく報告書を作成し，それが訴訟において証拠として提出され，不利な事実認定がされる可能性がある。そうなるよりも，納税者側としては，むしろ，質問応答記録書の作成に協力し，自らが発言した内容が正確に記載されているかどうかを十分に確認する機会を確保したうえで，署名・押印するという対応が穏当な場合も多いであろう。

この場合に注意すべき点は，作成した質問応答記録書の写しを交付してもらうことはできないという点である。写しを交付してもらい，その後，税務専門家に確認してもらったうえで，訂正を申立てるといった対応はできない。そこで，自らに不利な内容になっているかどうかを判断できないときには，安易にその場で署名・押印せずに，まずは専門家に確認したい旨を申し述べて，後から専門家の同席のもとで確認すべきである。特に，税務調査官と納税者との主張が激しく対立しており，その後の税務紛争が見込まれる場合には，裁判所が質問応答記録書の記載内容をどのように評価するのかを見極める必要があることから，税理士に加えて弁護士に立会いを依頼することも考えられる。

質問応答記録書がどのように事実認定に利用されるかの例として，名古屋地判平27・3・5ウエストロー2015WLJPCA03059006が挙げられる。同判決において，ゴルフ場事業の譲渡において営業権が計上できるかという争点に関し，税理士が以下のような応答をした旨の質問応答記録書が作成されたことが指摘され，事実認定に用いられている。

> 「本件ゴルフ場の営業権の価額を14億2,000万円とするように指示され，原告P_2が数年間営業しただけでこのような金額になることには疑問があったものの，そのままの金額で預金として計上した。」，「原告P_2が取得する部分の内訳を明らかにすることはできなかったため，P_5（注：納税者の代表者を指す。以下同様）から言われるままの金額で営業権譲渡の対価を計上することにした。」，「P_5からは，税金を抑えたいとの話があり，税額の話をすると，何度も，もう少し少なくならないのかという話をされた。」

いったん質問応答記録書において記載された内容は，その後，特別な事情が

なければ，訴訟等において当該内容と異なる事実を主張したとしても，その内容を覆すことは困難であるため，作成する際には細心の注意が必要となる。

(5) 調査官との交渉[2]

　税務調査が進行すると，税務調査官の見解と納税者側の見解が異なる点がある程度絞られてくる。見解の相違点が複数ある場合，論点ごとに，税務調査官と納税者のいずれに有利なのかについて，濃淡が出てくる。それゆえ，たとえば，A（交際費）の論点と，B（期ずれ）の論点の2つがあった場合，調査官から，Aの論点については課税しない代わりに，Bの論点については誤りを認めて修正申告をしてはどうか，という提案がなされることがある。この背景としては，税務当局にとって，納税者による修正申告によって決着するほうが更正処分を行うよりも効率的であること等が考えられる。

① 具体例

　典型的には，社長が個人的な費用の支払に会社の資金を充てていた場合，社長に対する貸付金か，それとも社長に対する賞与かの認定が問題になるという例がある。社長に対する貸付金である場合には，会社は利息の計上漏れで終わることが多く，社長に対する賞与である場合には，会社で損金算入が否定されるのみならず，源泉漏れが生じ，さらに，社長に対する給与所得課税が生じる。そこで，納税者と税務調査官との間で対立が生じることになる。このような状況のもと，税務調査官は，役員賞与として認定せず，社長に対する貸付金として処理することを認めたうえで，他方で，当該貸付金の利息に係る重加算税を賦課するとの妥協案を提案することもある。

　また，移転価格税制に関する税務調査において，独立企業間価格の算定方法に関して，さまざまな指標や算式が用いられるが，税務調査官の主張と納税者の主張をそれぞれ取り入れた妥協案を提案することがある。また，時価評価の問題などについても，税務調査官から妥協案を示されやすい類型である。

② 税務調査官の妥協案を受け入れるべきか

　納税者としては，税務調査官からの妥協案を受け入れて，一部について修正

　2　「税務行政におけるネゴシエーション」日税研論集65号の各論稿参照。

申告するかどうかは，法律判断というよりも，経営判断の側面が大きい。すなわち，取締役としては，会社の主張の正当性と最大リスクに関する情報を収集したうえで，その情報分析やリスク評価等に基づいて最終的に判断することになる。

まず，情報収集については，税務調査官の指摘がそもそも税法に照らして合理性を有するかどうか，反対に，会社の税務処理がどの程度税法上の根拠を有するかに関して税務および法務の専門家による分析が必要となる。さらに，税務当局と争いとなった場合のコスト（専門家への報酬，印紙など）の多寡，時間，税務当局の指摘を受け入れることによるレピュテーション・リスク（修正申告がマスコミ等に漏れることを想定），今後の同種の取引への影響等に関する情報も収集する必要がある。このように必要な情報を収集したうえで，妥協案を受け入れるかどうかを判断しなければならない。

特に重加算税（国税通則法68条）の賦課を受け入れる場合には，重加算税の税率が本税額の35％または40％と高率であることに加えて，会社が自ら税務処理に隠ぺいまたは仮装があったことを認めることになるため，単なる過少申告よりも深刻なレピュテーションの問題に直面すると思われる。

以上のような検討を行わずに，税務調査官の妥協案を受け入れた場合には，取締役の善管注意義務上の問題を引き起こす可能性がある点に注意が必要である。

(6) 調査終了後の手続

平成23年12月の税制改正により，税務調査の終了後，更正決定等をしない場合にはその旨を書面で通知することになった（国税通則法74条の11第1項）。更正決定等をすべきと認められる場合には，納税者に対してその調査決定の内容を説明するものとされた（同条2項）。かかる説明をする場合，納税者に対して修正申告等を勧奨することができるとされており，修正申告を行った場合には不服申立てをすることはできないが，更正の請求をすることはできる旨を説明し，その旨を記載した書面を交付するものとされている（同条3項。なお，更正の請求の期間制限は1年から5年に延長された）。また，更正決定については，行政手続法の適用により，すべての処分について理由を附記することとなった

（国税通則法74条の14）。

(7) 再調査

これまで再調査については法令上の規定はなかったが，調査終了後の手続を行った後に，新たに得られた情報に照らして非違があると認められるときは，税務当局は，納税者に対して質問検査を行うことができることが明確にされた（国税通則法74条の11第6項）。

3 課税処分

(1) 本税に対する処分

納税者の主張が税務調査官に認められなかった場合には，課税処分に至ることになる。税務当局は，納税者が申告書を提出している場合には，更正を行い（国税通則法24条），納税者が申告書を提出していなかった場合には，決定を行う（同法25条）。かかる更正や決定は，税額等の一定の情報が記載された通知書を納税者に送達することによって行われる（同法28条）。更正通知書には，更正の理由が附記されるため（所得税法155条2項，法人税法130条2項），納税者は，いかなる理由で課税が行われたのかを把握することができる。

たとえば，更正通知書は，【図表2-1】のような書式で通知される。

第1節　税務調査対応

【図表2－1】　更正通知書サンプル
【表紙】

法人税額等の更正通知書及び加算税の賦課決定通知書

自　平成〇年4月1日
至　平成〇年3月31日　事業年度分（　）の法人税について下記のとおり法人税額等の更正及び加算税の賦課決定をしたから通知します。

記

摘要		申告又は更正前の金額	更正又は決定の金額
所得金額又は欠損金額	1	円 〇〇	円 〇〇
法人税額	2	〇〇	〇〇
〜〜〜	〜	〜〜	〜〜
法人税額計	11	〇〇	〇〇
仮装経理に基づく過大申告の更正に伴う控除法人税額	12		
控除所得税額等	13	〇〇	〇〇
差引所得に対する法人税額	14	〇〇	〇〇
還付所得税額等	15		
欠損繰戻し　還付金額	16		
欠損繰戻し　減少する還付加算金	17		
差引合計税額	18	〇〇	〇〇
既に納付の確定した本税額	19	〇〇	〇〇
差引納付すべき又は減少（－印）する法人税額	20	〇〇	〇〇
同上のうち仮装経理に基づく過大申告の更正に伴う　還付法人税額	21		
同上のうち仮装経理に基づく過大申告の更正に伴う　繰越控除される法人税額	22		
翌期へ繰り越す欠損金又は災害損失金	23		

この通知により納付すべきまたは減少（－印）する税額	
本税の額	円 〇〇
無申告加算税	
過少申告加算税	〇〇
重加算税	

賦課した加算税の額の計算明細			
区分		加算税の基礎となる税額	加算税の額
過少申告加算税	賦課決定額	円 〇〇	円 〇〇
過少申告加算税	変更決定後の賦課決定額		
重加算税	賦課決定額		
重加算税	変更決定後の賦課決定額		

この通知書に係る処分は，東京国税局の職員の調査に基づいて行いました。

【本体】

更正の理由
貴法人備え付けの帳簿書類を調査した結果，所得金額等の計算に誤りがあると認められますから，次のとおり，申告書に記載された所得金額等に加算，減算して更正しまたは税額等を更正しました。

加算項目	○○		○円
	貴社は，○年○月○日，……		
減算項目	○○		○円
	貴社は，○年○月○日，……		

　更正通知書には，不服申立て等の手続に関して，出訴期間等の教示が付されているため，不服申立てを行う際に参考になる。

　課税処分が行われた場合，会社は，上場会社として適時開示が必要なときはもちろん，そうでないときでも当該事実について任意にプレスリリースを行い，自らの税務処理の正当性を主張し，不服申立てを行う旨を明らかにすることもある。特に，巨額の課税処分が行われた場合や，マスコミによる報道が予想される場合などには，プレスリリースを行うことが多い。
　たとえば，塩野義製薬は，平成26年9月12日付で，「大阪国税局からの更正通知書の受領について」との表題で，次のような内容のプレスリリースを行っている。

　　当社は，平成26年9月12日，大阪国税局（以下当局）より平成23年3月期から平成25年3月期までの「法人税等の更正通知書及び加算税の賦課決定通知書」を受領いたしました。

更正された所得金額は約405億円ですが，対象年度に欠損金があったため，追徴税額は地方税等を含め約13億円と試算されます。

……

　当社は，この現物出資に関する税制上の適格性については事前に当局に照会し，その確認を得たうえで再編を行いました。それにもかかわらず，今般，当局は，当社に対して合理的な説明を行うことなしに，事前照会の結論を覆し，当該現物出資は税制非適格に該当するとして課税処分を行ってきました。この処分は，当社にとって，まことに遺憾であり，まったく承服できるものではありません。従いまして，当社は今回の更正処分に対して，遅滞なく不服申し立て等あらゆる必要な措置を講じていく予定であります。

……

　今回の更正処分による追徴税額等約13億円は，平成27年3月期第2四半期決算におきまして，過年度法人税等として計上いたします。また，今回の更正処分により平成26年3月期の繰越欠損金が消滅したため，当該年度の税金費用として約134億円を，同じく平成27年3月期第2四半期に過年度法人税等として計上いたします。なお，平成27年3月期第2四半期及び通期予想に与える影響につきましては，確定次第公表いたします。

　課税処分を受けた際に，会社がプレスリリースを行い，会社としての考え方や今後の方針を株主等の利害関係者に対して説明すること自体は望ましいと思われる。もっとも，会社側の主張内容を記載した場合，当該主張に拘束され，今後の訴訟戦略において変更することが困難となるため，会社側の主張内容を詳細に記載することは避けて，淡々と会社は課税処分に納得していないことと，課税処分による計算書類記載の数値へのインパクトを説明することが望ましい。
　また，会社がプレスリリースを行わなくとも，報道機関が課税処分の事実を税務当局からのリーク等により把握し，会社に対して取材を求めることもある。その場合には，「国税当局との見解の相違がある」とコメントすることが多い。

(2) 加算税―行政上のペナルティ

課税処分が行われる場合，次のような加算税が課される可能性がある。加算税は，申告納税制度の定着と発展を図るため，申告義務が適正に履行されない場合に課されるもので，一種の行政制裁的な性格を有する。

【図表2－2】 主な行政上のペナルティ[3]

類型	要件	効果	減免
過少申告加算税	期限内申告について，修正申告・更正があった場合（国税通則法65条1項）。	・本税額のうち，本税額と50万円とのいずれか多い金額までの部分：10％ ・上記を超える部分：15％	・正当な理由がある場合または更正を予知しない修正申告の場合：不適用 ・調査を行う旨，調査対象税目および調査対象期間の通知以後，かつ，その調査があることにより更正または決定があるべきことを予知する前に修正申告をした場合：5％
無申告加算税	期限後申告・決定があった場合または期限後申告・決定について，修正申告・更正があった場合（国税通則法66条1項）。	・本税額のうち，50万円までの部分：15％ ・上記を超える部分：20％	・正当な理由がある場合または法定申告期限から1月以内にされた一定の期限後申告の場合：不適用 ・更正・決定を予知しない修正申告・期限後の申告の場合：10％（50万円までの部分），15％（50万円を超える部分）
不納付加算税	源泉徴収税額について，法定納期限後に納付・納税の告知があった場合（国税通則法67条）。	10％	・正当な理由がある場合または法定納期限から1月以内にされた一定の期限後の納付の場合：不適用 ・納税の告知を予知しない法定納期限後の納付の場合：5％

---

3 加算税の概要については，https://www.mof.go.jp/tax_policy/summary/tins/n11.htm。

重加算税	仮装・隠ぺいがあった場合（国税通則法68条）。	・過少申告加算税に代えて：35% ・無申告加算税に代えて：40%	―
延滞税	税金が定められた期限までに納付されない場合には，原則として法定納期限の翌日から納付する日までの日数に応じて，利息に相当する延滞税が自動的に課される（国税通則法60条）。	・納期限の翌日から2月を経過する日まで：原則7.3% （ただし，軽減されている。平成27年1月1日から平成28年12月31日までの期間は，年2.8%） ・納期限の翌日から2月を経過した日以後：原則14.6% （ただし，軽減されている。平成27年1月1日から平成28年12月31日までの期間は，年9.1%）	偽りその他不正の行為により国税を免れた場合等を除き，一定の期間を延滞税の計算期間に含めないという特例あり。

　上記のとおり，税務調査前に修正申告した場合には過少申告加算税や不納付加算税が減免されること，および早期の納税による延滞税（国税通則法60条以下）の発生を回避できることから，税務調査中に非違を発見した場合には，自主的に修正申告することが考えられる。仮に，納税者が自らの非違を発見した時点で修正申告せずに，のちに税務調査官から指摘されて過少申告加算税・重加算税や延滞税を納付することになった場合，取締役が税務処理の誤りについて監督（監視）義務を尽くしていたとしても，別途，修正申告をしないという判断をしたことについての妥当性が問題となり，過少申告加算税・重加算税や延滞税相当額の損害賠償責任が認められる可能性が否定できない点に注意が必要である。

　また，特に重加算税（国税通則法68条）の賦課を受け入れる場合には，重加算税の税率が本税額の35％または40％と高率であることに加えて，会社が自ら税務処理に隠ぺいまたは仮装があったことを認めることになる。仮に，修正申告をしたことが漏れた場合，マスコミにおいても，「所得隠し」「偽装」といっ

た表現で報道されることとなり，レピュテーションにも深刻なダメージを与えることになる。そこで，重加算税の賦課については，以上のような事情を踏まえたうえで，受け入れるか争うかを検討すべきである。

コラム　刑事手続

1．犯則調査

　国税犯則取締法に基づき，税務職員が租税犯の調査を行ったうえ，間接税につき罰金または科料に処すべき場合には，国税局長または税務署長が罰金または科料に相当する金額を納付すべきことを通告する処分を行い（国税犯則取締法14条），間接税で懲役刑に相当する場合および直接税に関する場合には，税務職員は，ただちに告発の手続を行うこととなる（同法12条の2）。

　告発が行われた場合，通常の刑事事件と同様に，刑事訴訟法の手続によって処理されることとなる。具体的には，検察官が公訴を提起するか否かを判断し（刑事訴訟法247条），公訴の提起が行われた場合には，裁判所の判決により刑が確定することとなる。

2．租税犯罪

　租税犯は個別の租税法に規定されており，種々の観点から分類できる。ここでは，重要な租税犯について，以下の表に整理している。

類型	行為の内容		結果の有無	該当条文
逋脱犯	「偽りその他不正の行為」（具体例は次のとおり）により法人税を免れたこと		現実に，租税を免れ，または還付を受けることが必要	法人税法159条1項 所得税法238条1項 相続税法68条1項 消費税法64条1項 など
	(a)虚偽過少申告	税額を過少に記載した虚偽の確定申告書（「虚偽過少申告書」）を提出すること		
	(b)虚偽不申告	所得秘匿工作をしたうえ，確定申告書を提出しないこと		
	(c)納期限後の虚偽過少申告・虚偽修正申告	納期限を経過した後に虚偽過少申告書を提出すること		

	(d)税務調査における不正工作	税務調査において，不正工作を行うこと		
申告書不提出犯	所得秘匿工作を伴わず，故意に確定申告書を提出しないこと		現実に，租税を免れ，または還付を受けることが必要	法人税法159条3項 所得税法238条3項 相続税法68条3項 など
単純無申告犯	正当な理由なく確定申告書をその提出期限までに提出しないこと（申告書不提出犯と異なり，過失犯も処罰される）		<u>租税を免れる必要なし</u>	法人税法160条 所得税法241条 相続税法69条 など
虚偽申告犯	確定申告書を除く，中間申告書等の<u>特定の種類の申告書に虚偽の記載をして税務署長に提出すること</u>		<u>租税を免れる必要なし</u>	法人税法162条 など

第2節 不服申立て対応

課税処分が行われ，当該課税処分に対して不服がある場合には，再調査の請求または審査請求を行うことになる。

1 不服申立手続の概要

我が国の税法は伝統的に不服申立前置主義を採用し（国税通則法115条1項），裁判所に対して訴訟を提起するためには，原則として，異議申立ておよび審査請求の双方（ただし，異議申立ては省略できる場合がある）を経ることが必要とされてきた。

しかし，不服申立制度については，簡易迅速性を生かしつつ，より公正性が確保され，かつ利用しやすい制度とする目的で，行政に対する不服申立全般に関する大幅な改正があり（平成26年度行政不服審査法改正），それに伴い国税の不服申立制度についても改正がなされた（平成26年度国税通則法改正）。かかる改正により，従前の「異議申立て」から「再調査の請求」に手続の名称が変更され，納税者は，再調査の請求と審査請求のいずれも選択可能となった。ただし，再調査といっても，税務調査を再度行うという意味ではなく，あくまで不服申立ての手続である点に注意が必要である。

不服申立てをする際に，実務上，しばしば問題となるのは，課税処分で指摘されている税額を納付するかどうかである。納付しなくとも不服申立てを行うことは可能であるが，納付するまでまたは更正が取り消されるまで延滞税が発生し続けることとなる。また，いったん納税を行ったうえ，不服申立てまたは

訴訟において勝訴した場合には，納付した税額に対して還付加算金が支払われる（国税通則法58条）。そこで，いったん納税できるだけの資力がある場合には，課税処分で指摘されている税額を納付することが多い。

　また，実務上悩ましいのは，確定申告を行う前に，事前照会等において，税務当局から納税者の意図する回答が得られなかった場合に，不服申立てをしてでも納税者の解釈の正当性を訴えたいときである。たとえば，納税者が確定申告の前に債権の放棄損を損金の額に算入できるか否かを照会したところ，税務当局から否定的な回答があったが，納税者は自らの見解が正当であると考えて，将来，不服申立てを行う予定である場合などが典型である。この場合，納税者が自らの見解を前提とする確定申告を行った後，更正決定を受けた場合には，過少申告加算税や延滞税が発生することになる。かかるリスクを回避するためには，確定申告において，自らの見解を前提とする税務処理を行ったうえで，同額の申告加算をし，税務当局の主張する税額をいったん納める方法が考えられる。この方法では，申告後に，申告加算は税法に合致していないとして，更正の請求を行い，更正の請求拒否処分を受けたうえ，当該更正の請求拒否処分に対して不服申立てを行うことになる。この方法を採ることにより，過少申告加算税や延滞税のリスクを回避できるが，他方，いったん自ら誤りであると認識している申告を行うという点で，税額等の計算が「法律の規定に従っていなかったこと又は当該計算に誤りがあったこと」という更正の請求の要件（国税通則法23条1項）を充足するかが問題となり得るし，国税不服審判官や裁判官に対してネガティブな印象を与える可能性がある（自らの主張に自信がないことを示すことになる）。そこで，かかるリスクも踏まえたうえで，自ら申告加算して更正の請求を行うという選択をするかどうかを判断すべきであろう。

(1) 再調査の手続の概要

① 申　立　て

　再調査の請求の申立てについては，国税庁がウェブサイトで申立書のフォーム[4]および記載要領を公開していることから，記載要領に従ってフォームに記

4　https://www.nta.go.jp/tetsuzuki/shinsei/annai/nozei-shomei/annai/24200023.htm

載することで足りる。申立書を正確に記載しなければならないことは当然ではあるが，もし記載に誤りがあったとしても，補正すれば適法な申立てとなる（国税通則法81条3項・4項）。

再調査の請求は，原則として課税処分を行った税務署長に対して行うことになる（同法75条1項）。もっとも，国税局の職員による調査であることが書面により通知されている場合には，当該国税局長に対して再調査の請求をすることができる（同条2項1号）。

申立ての期間は，処分があったことを知った日の翌日から3カ月である（同法77条1項）。なお，再調査の請求には手数料を納付する必要はない。

② 審　理

再調査の請求の審理は，原則として書面審理であるが，請求人が申立てを行えば，再調査審理庁は，口頭で再調査の請求に係る事件に関する意見を述べる機会を与えなければならないとされている（口頭意見陳述。国税通則法84条1項）。

また，請求人は，証拠書類や証拠物を提出することができる（同条6項）。納税者側としては，訴訟を見据えたうえで，いかなる証拠を提出するかを検討する必要がある。特に，税務調査において提出していなかった証拠をこのタイミングで提出するかどうかについて，当該証拠が裁判においてどのように評価され得るかを慎重に見極める必要がある。

再調査の請求の標準処理期間は，3カ月とされている[5]。

③ 再調査決定

再調査審理庁は，請求に対して主文および理由を記載した再調査決定書を送達することになっている（国税通則法84条7項）。決定の内容は，請求人の一部または全部の主張を認容し，処分を取り消す旨の決定，再調査の請求を棄却する旨の決定，再調査の請求が不適法であるとして却下する旨の決定がある（同法83条）。

5　平成28年4月1日付「不服申立てに係る標準審理期間の設定等について（事務運営指針）」。

【図表2－3】 再調査の請求の概要

対象となる課税処分	税務署長等がした処分
不服申立期間	処分を知った日の翌日から3カ月
判断権者	税務署長 ただし，国税局の調査によって課税処分が行われた場合には，国税局長
決定の手続	原則：書面審理 ただし，申立てにより口頭意見陳述可能
標準処理期間	3カ月
決定の内容	認容（処分の取消し），棄却，却下

(2) 審査請求の手続の概要

再調査の請求が棄却または却下された場合や，再調査の請求を行わない場合，課税処分に不服のある納税者は，国税不服審判所に対して審査請求を行うことができる。

国税不服審判所とは，執行機関から分離された国税庁の特別の機関として位置付けられているが，国税不服審判所の審判官は，その約半数（50名）が国税職員であり，執行機関から人事異動で国税不服審判所に勤務している者であり，数年で人事異動により執行機関に戻っていく。残りの約半数は，民間の専門家（弁護士，税理士，公認会計士等）が任期付職員として審判官に採用されている[6]。

① 申立て

審査請求の申立てについては，再調査の請求の申立てと同様，国税不服審判所がウェブサイトで申立書のフォームおよび記載要領を公開していることから，記載要領に従ってフォームに記載することで足りる[7]。申立書を正確に記載しなければならないことは当然ではあるが，もし記載に誤りがあったとしても，補正すれば適法な申立てとなる（国税通則法91条）。

---

6 http://www.kfs.go.jp/topics/14/pdf/tokutei_shokuin_2.pdf
7 その他，国税不服審判所は，各種提出書類のフォームを公開しており，非常に便利である。http://www.kfs.go.jp/system/papers/02index.html

② 審　理

　審査請求の申立てが行われた場合，国税不服審判所長は，処分を行った行政庁に対して2〜3週間で答弁書を提出するように求める（国税通則法93条）。また，国税不服審判所長は，審査請求に係る事件の調査および審理を行わせるため，原則として，担当審判官1名と参加審判官2名を指定する（同法94条）。審査請求人は，答弁書に対して反論書を提出したり，証拠を提出したりすることができる（同法95条・96条）。

　審査請求は，原則として書面審理であるが，すべての審理関係人（納税者，参加人および原処分庁）が口頭で意見を述べる機会を与えられ，さらには，担当審判官の許可が必要であるものの，請求人から原処分庁に対する質問権も与えられる（同法95条の2第1項・2項）。担当審判官は，たとえば，申立人の行う質問が審査請求に係る事件に関係のない事項にわたる場合や，すでにされた質問の繰り返しにすぎない場合その他口頭意見陳述の円滑な遂行を阻害するおそれがある場合を除き，原則として，申立人の質問を許可しなければならないとされている[8]。そして，かかる質問に対しては，原処分庁は回答に確認を要するなどの事情がある場合を除き，口頭意見陳述の場において適切に回答するものとされている[9]。これは，平成25年度税制改正前において同席主張説明として運用されていた実務を取り入れた制度である。

　担当審判官は，請求人や原処分庁から提出された書面や証拠を検討するのみならず，自ら職権で関係者に対する質問を行ったり，物件を調査したりすることも可能である（同法97条）。訴訟においては，裁判官は自ら調査することは許されていないこととは対照的である。さらに，担当審判官が関係者を招集して，審理の計画的遂行のために，申立てに関する意見の聴取を行うこともある（同法97条の2第1項）。

　また，平成25年度税制改正により，審査請求において，納税者を含めた審理関係人は，担当審判官が職権で収集したものを含めた証拠書類等（ただし，担当審判官が作成した資料は対象外である）に関する閲覧・写し等の交付を受けることができることとなった（同法97条の3第1項）。これは納税者にとっては

---

[8] 不服審査基本通達（国税不服審判所関係）95の2−4。
[9] 不服審査基本通達（国税庁関係）95の2−1。

重要な改正である。従前は、原処分庁が提出した証拠の閲覧のみしか許されていなかったため、担当審判官が自らいかなる証拠を収集したのかについて知る機会はなかった。また、閲覧しか許されていなかったことから、審査請求人または代理人が自ら審判所に出向いてメモを取るしかなかった（デジタルカメラによる撮影も禁止されていた）。しかし、平成28年4月1日以降は、原処分庁から提出された証拠および担当審判官が収集した証拠を原則として謄写できることから、審査請求を行った場合には、分析・検討の前提として謄写（特に、税務調査の段階で納税者に交付されない質問応答記録書の謄写）を行うべきである。なお、謄写の手数料は請求人の負担となるが（同条4項）、デジタルカメラでの撮影も許されており、この場合には手数料は不要である。

審査請求書、答弁書および反論書等が提出されて、争点が見えてきた段階で、担当審判官は、①争われている原処分、②争点および③争点に対する当事者双方の主張などを簡潔に要約した「争点の確認表」を作成して交付している[10]。争点の確認表は、担当審判官が十分に請求人の主張を理解し、適切な争点設定ができているかどうかを確認するための重要な書類である。担当審判官は、争点の確認表に従って審理を進め、判断を行うため、争点の確認表に誤りがある場合や自らの意に沿わない争点整理が行われている場合には、積極的に訂正を求めるべきである。

担当審判官が審理を終結した場合には、審理手続を終結した旨を通知するものとされている（同法97条の4第3項）。審査請求の標準的な処理期間は、相互協議や犯則事件に関するものを除き、1年と設定されている[11]。

③ 裁　決

裁決は、担当審判官が行うのではなく、国税不服審判所長が記名押印した裁決書によって行われる（国税通則法101条）。ただし、裁決は、担当審判官および参加審判官の議決に基づいてこれをしなければならない（同法98条4項）。裁決の内容は、審査請求人の一部または全部の主張を認容し、処分を取り消す旨

10　国税不服審判所「審査請求　よくある質問Q&A」（平成28年11月）24頁～25頁。http://www.kfs.go.jp/introduction/pamphlet/pdf/pamphlet3.pdf

11　平成28年3月24日付「審査請求に係る標準審理期間の設定等について（事務運営指針）」。

の決定，審査請求を棄却する旨の決定，審査請求が不適法であるとして却下する旨の決定がある（同条1項～3項）。

なお，国税不服審判所長は，国税庁長官通達に示された法令解釈に拘束されることなく裁決をすることができるものの，国税庁長官が発した通達に示されている法令の解釈と異なる解釈により裁決をするとき，または他の国税に係る処分を行う際における法令の解釈の重要な先例となると認められる裁決をするときには，国税庁長官との間で一定の意見調整手続が設けられている（同法99条1項）。

裁決は，先例的価値がある重要なものについては，国税不服審判所のウェブサイトで閲覧することができる。また，ウェブサイトに掲載されていない裁決は，裁決事例集に掲載されていることもある。国税不服審判所や裁決事例集に掲載されていない裁決については，情報公開法に基づく情報公開請求を行うことにより，開示される。ただし，事実関係については黒塗りが多く，事案の中身が判然としない可能性がある点には注意が必要である。

また，国税不服審判所のウェブサイトや裁決事例集においては，裁決の後，訴訟になったかどうかや裁決の判断が維持されたかどうかという情報は記載されていないので，裁決例を調査する際には，訴訟で裁決の判断が否定されている可能性がある点に注意が必要である。

【図表2－4】 審査請求の概要

対象となる課税処分	税務署長がした処分 ※再調査の請求の棄却に対する審査請求ではない
不服申立期間	3カ月
判断権者	国税不服審判所長 審理は，担当審判官と参加審判官
裁決の手続	原則：書面審理 ただし，申立てにより口頭意見陳述も可能
標準処理期間	1年
裁決の内容	認容，棄却，却下

2　再調査の請求・審査請求における実務上の注意点

(1)　再調査の請求を行うかどうか

　再調査の請求は、課税処分を行った税務署長等が自ら審査を行うことから、原則として結論が変わる可能性は少ない。もっとも、【図表１－１】（２頁参照）で示されているとおり、10％前後は、納税者の主張が認められている。近時の事例として、武田薬品工業が大阪国税局に対して行っていた異議申立てに関し、移転価格税制による課税額の約８割が取り消される決定がなされている[12]。

　しかし、計算間違い等は別として、法解釈が論点となっている場合には、課税処分がなされる前に税務署等の審理担当部門が相応の検討をしていると思われることから、再調査の請求において課税処分が変更される可能性は少ないと考えられる。したがって、法解釈が争われることが容易に想定できる場合には、再調査の請求を行わず、直接、審査請求を行うことも検討に値する。

(2)　審査請求の裁決を待つか

　審査請求を行う場合であっても、審査請求がされた日の翌日から起算して、３カ月を経過しても裁決がないときは、訴訟を提起することができる（国税通則法115条１項１号）。

　そこで、審査請求を継続して、裁決を待つ方がよいのか、それとも裁決を待つまでもなく訴訟を提起した方がよいのか、という点を検討する必要がある。

　審査請求を継続することの主なメリット・デメリットは次の【図表２－５】のとおりである。

12　https://www.takeda.co.jp/news/2012/20120406_4888.html

【図表2－5】 審査請求のメリット・デメリット

メリット	・納税者が裁決で勝訴すれば，税務当局が訴訟を提起することはできない。 ・審判官が争点を整理してくれる。 ・訴訟前に原処分庁の提出した証拠を閲覧・謄写することができ，訴訟に向けた準備ができる。 ・違法な処分のみならず，不当な処分も取消対象となる。
デメリット	・審判官が執行機関出身であることが多い。 ・通達を否定する判断はあまり期待できない（⇔裁判所は通達に拘束されない）。 ・裁決までに1年ほど要する。

第3節

税務訴訟対応

1 訴訟当事者

(1) 原告：納税者

　税務訴訟については，納税者本人が追行することは可能であるものの，専門性が高く，争点も複雑となることが多いため，弁護士を代理人として選任することが望ましい。

　また，税理士を補佐人として選任することも可能である（税理士法2条の2）。これは，弁護士が必ずしも税法に精通していないことがあるため，税理士が弁護士の訴訟追行を支援するという目的で導入された制度である。補佐人の権限については解釈に争いがあるが，訴訟代理人である弁護士と補佐人である税理士が協働して納税者の権利を主張することが期待されている。

　特に，税理士が関与することには，次のようなメリットがある。

> ① 税理士は税務当局の発想に慣れているため，弁護士よりも税務当局の解釈適用を理解していることが多いこと
> ② クライアント（業界を含む）の税務上の取扱いに精通していること
> ③ 弁護士とは別の角度から事案を検討してもらえること

(2) 被告：国

　税務訴訟において，被告は国である。納税者が税務訴訟を提起した場合，国は納税者と異なり訴訟代理人として弁護士に依頼することはせず，国の職員が訴訟を追行することになる。

国が被告となる訴訟に関しては，法務大臣が国を代表する権限を有しており，法務大臣は，法務省の職員を指定して訴訟を行わせることができる（国の利害に関係のある訴訟についての法務大臣の権限等に関する法律2条1項）。そして，法務大臣により指定された職員を指定代理人と呼ぶ。税務訴訟の場合，法務省訟務局租税訟務課に所属する訟務検事および訟務官が指定代理人となる。さらに，国税局の国税訟務官が実際に訴訟を担当する者として，指定代理人となる。このうち，訟務検事は，法曹資格を有している者であり，法務省に出向中の判事や検事が多いが，近時は弁護士が任期付職員として採用され，訟務検事となることもある。

　以上のとおり，税務訴訟においては，裁判官または検察官出身の法曹資格を有する法務省職員と，租税法に精通した経験豊富な国税職員がタッグを組んで訴訟を追行する態勢が整っている。そこで，納税者が税務訴訟に勝訴するためには，租税法に精通した弁護士を選任して対抗する必要があろう。

(3) 裁判所

　日本では三審制が採用されていることから，税務訴訟においても，地方裁判所，高等裁判所および最高裁判所の判断を求めることができる。

　なお，税務訴訟は，行政事件訴訟法に係る請求であることから，簡易裁判所に提起することはできない（裁判所法33条1項1号）。

① 地方裁判所

　日本において，税務訴訟を専門に審理する租税裁判所は存在せず，通常の裁判所が審理を行う。もっとも，大規模な地方裁判所においては，行政事件集中部が設けられており，税務訴訟は行政事件集中部に配点されることになる（行政事件集中部には，通常民事事件も配点される）。さらに，東京地方裁判所および大阪地方裁判所には，行政事件専門部が設置されており，行政事件のみを審理している。たとえば，東京地方裁判所においては，民事第2部，第3部，第38部，第51部の4カ部が行政事件専門部である。東京地方裁判所および大阪地方裁判所の行政事件専門部の裁判長は，行政事件に関する最高裁判所調査官を経験した裁判官や最高裁判所行政局付勤務を経験した裁判官が配置されることが多く（ちなみに，訟務検事出身者は，公正さを保つ観点から，配置されて

いないようである）、租税事件に関する知見を有している。他方で、このような特別な経験を有していない大多数の裁判官は、租税事件に慣れていないことが多い。

ただし、税務訴訟については、租税事件の審理および裁判に関して必要な調査を行う裁判所調査官が設置されており（裁判所法57条）、東京地方裁判所や大阪地方裁判所には経験を積んだ国税職員が裁判所調査官として出向している。裁判所調査官のほとんどが課税庁の職員出向となっている現状に関し、日本弁護士連合会は、平成12年12月、「税務訴訟における裁判の公正について国民の信頼を損なう恐れがあり、三権分立の構造を歪めるものであり、調査官の採用の在り方を抜本的に見直し、裁判所独自で広範囲に専門調査官の育成・任用を図るべきである。」との意見書を公表している[13]。

さらに、裁判官の多くは、民事事件には精通しているものの、M&A取引やファイナンス取引といった最先端のビジネス取引に対する理解が十分ではないこともある。したがって、このような最先端のビジネス取引の税務問題が論点になる場合、納税者は、裁判所に対して、争点となっている租税法の個別規定の解釈のみならず、ビジネス取引の内容および租税法の考え方についても十分に説明し、理解してもらう必要がある。

② 高等裁判所

控訴審は高等裁判所に係属することになるが、高等裁判所には、地方裁判所と異なり、行政事件集中部や行政事件専門部は存在せず、通常の民事事件と同様に、機械的にいずれかの民事部に配点されることになる。高等裁判所の裁判官の多くは、任官後、民事事件について相当の経験を積んでいるが、行政事件集中部等で租税事件を数多く担当した経験がないので、その前提での準備が必要である。

また、高等裁判所は必ず合議体で審理される（裁判所法18条）。

③ 最高裁判所

最高裁判所は、大法廷と第1から第3までの3つの小法廷があり（裁判所法9条、最高裁判所裁判事務処理規則1条）、上告または上告受理の申立てを行っ

---

13 http://www.nichibenren.or.jp/activity/document/opinion/year/2000/2000_26.html

た場合，まずはいずれかの小法廷に係属する（最高裁判所裁判事務処理規則9条）。各小法廷には5名の最高裁裁判官が配置されている。小法廷で審理された事件のうち，当事者の主張に基づき，法律，命令，規則または処分が憲法に適合するかしないかを判断するときや，過去の最高裁判例を変更するとき等には，最高裁裁判官15名で構成される大法廷において審理されることになる（裁判所法10条）。

最高裁においては，行政事件を取り扱う最高裁判所調査官が配置されており，まずは調査官により事件が検討されたうえ，最高裁裁判官が合議等によって判断することになる。最高裁判所調査官は，地方裁判所の調査官と異なり，国税職員ではなく，判事が任命されている。

2 訴訟戦略の確立

(1) 主張の方針

納税者としては，確度の高い主張および十分に検討した証拠のみを提示することを心がけ，むやみに網羅的な主張・立証を行わないことが重要である。迫力のある主張をするために，自らに最も有利な争点に限定する必要がある。裁判所に受け入れられる可能性が低い主張を行うと，自らに有利な争点についても無理な主張を行っていると先入観を抱かれかねないからである。また，争点は，時々刻々と変わることから，後々，各論点間における自らの主張に矛盾が生じる可能性があるため，些末な論点は捨てて，最も有利な論点を選択することも検討に値する。

では，どのような争点に限定していくのか。これは事案に応じてさまざまであると思われるが，基本的方針は次のとおりである。

① なぜ納税者が勝訴すべきなのかを主張する

裁判官としては，税法の解釈の妥当性はもとより，目の前にある事案において，いずれの当事者が勝訴すべきかを考えることが多いと思われる（いわゆる事件の筋）。税務訴訟においては，原告である納税者が最初に提出する書面である訴状において，税法の細かな解釈論を展開する前に，なぜこの事案で納税者が勝訴しなければならないかを指摘し，裁判所に訴えることが肝要であろう。

② 私法上の法律関係から主張する

　裁判官は，上記のとおり，税法に精通しているとは限らない。もっとも，課税要件は，私法上の法律関係を前提に判断されるのが原則である。そして，裁判官は，私法上の法律関係の判断については精通している。そこで，まずは，裁判官が精通している私法上の法律関係を丁寧に主張し，私法上の法律関係を前提とすれば，納税者の主張する課税関係になるべきであるといった主張を展開することが有効であると思われる。

③ 納税者の主張のとおりの課税関係になったとしても，課税上の弊害は生じないことを主張する

　裁判所は，当該事案の妥当性を見極めつつも，ここで納税者を勝訴させた場合に，これまでの課税実務等にどのような影響があるのかも当然考慮するものと思われる。したがって，納税者が勝訴したとしても，他の課税関係に不都合な影響は生じないこと（射程は当該事案に限られること）も併せて主張しておくことが考えられる。

(2) 争点をどこに設定するか

　税務訴訟においては，通常の民事事件と比較すると，事実の存否が争いになることは多くないように思われる。すなわち，税務訴訟においては，訴訟前に税務調査が行われ，税務当局が資料を収集していることから，ある事実があったのか，なかったのかが争いとなることよりも，ある事実が存在することを前提として，当該事実をどのように評価するかという点や，そもそも適用される税法の解釈が争われることが多い（例外として，事実認定による否認の事例があるが，この点については，**第3章第3節**参照）。

　まず，税法の解釈については，税務当局のほうが税法の規定の立案過程やその後の適用等について精通しており，税法の解釈のみを争点とすることは得策ではないように思われる。可能な限り，税法の解釈の前提問題である私法または契約の解釈や，事実の評価を争点化することが重要となってくる。私法または契約の解釈や事実の評価については，取引の慣習やビジネス環境に対する理解が必要となるが，この点については納税者のほうがより精通していることが多いからである。

> ✓ 税務当局が比較的得意とする争点：税法の解釈
> ✓ 納税者が比較的得意とする争点：私法または契約の解釈，事実の評価

　しかし，事案によっては，税法の解釈を正面から争点とせざるを得ない場合もある。そこで，税務当局に対抗して納税者の解釈が正当であることを主張するためには，税法を詳細に調査する必要がある。

3　租税法のリサーチ方法[14]

(1)　租税法令の立法趣旨の調査

　税法の解釈に関し，当該事案に適用された法令の文言を検討することは当然であるが，当該法令の立法趣旨を把握したうえで適切な解釈を模索する必要がある（この点については，**第3章第4節**参照）。

　民法や会社法等の私法の法律改正が行われる場合には，法務省の法制審議会（法務省組織令57条）が法務大臣の諮問に基づいて調査審議し，答申を提出した後，法律改正という流れとなる。法制審議会における議論の過程は，議事録等により公開されており，ある程度，改正の趣旨や経緯を把握することが可能である。

　しかし，税法は，これら民法や会社法等の私法の法律改正とは全く異なる流れにより改正される（【図表2－6】参照）。それゆえ，税法の立法趣旨を調査する場合には，この税法改正の流れを知る必要がある[15]。

　税法の立法趣旨を把握するために基礎となる文献は，財務省が発行する『税制改正の解説』である。この文献は，税法の立案担当者（財務省主税局職員）が改正の趣旨を解説しており，立法趣旨をある程度把握することができる。

　さらに，税法の立案担当者は，公益財団法人日本租税研究協会の主催する講

14　米国においては，連邦税法の調査方法についての文献が多数存在するが，日本においては，税法の調査方法を体系的に解説した文献は少ない。米国税法の調査方法を体系的に解説するものとして，たとえば，Gail Levin Richmond, "Federal Tax Research 8th edition", *Foundation Press*（2010）がある。

15　税制改正の流れについては，中村明雄「税制改正手続の調べ方」税務弘報2013年4月号36頁以下参照。

第3節 税務訴訟対応

【図表2-6】 国税に関する税制改正の流れ

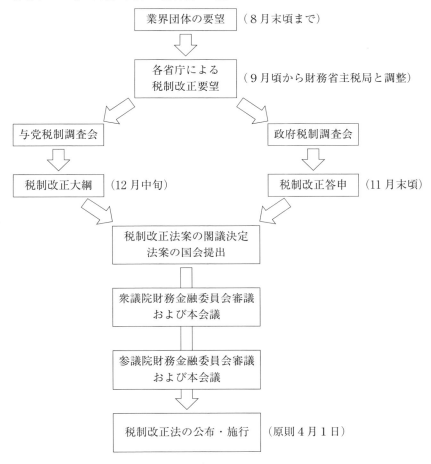

演会において、各年度の改正税法のポイントを解説することが多い。そして、ここでの講演録は、「租税研究」に掲載されているため、有用なツールとなる。
　また、当然のことながら、税法は国会で審議・可決されて法律となっていることから、国会でいかなる審理がされているのかを把握することも重要である。国会の審理については、衆議院・参議院の委員会議事録や本会議議事録の検索システムを利用して、税法の改正案の審理を調査することができる。

さらに，各年度の税制改正は，政府税制調査会の答申に基づいて行われることから，政府税制調査会の答申も立法趣旨を探る手掛かりになり得る。

　また，各省庁が税制改正を要望して実現した場合，各省庁のウェブサイトにおいて当該税制の解説が掲載されることがあるので，この点もチェックする必要がある。

　なお，近年の資料については，関係各所のウェブサイトで情報を入手することができるが，古い資料については，ウェブサイト等では入手できないことがある。その場合には，公益財団法人日本税務研究センターが設置している図書室が便利である。同図書室は，昭和初期の貴重な資料も取り揃えており，同センターの会員以外でも利用することができる。

(2) 政省令の調査

　行政に関する政省令の改正は，原則として，パブリックコメントに付される必要がある（行政手続法39条）。しかし，税法は，かかる行政手続法の適用が除外されており（同条4項），パブリックコメントに付されずに，財務省主税局により政省令が立案されて，関係各省庁に回覧されたうえで，公布・施行される。したがって，税法に関する政省令は，その立案過程が納税者からは把握しにくい。なお，政令は，通常毎年3月31日の官報に掲載されるが，新旧対照ではなく，いわゆる「改め文」であるため，旧条文と照合しつつ読まなければ，条文を把握すること自体不可能である。

　また，立案趣旨に関し，重要な政省令は，上記の『税制改正の解説』において言及されることがあるが，各条項についての逐条解説が示されることはないため，納税者が政省令の立案趣旨を把握することは容易ではない。

(3) 租税条約の調査

　税務訴訟では，租税条約の解釈適用が問題となることもある。租税条約については，納税協会連合会編の『租税条約関係法規集』において各国との租税条約が網羅されており，便利である。また，租税条約を締結した年度の税制改正の解説で逐条解説がなされている。また，解釈の補足的手段として，OECDが策定しているモデル租税条約のコメンタリーも参照されるため（最判平21・

10・29民集63巻8号1881頁〔グラクソ事件〕，第３章第２節②(1)②)，英語ではあるものの，OECDコメンタリーも参考となる。

さらに，日米租税条約については，米国財務省が連邦議会に対して租税条約を説明した文書（Technical Explanation）が公表されている。この解説がただちに日本において妥当するものではないが，日米租税条約の各条項の趣旨を把握する手がかりとして有用である。

(4) 通達の調査

税務の分野において，法令の解釈適用を調査する場合，国税庁長官の発する通達の存在を忘れてはならない。通達は，上級行政庁が法令の解釈や行政の運用方針などについて，下級行政庁に対してなす命令ないし指令である（国家行政組織法14条2項）。通達は，行政内部の法令解釈指針となるにとどまり，納税者や裁判所はこれに拘束されないと解されている（最判昭38・12・24訟月10巻2号381頁）。しかし，通達が一定の解釈の指針を示していることから，納税者にとって，自らが主張しようとしている法令解釈が通達と整合しているのか，それとも通達とは異なる解釈を主張しようとしているのかを見極めたうえで，主張を検討する必要がある。

通達の趣旨については，各通達ごとに，国税庁の担当部署の職員が通達の逐条解説を公表している。また，重要な通達の改正に関しては，上記の日本租税研究協会の講演会において立案担当者が解説をしていることもあるので，調査してみる価値がある。

(5) 質疑応答事例，文書照会事例，Q&Aなど

国税庁は，納税者からの照会に対して回答した事例等のうち，他の納税者の参考となるものを質疑応答事例として公表している。また，各国税局は，納税者からの個別の取引等に係る税務上の取扱いについての照会に対して，文書により回答するサービスを行っており，当該結果は各国税局のウェブサイトにおいて公表されている。さらに，重要な税制改正においては，国税庁は，Q&Aを公表している。たとえば，役員給与に関するQ&A，国境を越えた役務の提供に係る消費税の課税の見直し等に関するQ&A等である。

以上のような税務当局による法令解釈は当然のことながら裁判所を拘束するものではない。しかし，一定の解釈を示すものであり，納税者が法令解釈を主張する際の参考になるし，国はかかる解釈を前提として主張を構成することが予測されるため，これらを調査しておく必要がある。

(6) 裁判例の調査

裁判例は，裁判所ウェブサイトや，通常の判例検索システム（判例秘書，ウエストロージャパンなど）を利用することが通常である。加えて，税務訴訟に特化したものとして，税務訴訟資料とTKCローライブラリーがある。税務訴訟資料は，判決の別紙も掲載されており，具体的な更正処分の数字と判決文を突合することができるため，非常に便利である。また，平成20年1月分からは，税務大学校のウェブサイトで閲覧することができる[16]。なお，TKCローライブラリーには，「税務総合判例検索（国税不服審判所裁決を含む）」があり，明治24年以降の税務判決および国税不服審判所裁決事例がフルテキストで収録されている。

以上のような判例検索システムに登載されていない裁判例は，事件番号を入手したうえ，裁判所で訴訟記録を閲覧・謄写するしかない。ただし，謄写については，当事者および利害関係を疎明した第三者に限られている（民事訴訟法91条3項）。具体的には，係属中の事件であれば，係属している裁判所の閲覧謄写室において，訴訟記録を保管している裁判所書記官に対して申請する（民事訴訟法91条，裁判所法60条2項）。また，確定した事件については，第1審裁判所の書記官が保管しているため，当該書記官が所属する裁判所において閲覧・謄写の申請を行う。東京地方裁判所における訴訟記録の閲覧・謄写の手続は，同裁判所ウェブサイトに案内がある[17]。なお，閲覧中に手書きメモやパソコンによるメモが可能かどうかは裁判所の取扱いによるため，事前に閲覧謄写室に確認しておくことが望ましい。

国税不服審判所の裁決の調査については，前記**第2節**1(2)③を参照されたい。

16　http://www.nta.go.jp/ntc/soshoshiryo/index.htm

17　http://www.courts.go.jp/tokyo/saiban/l3/Vcms3_00000548.html

(7) 外国法の調査

　日本の租税法は，外国税法の影響を受けて改正されることが多い。特に，米国の連邦税法（Internal Revenue Code）は参照されることが多いため，日本の法令解釈について調査する際には，米国税法において，同様の制度が存在するのか，もし存在する場合にはどのように解釈適用されているのかを調査することも考えられる。外国法の調査は，まずは租税法研究者が当該外国税制について研究しているかどうかを調査したうえ，当該外国税制が訴訟上参照に値する場合には，外国法律事務所に調査を依頼し，メモランダムを取得するということもある。ただ，外国法律事務所に対する支払報酬は高額になることもあるため，その有効性とコストを見極める必要がある。

4　訴訟の各段階でのポイント

(1)　訴訟の提起

①　訴状の作成

　訴状の形式については，まず，当事者の氏名や事件名など，記載しなければならない事項があるが（民事訴訟法133条2項，民事訴訟法規則2条），訴状で重要な記載事項は，請求の趣旨と請求原因である（民事訴訟法133条2項2号）。

　請求の趣旨は，納税者である原告が訴状において主張する一定の権利または法律関係についての結論に相当するものをいい，具体的には，以下のような記載となる。

1　被告が平成○年○月○日付でした原告の平成○年○月○日から平成○年○月○日までの事業年度の法人税の更正処分のうち，所得金額○○円を超える部分，差引納付すべき法人税額○○円を超える部分及び過少申告加算税賦課決定処分をいずれも取り消す

2　訴訟費用は，被告の負担とする

との判決を求める。

　請求の趣旨は，判決の主文に対応する記載となることから，請求の趣旨の記載に迷う場合には，同様の事例に関する判決の主文を参考にして記載すること

になる。

　請求原因とは，訴訟物である権利または法律関係の発生に必要な事項であり，訴訟物を特定させるだけの事項を記載すれば足り，税務訴訟において，訴訟物は，法人税に関して，当該事業年度の所得金額に対する課税の違法性一般であると考えられている。したがって，理論的には，訴状においては，税務訴訟の対象となる課税処分の存在と，それが違法であることを記載すれば，訴訟物を特定したことになり，違法事由を特定して記載する必要はないし，訴訟要件を基礎付ける事実も記載する必要はないと解されている[18]。

　しかし，担当裁判官が事件について最初に目にする書類は訴状である。そこで，訴状においては，納税者側の主張を裁判官にわかりやすく展開し，図や時系列表等も利用し，納税者側のストーリーを理解してもらうことを心がける必要がある。それゆえ，訴状においては，訴訟物を特定する事項のみならず，前記②(1)で述べたように，なぜ納税者の主張が正当であるのかという点について，請求を理由付ける根拠事実を説得的に展開しておくべきである。

　もっとも，審査請求段階では，各国税局の課税部審理課が審査請求を担当しているが，訴訟段階において，前記①(2)のとおり，指定代理人が国の代理人となることから，訴訟において審査請求段階での主張を変更することがあり得るし，また，国の主張は，国税不服審判所の裁決に拘束されることはない。したがって，訴状を提出する段階において，今後の審理において国がどのような主張を展開するか明確には把握できない。このことを踏まえると，詳細な主張は国の反論を待ってから行うことも検討されてよい。

　②　管轄—Forum Shopping

　訴状のドラフトを進めるとともに，訴訟をどの裁判所に提起するかを検討することは重要である。まず，税務訴訟は，行政訴訟であることから，原則として，地方裁判所に提起することとなる（裁判所法24条1号・33条1項1号）。そして，税務訴訟は，通常，3つの地方裁判所に提起できる。1つは，税務訴訟の被告が国であることから，国の普通裁判籍の所在地を管轄する裁判所，すなわち，東京地方裁判所である（行政事件訴訟法12条1項）。次に，税務訴訟は，

18　司法研修所編『租税訴訟の審理について（改訂新版）』（法曹会，2002年）72頁参照。

事案の処理にあたった下級行政機関の所在地の裁判所にも提起することが可能であり（同条3項），たとえば，京都府に所在する税務署が課税処分を行った場合には，京都地方裁判所に税務訴訟を提起することができる。最後に，国を被告とする税務訴訟については，原告の普通裁判籍の所在地を管轄する高等裁判所の所在地を管轄する地方裁判所にも提起することが可能であり（同条4項），たとえば，京都府に所在する法人が課税処分に対して訴訟を提起する場合，大阪地方裁判所にも税務訴訟を提起することができる。

　米国においては，裁判所によって，納税を先にしなければならないか，先例の有無，裁判官の専門性，上級裁判所等が異なることから，どの裁判所（連邦地方裁判所，連邦請求裁判所，租税裁判所）に訴訟を提起するかが弁護士の重要な検討事項となる（いわゆる Forum Shopping）。日本においては，米国のように，裁判所によって大きく性質が異なることはなく，その意味では Forum Shopping の必要性は相対的に小さい。しかし，東京地方裁判所または大阪地方裁判所には，行政事件専門部が存在しており（前記1(3)①参照），裁判長には税務訴訟を含む行政訴訟に精通した裁判官が充てられることが多い。したがって，論点が複雑で税法の難しい解釈を含むような場合には，税務訴訟に精通した裁判官に審理してもらうため，あえて東京地方裁判所または大阪地方裁判所に税務訴訟を提起するなどの検討を要する。

③　訴訟の対象

　訴訟の対象は，更正決定等の課税処分である。これは，審査請求に対する裁決があった場合も同様で，訴訟の対象は，あくまで課税処分である（原処分主義。行政事件訴訟法10条2項）。しかし，更正決定は，除斥期間（国税通則法70条）が満了していない限り，何度も行うことができる（同法26条）。そこで，更正決定が行われた後に，さらに，再更正処分が行われた場合，どちらを訴訟の対象とすべきかが問題となり得る。この点については，最高裁は，増額再更正の場合と減額再更正の場合で取扱いを異にする。まず，増額再更正が行われた場合，更正の効果は失われて，再更正に吸収されることとなり，更正決定に対する訴訟は訴えの利益を失い，却下されると解されている（最判昭32・9・19民集11巻9号1608頁）。他方，減額再更正が行われた場合，更正決定の効果が一部失われるのみであり，更正決定に対する訴訟は訴えの利益を失わないと解されてい

る（最判昭56・4・24民集35巻3号672頁）。また，更正の請求に対する更正をすべき理由がない旨の通知処分は，増額更正によっては，効果は失われず，通知処分に対する訴訟は訴えの利益を失わないと解されている（最判平3・3・19税資182号650頁）。

以上のとおり，訴訟を提起する際には，更正決定の後に，再更正が行われていないかどうかは決定的に重要である。特に，訴訟を提起した後に再更正が行われることもある。もし再更正が増額再更正である場合には，訴えの変更手続（民事訴訟法143条）をしていなければ，当初の訴えが却下されることになる。

弁護士が訴訟代理人である場合，納税者からの連絡がなければ，代理人は再更正が行われたかどうかを把握することができない。したがって，再更正がある場合には，必ず代理人に連絡をするとともに，訴えの変更をすべきかどうかを検討しなければならない。

また，訴訟の対象に関しては，後続年度の課税処分に対しても訴訟を提起する必要があるかという論点もある。たとえば，ある年度の繰越欠損金に関して税務訴訟を提起した後，後続年度においても納税者の主張する繰越欠損金の額で申告し，課税処分を受けた場合，当該後続年度の課税処分に対しても税務訴訟を提起しなければ，先の年度の税務訴訟で勝訴したとしても，後続年度の課税処分が取り消されることはないか，という論点である。この点については，原則として，課税処分は年度ごとであり，独立した行政処分であることから，前年度の課税処分が取り消されたことをもってただちに後続年度に係る課税処分が取り消されることにはならない。しかし，判決の拘束力（行政事件訴訟法33条1項）により，課税庁は，前年度に係る判決と両立・整合しない後続年度に係る課税処分を取り消さなければならない（減額更正処分を行わなければならない）との考え方もあり得る（かかる減額更正処分が除斥期間の制限を受けないことについては，国税通則法71条1項1号）。このように，2つの考え方があり得るため，納税者としては，後続年度に係る課税処分に対して，少なくとも不服申立ては行っておくべきであると思われる。

④　貼用印紙額の計算

訴訟を提起するためには，手数料として，訴訟の目的の価額に応じて訴状に印紙を貼付する必要があり，訴訟の目的の価額は，訴えで主張する利益によっ

て算定することになる（民事訴訟法8条）。税務訴訟においても，同様に，印紙を貼付する必要がある（行政事件訴訟法7条）。

税務訴訟において，「訴えで主張する利益」とは，納税者が減額を求める本税の額であると解されており，課税処分の取消訴訟の場合は，更正による本税額と納税者主張の本税額との差額である[19]。課税処分は，過少申告加算税等の加算税も賦課決定等も同時に行われることが多いが，加算税の取消請求は，本税部分の副次的な請求であることから，実務上，訴えで主張する利益として考慮する必要はないと解されている。

具体的には，法人税の課税処分の場合に通知される「法人税額等の更正通知書及び加算税の賦課決定通知書」に記載された，「更正又は決定の金額」および「申告又は更正前の金額」の「差引合計税額」（【図表2－1】更正通知書サンプルの18番）記載の金額の差額を訴えで主張する利益として印紙計算の基礎とすることになる。

更正の請求の拒否処分の取消訴訟においては，納税者が減額を求める本税額を基礎として印紙計算を行うことになる。

なお，納税者が課税処分の一部を争う場合には，納税者が自ら税額を計算したうえで印紙計算をしなければならない。また，納税者の申告において還付金が生じる場合には，課税処分の本税額と還付金の額の合計額が印紙計算の基礎となる。

印紙が多額になる場合には，訴状に貼付できないことから，実務上，訴状の提起段階において，裁判所から納付書の交付を受け，銀行振込みにより納付することもある。

⑤ 担当部の決定

訴状を提出した後，事件係が事件の配点を行い，担当部が決定される。租税事件は法律上合議で審理することは規定されていないが，3人の合議体で審理されることが慣行化されているため，関係する裁判官は裁判長，右陪席の裁判官，左陪席の裁判官の合計3人である。担当部が決定した後は，担当の裁判官の経歴や，これまでどのような判決を下してきたのかを調査すべきである。税

---

[19] 司法研修所編『租税訴訟の審理について（改訂新版）』（法曹会，2002年）76頁参照。

務訴訟を担当したことがあるのか，最高裁判所調査官，最高裁判所行政局，訟務検事を経験しているか，判決の傾向はどうかなどを調査したうえ，訴訟戦略を練る必要がある。

⑥　訴状に対する答弁書

訴状に不備等がない場合，裁判所は，被告に対し，訴状の副本および第1回口頭弁論の呼出状を送達し（民事訴訟法138条1項・139条，民事訴訟規則60条1項），答弁書催告状を発する（民事訴訟法162条）。

被告である国は，指定された期限内に答弁書（民事訴訟規則80条1項）を提出し，答弁書は原告に直送される（同規則47条1項）。実務上，国の答弁書は，請求の趣旨に対する答弁（典型的には，原告の請求を棄却する，訴訟費用は原告の負担とする）を記載するにとどまり，訴状に記載された事実に対する認否，抗弁となる事実や法的主張は，追って主張すると記載されていることが多い。

したがって，実務上，答弁書の次に提出される準備書面(1)により国の主張が明らかになることがほとんどである。

(2)　審　理

① 税務訴訟における争点

第1回口頭弁論では，訴状および答弁書が陳述され，審理が開始することになる。通常の民事事件においては，争点を整理するため，第2回期日以降に弁論準備手続（民事訴訟法168条以下）に付されることが多いと思われるが，税務訴訟においては，むしろ弁論準備手続に付さず，公開の法廷である口頭弁論において進行することが多い（これは，和解手続がないことによるものと思われる）。口頭弁論においては，事前に提出した準備書面の陳述，書証の取調べおよび次回の期日の調整が主な内容であり，場合によっては，1回の口頭弁論が数分で終了することもある。

税務訴訟の審理の特徴として，前記②(2)で述べたとおり，通常の民事事件と比較して事実の存否が争点となることが少なく，税法の解釈が争点となることが多い点が挙げられる。すなわち，通常の民事事件においては，訴訟に至るまでの過程で，一方当事者が他方当事者の保有する資料等を調査したり，他方当事者から事情を聴取したりすることはほとんどないため，ある事実があったの

か，なかったのかが争点となりやすい。これに対し，税務訴訟においては，税務調査により国が資料を収集して納税者から事情を聴取したうえで課税処分が行われているため，国と納税者との間で，ある事実があったのか，なかったのかという点が争点となることは少なく，むしろ，存在する事実をどのように評価するかや，そもそも適用される税法の解釈に争いがあることが多い。

② 準備書面作成上のポイント

上記のとおり，税務訴訟においては，納税者と国との間で準備書面をやりとりすることが審理の中心となる。そこで，準備書面の作成においては，十分な準備と検討が必要となる。税務訴訟において特に注意すべき点は次のとおりである。

> ✓ まずは国に法解釈や事実評価を主張させることを考える。
> ✓ 税務訴訟においては事実評価が問題となる事件が多いので，何が評価根拠事実となっているのかを把握する。
> ✓ 評価根拠事実を把握したうえで，評価を障害する事実は何か，的確な事実を集めて主張する。
> ✓ 法解釈が争点となっている場合であっても，要件事実，証拠構造に注意した主張を心がける。
> ✓ 物語形式をとるよりも，争点に対する事実を端的に摘示することを心がける。
> ✓ 税務訴訟に慣れていない裁判官に読んでもらうという姿勢で作成する。

特に，通常の民事訴訟のように，事実の存否が争点となることは少なく，法解釈や事実評価が争点となることが多いこと，裁判官が必ずしも税務訴訟に精通していないこと，といった税務訴訟の特殊性から，準備書面の作成には通常の民事訴訟よりも工夫が必要である。

③ 国による理由の差替え

国は，訴訟の審理過程において，更正の理由に記載された理由とは異なる主張を行うことがある。たとえば，更正の理由において，ある所得が不動産所得であると記載されていたが，訴訟の審理過程において，不動産所得であるとの主張を維持しつつ，雑所得であるとの主張を追加することなどが典型例である

（名古屋地判平17・3・3判タ1238号204頁）。

　理由の差替えが許されるかは，訴訟物の問題や理由の附記との関係で，多くの学説上の見解が示されている。最高裁は，納税者に対して「争訟上格別の不利益を与えることがない場合」には理由の差替えを認めており（最判昭56・7・14民集35巻5号901頁），近時の裁判例は，基本的な課税要件事実の同一性があるかどうかや，納税者の手続的権利に格別の支障がないと認められるかどうかを基準として，理由の差替えの許否を判断している例が多い（東京高判平27・5・13ウエストロー2015WLJPCA05136001〔ホンダ事件〕，東京地判平22・12・17訟月59巻1号186など）。

　国による自由な理由の差替えが認められると，更正決定において理由を附記する趣旨を没却することになるため，国が審理過程において更正の理由と異なる主張をした場合には，理由の差替えとして許されない旨を主張することを検討すべきである。

④　求釈明

　実質審理が始まり，納税者と国の主張が行われたとしても，国の主張の意味や趣旨を理解できないことがある。その場合には，裁判所に対して，国への釈明を求めることができる（民事訴訟法149条1項・3項）。釈明とは，裁判所が当事者に対して訴訟関係を明瞭にするため，事実上または法律上の事項に関する問を発しまたは立証を促すことである。裁判所が国に対して主張をより具体的にするように釈明した場合には，国は当該釈明に応じて主張内容を明らかにすることがあるため，釈明を求めることは一定の効果があると思われる。

　しかし，主張を明確にするように求めた結果，国の主張がよりわかりやすく整理され，納税者にとって不利な結果になる可能性もある。釈明によって国の主張を固めるよりも，むしろ，国の主張は不明確であって，このような不明確な課税根拠しか提示できないのは課税段階で十分な検討が行われなかったことを意味する，などと主張の不明確性を端的に指摘する方が効果的な場合も考えられる。安易に釈明を求めるのではなく，そのメリット・デメリットを検討したうえで対応する必要があろう。

(3) 証拠調べ

　納税者と国の主張が出揃った段階で，証拠調べを行うことになる。もっとも，当事者は，準備書面を提出する中で，適宜，自らの主張を裏付ける証拠（特に書証）を提出し，その都度，裁判所は証拠調べを行っている。税務訴訟においては，国が課税要件事実の存否および課税標準の立証責任を負うと解されていることから（最判昭38・3・3訟月9巻5号668頁），納税者から積極的に立証する必要はないともいえる。しかし，国は税務調査を経て十分な資料に基づいて課税処分を行っているのであり，国の主張・立証により裁判官の心証が固まる可能性がある。そこで，事案にもよるが，納税者に有利な証拠は積極的に提出し，自らの主張の正当性を立証することも考えられる。

　証拠の種類としては，証人，当事者本人，鑑定人，書証，検証物があるが，税務訴訟で圧倒的に重要性を有するのは，書証である。

① 書　　証

　通常，納税者が提出する主な書証としては，次のようなものがある。

- 確定申告書
- 更正通知書・更正の請求をすべき理由がない旨の通知書など課税処分
- 異議決定書謄本，裁決書謄本
- 株主総会議事録，取締役会議事録，経営会議議事録その他の議事録および添付資料
- 有価証券報告書，プレスリリース等の開示書類
- 争点となっている契約書および付随する書類
- 納税者の主張を裏付ける稟議書，メール，覚書，メモその他の資料
- 商業登記簿謄本
- 不動産登記簿謄本
- 争点に関して検討している書籍，論文，関連裁判例の判例評釈等
- 研究者等による鑑定意見書

他方，国が提出する書証としては，次のようなものがある。

- 税務調査において納税者から収集した資料（仕訳帳，残高試算表など）

- 質問応答記録書（聴取書）
- 税務調査に関する税務調査官の調査報告書
- 税制改正に関する立法資料（政府税制調査会の答申，改正税法の解説など）
- 通達および逐条解説
- 国税庁が公表している質疑応答事例，文書回答事例など
- 「税務大学校論叢」における論稿
- 関連する未公表の判決の写し

(a) 研究者による鑑定意見書の有効性

　税務訴訟において重要であるのが，租税法研究者による鑑定意見書である。上述したとおり，税務訴訟においては，税法の解釈が争点となることが多い。訴訟を担当する弁護士は，当然のことながら，争点となっている税法の解釈上の論点については徹底的に文献調査等を行ったうえで，法的主張を組み立てるはずである。しかし，当該争点が外国ではどのような考え方で処理されているのか（横軸），また，日本において争点となった税制が歴史的にどのように展開してきたのか（縦軸）といった点についてまで調査が及ばないこともある。そこで，新たな視点で争点に光を当てる意味で，租税法研究者に意見を伺い，鑑定意見書を作成してもらうことも有益である。その意味では，研究者による鑑定意見書は，有効な証拠となり得る。また，これまで訴訟で争われたことのない新規性のある論点や，学説上で議論が蓄積されていない論点が争点となる場合にも，研究者による鑑定意見書は，有効となり得る。

　どの研究者に鑑定意見書の作成を依頼するかは，争点や裁判所から信頼を得ているかどうかによって異なる。まずは争点に関する文献を広く調査したうえ，当該争点に関して知見を有すると見込まれる研究者にコンタクトし，意見を聴取することになる。また，裁判所から信頼を得ている研究者の鑑定意見書を取得することが重要である。どの研究者が裁判所から信頼を得ているのかは，これまでの判決を分析して慎重に見極める必要がある。

　なお，有力な研究者から鑑定意見書を取得したとしても，法律解釈は裁判所の専権であることから，必ずしも鑑定意見書記載の解釈が採用されるわけでは

ないし，数多くの鑑定意見書を提出したからといって効果があるわけではない点に注意が必要である。

(b) 陳述書作成の注意点

ある取引の課税関係が争点となっている場合，取引に関与した社員により，取引の背景事情や，実際の契約交渉を説明するために，陳述書を作成して証拠として提出することもある。この場合，税務訴訟を担当する会社の部署は法務部や経理部であることが多いのに対し，実際に取引を担当したのは経営企画部や営業部などの事業部であることが多い。この場合，法務部・経理部と，当該事業部との間で緊密な連携が必要であり，陳述書作成のための十分な準備時間を設けることが重要である。事業部の担当者にとっては，過去の取引に関する紛争であり，訴訟への協力に消極的である場合も想定される。そこで，訴訟の意義を十分に理解してもらい，作成者に過大な負担をかけないように，陳述書作成のためのヒアリングをできる限り短時間で終えるなど，入念な準備を要する。

(c) 英文契約書等の訳文

最近では，英語で締結された契約書の課税関係が問題となることも多いが，この場合には，裁判所に訳文を提出しなければならない（民事訴訟規則138条1項）。この場合，契約書すべての訳文を提出する必要はなく，最初は争点となっている条項のみの訳文で足りる（裁判所から全訳するように求められることもある）。訳文に関し，日本法と外国法とでは，法体系や法概念にずれがあることが多く，特に契約書の解釈が争点となっている事件においては，訳文の正確性が結論を左右する可能性がある。そこで，英文契約書の解釈が争点となっている事件については，英文契約書の実務に精通した法律事務所を起用することが望ましい。

(d) 文書提出命令

税務訴訟において，国は，証拠として税務調査で収集した資料を提出するが，収集した資料すべてを証拠提出するわけではなく，国の主張の裏付けとなる自己に有利な資料のみを提出するのが通常である。そこで，納税者としては，国が保有する資料，特に，納税者が提出した資料ではないもの（反面調査により提出された資料や，税務当局内部で作成された資料など）を開示させることも

検討すべきである。そのためにとられる手続が，文書提出命令の申立てである（民事訴訟法220条以下）。

ただし，公文書については，一定の要件を充足すると，文書提出命令の対象外となることに注意が必要である（民事訴訟法220条4号ロ）。

(e) 「税務大学校論叢」における論稿

税務大学校は，国家公務員として採用された税務職員に対して必要な研修を行う機関で，本校のほか，全国12カ所に地方研修所が設置されている（財務省組織規則425条・426条）。税務大学校の研究部では，研究部教授等が税務に関する学術的な調査および研究を行っており（同規則431条），その研究成果は「税務大学校論叢」として公表されている。

税務大学校研究部においては，現在係争中の事件において争点となっている税務上の論点について調査および研究がされていることがあり，税務訴訟において，「税務大学校論叢」に収録された論稿が課税処分の適法性を支える証拠として提出されることがある。したがって，「税務大学校論叢」において，同様の争点について調査および研究がされていないかを確認し，対応を検討しておくことが大切である。

② 証人尋問・当事者尋問

税務訴訟においては，証人尋問または当事者尋問が行われることは必ずしも多いとはいえない。これは，上述のとおり，税務訴訟において事実の存否が争点となることは少なく，税法の解釈が争点になることが多いため，証人尋問または当事者尋問によって明らかにすべき事項がないことが多いからである。しかし，事実の評価が争点となっている場合や，ある取引が税額を減少させる目的で行われたのか，それとも事業上の必要性から行われたのかという点が争点となっているような場合には，取引を行った担当者の陳述書を提出するとともに，証人尋問により裁判官の面前で説得的に取引の目的を証言することも検討に値する。

③ 訴訟記録の閲覧制限

納税者は，税務訴訟において，営業秘密が記載された資料（事業計画，取締役会議事録，経営会議議事録など）を提出しなければならない場合もあるが，提出された証拠は，訴訟記録に編綴され，誰でも閲覧可能な状態となる（民事

訴訟法91条1項)。そこで，営業秘密が記載された資料を証拠で提出する場合や，当該証拠を準備書面で引用する場合には，同時に，閲覧制限の申立てを行っておくべきであろう（同法92条1項2号)。閲覧制限の申立ての理由は，営業秘密（不正競争防止法2条6項に規定する営業秘密）が記載され，または記録されていることであることから，申立書において，①非公知性，②有用性および③秘密管理性を具体的な事実に基づいて主張することになる。

　もっとも，実務上，裁判官と打合せを行い，いかなる範囲で閲覧制限を申立てるのかを事前に調整することもある。

(4) 判　　決

　裁判所は，事件が裁判をするのに熟したとき，口頭弁論を終結して終局判決をする（民事訴訟法243条1項)。行政事件については，平成26年の統計ではあるが，訴訟提起から終局判決まで，平均審理期間は14.7カ月と一般の民事事件よりも長期化する傾向にある[20]。

　また，税務訴訟においては，弁論準備手続に付されずに口頭弁論で訴訟が進行することが多く，また和解期日が設けられることがないため，裁判官の心証が開示される機会が乏しく，現実に判決の言渡しを受けるまで勝訴するかどうか判断することは困難である場合が多い。

　判決の言渡しについては，公開の法廷で行われ，通常は，主文のみの読上げで終了し，判決の理由を読み上げることはほとんどない。それゆえ，判決の言渡しは，短ければ，数秒で終了する。ただし，社会的な耳目を集めた事件で，傍聴席に報道機関等がいる場合には，判決の主文のみならず，理由の要旨を読み上げることもある。

(5) 控　　訴

①　控訴するかどうかの判断

　第1審判決に対する控訴可能期間は，判決の送達を受けてから2週間以内である（民事訴訟法285条)。納税者が第1審で勝訴判決を受けた場合には，国が

---

[20] http://www.courts.go.jp/vcms_lf/hokoku_06_02minji.pdf

控訴するかどうかを待つのみでよい。しかし，納税者が第1審で一部勝訴であった場合や，敗訴した場合には，控訴するかどうかを判断しなければならない。

　第1審判決を検討のうえ，控訴審で第1審判決が破棄される可能性と，コスト（印紙：第1審の1.5倍や代理人の報酬等）を勘案して，控訴するかどうかを決することとなる。もっとも，納税者としては，そもそも税務訴訟を提起する際に徹底的に争うと意思決定している場合も多く，控訴することが多いように思われる。

　② 管　　轄

　控訴審は，高等裁判所となる。地方裁判所と異なり，高等裁判所には行政事件集中部，行政事件専門部は存在せず，通常の民事事件と同様に機械的にいずれかの民事部に配点されることとなる。もっとも，東京高等裁判所には知的財産高等裁判所（以下「知財高裁」という）が設置されており，東京高等裁判所の管轄に属する民事事件および行政事件のうち，主要な争点の審理につき知的財産に関する専門的な知見を要する事件については，知財高裁が取り扱うことになっている（知的財産高等裁判所設置法2条3号）。知財高裁は，知的財産事件に精通した裁判官が配置されており，充実した審理が期待できる。

　税務訴訟に関しても，知的財産に関する租税法の解釈適用が争点である場合，知財高裁に控訴することができる。税務訴訟が知財高裁で審理された例として，岡三証券グループ事件（知財高判平22・5・25税資260号順号11443，**第4章第2節2(2)**）がある。この事件では，第1審では，著作権の帰属に関する争点に加えて，交際費の認定も争点となっていたが，控訴する際に交際費の認定は争点から外し，争点を著作権の帰属のみにすることにより，知財高裁が控訴審として取り上げて審理された。争点が知的財産に関する場合には，控訴審として知財高裁を選択することも十分検討に値する。

　③ **控訴審における審理**

　控訴状を提出してから，原則として50日以内に控訴理由書を提出する必要がある（民事訴訟規則182条。ただし，この期限を超過した場合の制裁の規定はない）。控訴理由書においては，第1審判決の誤りを指摘することが目的であるが，可能な限り，第1審での主張とは別の角度から主張することも検討するべきであ

る。たとえば，この段階で研究者から鑑定意見書を取得して主張することなどである。また，第1審判決に対する研究者の評釈が公表されていないか等も調査すべきである。

　控訴理由書を提出した後，控訴審第1回口頭弁論期日が指定され，その前に控訴理由書に対して被控訴人から控訴答弁書が提出されることになる。控訴審においては，ほとんどの場合，第1回口頭弁論で終結する。したがって，控訴人となった場合には，第1回口頭弁論で終結されてもよいように，控訴理由書で主張を書き切るようにするとともに，被控訴人の控訴答弁書が提出された場合には，第1回口頭弁論期日までにさらに準備書面を提出しつつ，被控訴人の答弁書に反論するのに時間が必要な場合には，第1回口頭弁論期日で弁論を終結すべきではない旨の意見を述べることも考えられる。

　なお，控訴理由書，控訴答弁書が20頁を超える場合は，その要約書を提出すべきであり，係属部によっては，これを求める部もある。

　④　控訴審判決

　控訴審判決も，第1審判決と同様，通常は，主文のみの読上げで終了し，判決の理由を読み上げることはほとんどない。

(6) 上告・上告受理申立て

① 上告・上告受理申立てを行うかの検討

　納税者が控訴審において敗訴した場合，最高裁判所に上告または上告受理申立てを行うかどうかを検討する必要がある。上告は，税務訴訟の場合，高等裁判所の終局判決に対して最高裁判所に上訴するものである（民事訴訟法311条1項）。上告受理申立ては，最高裁判所が上告審として事件を受理するように申し立てるものであり，最高裁判所が上告審として事件を受理して初めて上告としての効力が生じることになる。

　控訴とは異なり，上告・上告受理申立てをできる場合は限定されている。まず，上告は，憲法違反があることを理由とするとき，および，以下の絶対的上告理由があることを理由とするときに限られている（民事訴訟法312条2項）。

(a)　法律によって判決裁判所を構成しなかったこと

(b) 法律により判決に関与できない裁判官が判決に関与したこと
(c) 日本の裁判所の管轄権の専属に関する規定に違反したこと
(d) 専属管轄に関する規定に違反したこと
(e) 法定代理権，訴訟代理権または代理人が訴訟行為をするのに必要な授権を欠いたこと
(f) 口頭弁論の公開の規定に違反したこと
(g) 判決に理由を付せず，または理由に食違いがあること

　他方，上告受理申立ては，判例違反その他法令の解釈に重要な事項を含むものと認められる場合に，上告審として事件を受理することができるとされている（民事訴訟法318条1項）。
　一般的には，上告理由は相当限定されていることから，ハードルが高いが，税務訴訟においては，通常の民事事件と異なり，租税法律主義違反（憲法84条），財産権の侵害（憲法29条1項），平等違反（憲法14条1項）などの主張が展開しやすいため，上告と上告受理申立てを同時に行うことも少なくない。なお，両方の手続を行ったとしても，印紙は一方の手続のみを行う場合と同額である。

② 上告・上告受理申立ての手続

　上告・上告受理申立ては，控訴審判決書の送達を受けた日から2週間以内に行う必要があり（民事訴訟法285条・313条），上告状・上告受理申立書を判決を行った高等裁判所に提出する（同法314条・318条5項）。実務上は，上告状兼上告受理申立書を提出し（民事訴訟規則188条），上告の理由および上告受理申立て理由については，「追って，上告理由書及び上告受理申立理由書を提出する」と記載する。
　上告理由書および上告受理申立理由書は，上告提起通知書および上告受理申立て提起通知書（民事訴訟規則189条1項・199条2項。実務上，上告状兼上告受理申立書を提出して1週間程度で送達される）の送達を受けてから50日以内に提出しなければならない（同規則194条・199条）。もっとも，50日の提出期限後においても，判決評釈が公表されたり，税制改正があったりした場合には，当該資料がどのような資料であるかを説明する上申書とともに提出することを検討すべきであろう。

上告理由書および上告受理申立理由書が提出された後，事件は高等裁判所から最高裁判所に送付され，最高裁判所において審理されることになる。審理は原則として書面で行われる（民事訴訟法319条）。控訴審判決が維持される場合には，郵送で上告棄却決定および上告不受理決定が送達されることが多い。上告受理申立てが認められ，上告審として事件を受理する決定が行われる場合でも，結論として控訴審判決が維持されるときには，上告受理決定とともに，判決言渡し期日の通知も行われ，判決期日において上告棄却の判決が言い渡されるのが一般的である。なお，上告受理決定において，上告受理申立て理由のうち，重要でないと認めるものがあるときは排除されることとなり（同法318条3項），以下のような上告受理決定が行われる。

第1　主文
1　本件を上告審として受理する。
2　申立ての理由中，○を除く部分を排除する。
第2　理由
　本件申立ての理由によれば，本件は，民事訴訟法318条1項の事件に当たるが，申立ての理由中，○を除く部分は，重要でないと認められる。

　他方で，最高裁判所が控訴審判決を破棄する場合には，口頭弁論期日が指定され，その後判決が言い渡される。この場合，最高裁が控訴審判決を破棄したうえで，自ら判断を示す場合（破棄自判。民事訴訟法326条）と，控訴審判決を破棄したうえで，事件を高等裁判所に差し戻す場合（破棄差戻し。同法325条）がある。

　最高裁判所での審理期間（最高裁判所による記録受理（上告状兼上告受理申立書の提出からではないことに注意）から判決・決定までの期間）については，平成26年の統計ではあるが，上告事件については，平均4.8カ月，上告受理事件については，平均5.4カ月となっている[21]。

　なお，納税者が控訴審において全部勝訴した場合，特段手続を行う必要はない。上告状や上告受理申立書の各副本は送達されるものの，上告理由書や上告受理申立理由書の副本は，納税者に対して送達されないこともあるが（民事訴

21　http://www.courts.go.jp/vcms_lf/hokoku_06_05jouso.pdf

訟規則198条），実務上，上申書を提出することにより，副本の交付を受けることも可能である。また，実務上，最高裁判所から答弁書を提出するように命じられなければ（同規則201条），控訴審で勝訴した納税者は特段書面を最高裁判所に提出することはないが，国側から重要な主張等が行われている場合には，事実上，書面を提出することも検討すべきであろう。

③　上告理由書・上告受理申立理由書作成の注意点

　上告理由書・上告受理申立書は，第1審や控訴審の準備書面とは全く異なるものと認識すべきである。納税者が上告・上告受理申立てをしたということは，真剣に訴訟を追行し，自らに有利な主張を尽くしたうえで，なお高等裁判所がその主張を否定したことを意味する。そこで，本件は今後の租税実務を左右するような重要な争点を含んでおり，最高裁判所としてこの争点に対して正面から取り組む必要があると思わせるような書面にすることが重要であろう。すなわち，税法の個別規定の技術的な解釈を主張する前に，たとえば，税法は複雑であって控訴審判決の解釈を採ると税法全体の体系に照らして不合理なことになること，控訴審判決の解釈では，社会の運用，常識とかけ離れたものとなる等，本件は単なる一条文の法解釈の問題ではなく，広い視野で判断する必要があるといった事案の本質を端的に主張することが考えられる。

　また，最高裁判所においては，前記①(3)のとおり，最高裁判所調査官が調査を行うことになる。行政事件は法律が複雑で，事案も入り組んでいる事件が少なくないことから，訴訟記録が膨大な量に上ることもある。そこで，行政事件担当の最高裁判所調査官は1件当たりに掛けられる時間は限定的であると思われる。したがって，複雑な争点であったとしても，争点をシンプルにし，短く端的な書面にして，最高裁判所調査官が容易にポイントを理解できるように工夫することが肝要であろう。

　なお，上告理由書，上告受理申立理由書が20頁を超える場合は，その要約書を提出することが求められる。

第 **3** 章

租税回避行為の否認が争点となる事案

　企業が事業活動を行うにあたっては，税務上の得失を考慮しながら，複数の選択肢のうち1つを選択する場面がある。近年，企業が行う商取引や組織再編が複雑化・国際化する中で，そのような場面はますます増加している。これに伴い，企業が行った選択に対し，税務当局が「租税回避行為」にあたるとしてこれを否認し，争いになる例も増加しており，この点に関するいくつかの重要な判例が現れている。
　本章では，租税回避行為の否認を「個別否認規定による否認」，「事実認定による否認」，「法解釈による否認」，「一般的否認規定による否認」の4つに分類したうえで，それぞれの分類について，判例の傾向等を分析し，税務訴訟における納税者側の主張立証上の注意点を検討する。最後に，これら4分類の位置付けについて改めて整理し，納税者としての戦略を総括する。

第1節

総　　論

1　「租税回避」の意義

　ある企業Xが，ある経済的目的（例：所有不動産の所有権を企業Yに移転すること）を達成しようとする場合に，通常とられているAという法形式（例：企業Yとの間の不動産売買契約）のほかに，いくつかの取引を複雑に組み合わせたBという法形式によっても，Aと同じ目的が達成できる場合があるとする。この場合，企業Xは，本来的に，AおよびBのいずれの法形式を採用するかを自由に選択することができるが（私的自治の原則・契約自由の原則），経済取引の観点からは，あえて複雑な法形式Bを採用するインセンティブは乏しい。しかし，租税法において，通常とられる法形式Aを想定した課税要件のみが定められているために，法形式Bを採用した場合にはその課税要件の充足を免れることができ，税負担を回避することによって税引後利益を増大させることができるとすれば，企業Xとしては，あえて複雑な法形式Bを選択するインセンティブが生じる。このような場面で，企業Xがあえて法形式Bを選択する行為が，一般に租税回避行為といわれるものである。

　要するに，「租税回避」（tax avoidance）とは，上記のように法形式を自由に選択できることを利用して，①経済取引の観点からは合理的理由がないにもかかわらず，あえて通常用いられない法形式を選択し，②結果的には通常用いられる法形式と同じ経済的目的を実現しつつ，③課税要件の充足を免れることによって租税負担を軽減または排除することであるとされている[1]。

1　金子125頁，清永敬次『税法（新装版）』（ミネルヴァ書房，2013年）42頁等。

租税回避は、いわゆる「脱税」や「節税」とは異なるとされている。まず、脱税とは、上記の例でいえば、実際には法形式Aを実行しており課税要件を充足しているにもかかわらず、その事実を隠匿する行為である（これに対し、租税回避行為は、法形式Bを選択することで課税要件の充足自体を回避する行為である）。また、節税は、租税法規が予定しているところに従って税負担の減少を図る行為であり、租税法規が予定していない異常な法形式を用いる租税回避行為とは異なるとされている。

　もっとも、節税と租税回避の区別（租税法規が予定した法形式なのか、そうではない異常な法形式なのかの区別）は、必ずしも明確ではなく、結局は社会通念によって決めざるを得ないことが指摘されている[2]。また、後述するように、一般に「租税回避行為の否認」に関しては、納税者側は法形式Bを実行したと主張しているものの、裁判所による事実認定の結果、実行されたのは法形式Bではなく法形式Aであり、課税要件を充足していると判断されるような場合（「事実認定による否認」の類型）も含めて議論されている。

　以上のような議論を踏まえ、本章においては、厳密な意味での「租税回避」の定義には該当しない行為も含め、広く、納税者が自らの意思によりその税負担が少なくなるような選択をする行為を検討の対象に含めることとする[3]。

2　租税回避行為の「否認」とは

　租税回避行為の「否認」とは、一般に、納税者側が選択して実行した法形式が私法上は有効であることを前提としつつも、租税法上はその法形式を無視し、通常用いられる法形式に対応する課税要件が充足されたものとして課税を行うことをいう[4]。

　公平な税負担という観点からは、同一の経済的目的を実現する行為に対しては、法形式いかんにかかわらず同様の課税をなすべきであり、したがって納税

2　金子126頁。
3　「租税回避」の定義について、金子宏『租税法理論の形成と解明　上巻』（有斐閣、2010年）401頁以下、岡村忠生「租税回避研究の意義と発展」岡村忠生編著『租税回避研究の展開と課題』（ミネルヴァ書房、2015年）299頁以下参照。
4　金子126頁〜127頁。

者があえて異常な法形式を選択した場合でも，通常用いられる法形式と同様の課税をなすべきである，との要請が働く。他方で，納税者がいくつかの法形式を自由に選択し得る場合において，税負担の面をも考慮したうえで，結果として，より税負担の少ない法形式を選択すること自体は，何ら非難されるべき行為ではない。このような場合に，常に納税者が選択した法形式が「否認」されるとすれば，納税者にとっての予測可能性が著しく害されることになる。

そのため，具体的にいかなる場合に租税回避行為が否認されるのかという点について整理する必要がある。

まず，日本の租税法には，租税回避を否認する目的で設けられた明文の規定が存在する。ある取引がこの規定の要件に該当する場合には，この規定に基づいて否認がなされることになる。

では，このような明文の否認規定が存在しない場合にも，租税回避行為が否認される場合があり得るか。過去の裁判例においては，通常の法形式を選択した納税者との間で租税負担の公平を図る見地から，否認規定の有無にかかわらず否認が認められる場合があるとするものがあった[5]。しかし，通説は，憲法84条が定める租税法律主義（「あらたに租税を課し，又は現行の租税を変更するには，法律又は法律の定める条件によることを必要とする」）の要請に鑑み，法律の根拠なくして租税回避行為を否認する権限を税務当局に認めることはできないと解しており[6]，これが近時の裁判例の大勢であるとされている[7]。この点について明確に判示した最高裁判例は存在しないが，最判平23・2・18集民236号71頁〔武富士事件〕（第4節2(2)④）における須藤正彦裁判官の補足意見は上記通説の立場を明確にしており，同最高裁判決の多数意見もその趣旨を含んでいるとの見方がある[8]。

---

5 大阪高判昭39・9・24判時392号39頁等。
6 金子128頁，清永敬次『税法（新装版）』（ミネルヴァ書房，2013年）43頁等。
7 今村隆『租税回避と濫用法理—租税回避の基礎的研究—』（大蔵財務協会，2015年）57頁参照。
8 金子128頁。

3 租税回避行為の否認の類型

　以上のように租税回避行為を否認するためには法律の根拠が必要であることを前提とした場合に、租税回避行為の否認の類型としては、以下のとおり「個別否認規定による否認」、「事実認定による否認」、「法解釈による否認」、「一般的否認規定による否認」という4つの類型を想定することができる。

(1) 個別否認規定による否認（第2節参照）

　租税法上、具体的な租税回避行為を想定し、それを否認する目的で設けられた個別の規定が存在する場合がある。たとえば、繰越欠損金を有する法人を存続会社とする適格合併において繰越欠損金の利用を制限する規定（法人税法57条3項）、繰越欠損金を有する法人の株式を買収して新たに事業を始めた場合には当該繰越欠損金の利用を制限する規定（法人税法57条の2）等が挙げられる。このような規定の要件に該当する場合には、その規定に基づいて否認（典型的には損金算入の否定）がなされる。

　租税回避行為の否認には法律の根拠が必要であるとすれば、租税法がそれまで想定していなかった新たな租税回避の類型が生み出された場合の対処法としては、立法府においてその都度新たな個別否認規定を設けるという対応が原則となる。したがって、今後もこのような個別否認規定の数は増えていくことが予想され、常に立法の動向を注視しておく必要がある。

(2) 事実認定による否認（第3節参照）

　事実認定による否認とは、納税者が選択したBという法形式（通常用いられない法形式）が、実は具体的な事実関係に照らせば仮装のものであって、真実の法形式はA（通常用いられる＝課税要件を充足する法形式）であるとして、真実の法形式に従って課税する方法である。具体的には、納税者が取引相手との間で合意した法形式Bが、通謀虚偽表示（民法94条）に該当して私法上無効とされ、かつ両者間で真に合意された法形式はAであると認められ、その結果法形式Aを前提に課税されるような場合である。

このように，事実認定による否認が認められる場合には，納税者と取引相手の間で合意された法形式が，法形式Bではなく課税要件を充足する法形式Aであったということになり，そもそも租税回避行為（通常用いられない法形式を選択する行為）は存在しなかったということになる。したがって，この否認類型は，厳密な意味での租税回避行為の否認ではないが，それと同様の効果を有するものといえる。

(3) 法解釈による否認（第4節参照）

租税法規のなかには，一定の政策目的を実現するために，税負担の軽減または免除を定める租税減免規定が存在する。法解釈による否認とは，納税者が実行した法形式が文言上はそのような租税減免規定の要件を充足しているように思われる場合でも，同規定の趣旨・目的に照らして同規定の適用範囲を限定解釈することによって，租税の減免を否定するという否認類型である。

また，そもそも租税法規の解釈においては，ある具体的な事実が課税要件に該当するか否かについて，必ずしも文理上明確でない場合がある。そのような場合には，文理のみならず，その規定の趣旨目的をも参照して同規定の意味内容が明らかにされることがある。このような法解釈の結果として，納税者側の租税回避の試みが否定されることがあり，これも広い意味での法解釈による否認に位置付けることができる。

法解釈による否認は，租税法規の解釈適用を行った結果にすぎず，厳密な意味での租税回避行為の否認ではないと位置付けることも可能であるが，租税回避行為の否認と同様の効果（典型的には損金算入の否定）を有するものといえる。

(4) 一般的否認規定による否認（第5節参照）

以上のような個別的な規定の要件の適用とは別に，日本の租税法において，一定の分野に関して一般的に租税回避行為を否認される場合があることを定めた規定が存在する。その代表例が，同族会社等の行為・計算の否認規定（法人税法132条），組織再編成に係る行為・計算の否認規定（法人税法132条の2）および連結法人に係る行為・計算の否認規定（法人税法132条の3）である。

上記の各否認規定は，納税者が選択した法形式によった場合には税負担を「不当に減少させる結果となる」ときに，税務当局が否認をすることができると定めている。しかし，「不当に減少させる」という概念は多義的であるため，具体的にいかなる場合に納税者の行為・計算が否認されるのか，不明確であることは否めない。近時，国際的な取引や組織再編成の場面において，この点が大いに問題となっており，注目すべき裁判例が現れている。

4 本章のテーマ

企業は，日々，さまざまな場面で，私法上の法形式の選択を繰り返しながら経済活動を行っており，確定申告の際には，自らの選択を前提とした申告を行う。これに対し，税務当局が，課税上，企業による選択をそのまま認めることが税負担の公平に反すると判断した場合には，税務調査においてそのような法形式の否認を主張し，さらには否認を前提とした課税処分を下すことがある。その際に税務当局側が主張する否認の根拠は，上記3において述べた4つの類型に分類することができる。企業としては，税務当局が主張している否認がいずれの類型に該当するかを念頭に置いたうえで，税務調査の段階，課税処分に対する不服申立ての段階，あるいは税務訴訟の段階において，自らの選択が否認されるべき行為に該当しないことを主張立証していくことになる。

本章では，上記3の4つの否認類型ごとに，これまでに蓄積された議論，裁判例等を検討する。そのうえで，租税回避が争点となる訴訟類型において，納税者である企業側として，いかなる点に注意して主張立証を行うべきかを論じる。

第2節 個別否認規定による否認

1 個別否認規定とは

(1) 前提―法人税法の基本構造

　法人税法は，内国法人の各事業年度の所得に対して，各事業年度の所得の金額を課税標準として，法人税を課するものとしている（法人税法5条・21条）。すなわち，法人税は，事業年度ごとの所得に対して一定の税率を適用することによって算出される。

　そこで，法人税の計算にあたっては，当該事業年度における「所得」をいかに計算するかが基本となるが，法人税法22条は，所得の計算について次のとおり規定している。

> ① 各事業年度の所得の金額は，当該事業年度における「益金の額」から「損金の額」を控除した額とする（法人税法22条1項）。
> ② 「益金の額」に算入すべき金額は，別段の定めがあるものを除き，資本等取引以外の取引に係る当該事業年度の収益の額とする（法人税法22条2項）。
> ③ 「損金の額」に算入すべき金額は，別段の定めがあるものを除き，(a)原価の額，(b)販売費，一般管理費その他の費用[9]，(c)資本等取引以外の取引に係る損失の額とする（法人税法22条3項）。
> ④ 上記②の収益の額や上記③の原価・費用・損失の額は，一般に公正妥当と認められる会計処理の基準に従って計算される（法人税法22条4項）。

9　償却費以外の費用で当該事業年度終了の日までに債務の確定しないものを除く。

このように，法人税法は，法人税の課税対象である「所得」について，「益金の額」と「損金の額」の差額としたうえで，「益金の額」および「損金の額」に算入すべき金額について，原則として，一般に公正妥当と認められる会計処理の基準に従って計算するものと定めている。もっとも，この原則については，「別段の定めがあるものを除き」との例外が設けられている。すなわち，「別段の定め」がなければ，一般に公正妥当と認められる会計処理の基準に従って計算される益金と損金の差額が所得とされるが，「別段の定め」がある場合には，これとは異なる計算によって所得が算出される，ということになる。

　租税回避行為の類型として，収益の額がより少なく計算され，あるいは費用等の額がより多く計算されるような法形式を選択する行為類型が挙げられる。このような類型の租税回避行為を否認するためには，「別段の定め」としての個別否認規定に基づく必要がある。

(2)　個別否認規定の具体例

　法人税法22条2項および3項の「別段の定め」として租税回避行為を否認する根拠となる個別否認規定について，具体例を挙げると，以下のとおりである。

①　過大な役員給与等の損金不算入

　法人税法34条1項は，法人がその役員に対して支給する給与について，損金算入が認められるための要件を定め，それらの要件を満さないものについては損金算入できない旨を定めている。さらに，同条2項は，同条1項の要件を満たすものであっても，不相当に高額な部分については，やはり損金算入できない旨を定める。これは，法人が，その役員に対して恣意的に高額の給与を支給し，法人としての利益の額を減少させることによって法人税の負担の軽減または排除（租税回避）を図ることがあり得ることから，そのような役員給与については損金算入を認めないことを定めたものである。

　同様に，法人税法36条1項は，役員と特殊の関係（親族等）のある使用人に対して支給する給与についても，不相当に高額な部分については損金算入できない旨を定める。

②　寄附金の損金不算入

　法人税法37条1項は，法人が各事業年度に支出した寄附金の合計額のうち，

当該法人の資本金等の額や各事業年度の所得を基礎として計算される一定の金額を超える部分について，損金算入できない旨を定める。法人が支出する寄附金のうち，どの範囲が収益を生み出すために必要な費用といえるかを判定することは困難であることから，損金算入できる上限金額を法令上明確に定めておき，一定額を超える部分については利益処分とみなす趣旨である[10]（「寄附金」に該当するか否かの判断枠組みについては，**第４章第２節[2]**参照）。

③ 適格合併における繰越欠損金の引継ぎの制限

法人税法57条３項は，欠損金額を有する法人を消滅法人とする適格合併[11]であっても，共同事業を営むための合併ではなく，かつ支配関係の継続期間が一定の基準以下の場合には，存続法人が引き継ぐことのできる欠損金額を限定している。この規定は，共同事業を営むことを目的としない適格合併において，グループ関係に入る前に生じた消滅法人の欠損金額を引継ぎの対象から除外することによって，適格合併を利用した租税回避に対処することを目的としている[12]。なお，存続法人が有する欠損金額についても，同様の要件を満たさなければ利用が制限される（同条４項）。

④ 欠損法人の買収における欠損金の繰越しの制限

法人税法57条の２第１項は，欠損金額を有する法人の株式を買収し，当該法人において新たに事業を始めたような場合には，当該法人における欠損金額の繰越しを制限する規定である。この規定は，休眠法人等が有する欠損金額を利用した租税回避に対処することを目的としている[13]。

⑤ 交際費の損金不算入

措置法61条の４は，法人が各事業年度に支出した交際費等の額のうち一定の金額を超える部分について，損金算入できない旨を定める。本来，事業と直接の関連がある交際費等については損金に算入されるべき性質のものであるが，

---

10 金子370頁。
11 企業グループ内の合併または共同事業を営むための合併として一定の要件を満たすもので，消滅会社の株主等に存続会社の株式または出資のみが交付されるもの（法人税法２条18号の８）。適格合併に該当する場合には，原則として，存続会社は，消滅会社の一定の欠損金額を引き継いで損金算入することができる（法人税法57条２項）。
12 金子393頁。
13 金子394頁〜395頁。

無制限に損金算入を認めれば法人の濫費を招くことから，制限を課すものである。

⑥　移転価格税制

措置法66条の4第1項は，いわゆる移転価格税制について定めた規定である。移転価格税制とは，外国子会社等との間の正常でない価格による取引について，これを正常な価格に引き直して課税を行うことを通じて，租税回避行為を否認する制度である。すなわち，納税者たる法人が，一定の関係にある外国法人（「国外関連者」）との間で取引を行った場合に，納税者たる法人がその外国法人から支払を受ける対価の額が「独立企業間価格」に満たないとき，またはその外国法人に支払う対価の額が「独立企業間価格」を超えるときに，所得の算定上，当該取引は「独立企業間価格」で行われたものとみなされる（移転価格税制の概要については**第4章第1節**1(2)参照）。

⑦　タックス・ヘイブン対策税制

措置法66条の6は，いわゆるタックス・ヘイブン対策税制について定めた規定である。タックス・ヘイブンとは，法人の所得に対する税負担がゼロまたは極端に低い国または地域（ケイマン諸島，バミューダ諸島，香港等）をいう。企業は，特別の規定がなければ，タックス・ヘイブンに子会社を設け，これを通じて経済活動を行うことによって，税負担の軽減または排除を図ることができる。これを利用すれば，内国法人は，実質的には自らの経済活動であっても，外国法人による経済活動という形式を選択することにより，租税回避が可能となる。かつて，税務当局は，いわゆる実質所得者課税の原則を定めた法人税法11条[14]を適用することでこのような租税回避行為に対処していたが，同条は収益の実質的な帰属についての具体的な判断基準を定めたものではなく，法的安定性等の観点から限界があった。そこで，このような租税回避行為に対する個別否認規定として昭和53年に導入されたのが，措置法66条の6のタックス・ヘイブン対策税制である[15]。その概要は，上記のような租税回避行為がされた場

14　法人税法11条は，「資産又は事業から生ずる収益の法律上帰属するとみられる者が単なる名義人であつて，その収益を享受せず，その者以外の法人がその収益を享受する場合には，その収益は，これを享受する法人に帰属するものとして，この法律の規定を適用する。」と定める。

15　青柳達朗「タックス・ヘイブン課税の諸問題」税大ジャーナル8号101頁。

合に，外国法人の所得を内国法人の益金に合算することによって，内国法人に課税するというものである（タックス・ヘイブン対策税制に関する裁判例については下記2参照）。

(3) 議論の展望

以上のとおり，個別否認規定は多岐にわたり，その適用事例も多数に上る。特に近時においては，クロスボーダー取引が増加し，また多くの企業が海外に進出していることから，タックス・ヘイブン対策税制の適用対象となるか否かをめぐって，企業と税務当局の間で紛争となる事案が増加している。これに伴い，タックス・ヘイブン対策税制の適用をめぐって，近時，最高裁判例を含む多くの裁判例が形成されるに至っており，個別否認規定の解釈適用に対する裁判所の態度が明らかになってきている。

そこで，以下では，タックス・ヘイブン対策税制の適用が問題となった事案における裁判所の判断を分析し，それを通じて個別否認規定の適用に関する裁判所の考え方の傾向を分析することとする。

2 裁判例の展開
―タックス・ヘイブン対策税制に関する事案を通じた分析

(1) タックス・ヘイブン対策税制の総論
① タックス・ヘイブン対策税制の概要[16]

日本におけるタックス・ヘイブン対策税制（2016年12月末現在）は，要約すると以下のような制度である[17]（措置法66条の6，同法施行令39条の14。なお，所得税に関しても措置法40条の4に同様の規定がある）。

> 下記(a)の納税義務者たる内国法人は，下記(b)の特定外国子会社等の所得のうち，その特定外国子会社等に対する株式等保有割合に対応する金額が

---

[16] タックス・ヘイブン対策税制については，平成29年度税制改正において大幅に改正される見込みであるが，本書の記述は同改正前の税制を前提としていることに留意されたい。

[17] 金子553頁以下，水野忠恒『大系租税法』（中央経済社，2015年）652頁以下。

益金に算入され，これに基づいて法人税を課される（後述の適用除外に該当する場合を除く）。
(a) 納税義務者たる内国法人
　　日本の居住者や内国法人等によって発行済株式等の50％超を直接および間接に保有されている外国法人（「外国関係会社」と定義されている）について，その発行済株式等の10％以上を直接および間接に保有する内国法人または同族株主グループに属する内国法人。
(b) 特定外国子会社等
　　上記(a)の外国関係会社のうち，法人税がない，または法人税の実効税率が20％未満である国または地域（タックス・ヘイブン）に本店等を有する法人（「特定外国子会社等」と定義されている）。

　日本の法人税法は法人単位で所得を計算することから，内国法人が海外支店を設けて事業活動を行った場合には，その支店の所得は日本の法人税の対象となる。他方で，内国法人が海外子会社を設立して事業活動を行った場合には，その子会社の所得は，（配当という形で内国法人に還元されない限り）ただちに日本の法人税の対象となるものではない[18]。そこで，タックス・ヘイブン対策税制においては，海外子会社に対して直接課税するのではなく，上記のとおり，海外子会社の所得が実質的に内国法人に対して配当されたものとみなし，内国法人に対して課税することを通じて，租税回避を否認するものとしている[19]。

② 租税条約との関係—グラクソ事件最高裁判決（納税者敗訴）
　ところで，国際課税の原則である「恒久的施設（PE）なければ課税なし」の考え方によれば，内国法人が設立した海外子会社に対して日本が法人税を直接課すことができるのは，その海外子会社が日本にある恒久的施設（PE）を通じて事業活動を行っている場合に限られる（単に内国法人の子会社であることのみを理由に，海外法人に法人税を課すことはできない）。この「恒久的施設（PE）なければ課税なし」という国際課税の原則は，日本が諸外国との間で締結している租税条約においても採用されている（恒久的施設（PE）につい

18　金子552頁。
19　金子557頁。

ては,【コラム】「PE問題」(143頁)を参照)。

　条約は法律の上位規範であるから,租税条約と措置法との間に齟齬がある場合には,租税条約のほうが優越する。そして,上記のとおり,措置法におけるタックス・ヘイブン対策税制は,実質的にみれば,内国法人に対する課税を通じて,海外法人の所得に対して課税するのに類する効果を有する。そうすると,措置法におけるタックス・ヘイブン対策税制の規定は,そもそも租税条約の趣旨に反するものであり,無効とならないか,との点が一応問題となり得る。

　この点が争われたのが,以下に紹介するグラクソ事件(最判平21・10・29民集63巻8号1881頁)である。

(a) 事案の概要

　外資系の製薬グループに属する内国法人X社は,シンガポール法人であり同じグループに属するA社の株式の9割を保有していた。A社は,グループの資産管理会社の株式を売却するなどし,約8億シンガポールドルの株式譲渡益を計上したが,シンガポールにおいては株式譲渡益が非課税であったこと等から,同国からほとんど課税を受けなかった。

　日本の税務当局は,A社がX社にとって特定外国子会社等に該当するとして,措置法66条の6に基づき,A社の所得の一部をX社の益金に算入する課税処分を行った。これに対し,X社がこの課税処分の取消しを求めた。

(b) 主な争点

　日本に恒久的施設を持たないシンガポール法人のA社の所得について,X社の益金に算入することによってX社に対する課税を認める措置法66条の6は,「恒久的施設(PE)なければ課税なし」の原則を定める日星租税条約7条

第2節　個別否認規定による否認

1項[20]に違反しないかが争点となった。

(c)　裁判所の判断

最高裁は，以下の理由により，措置法66条の6第1項の規定は日星租税条約7条1項の規定に違反しないとして，X社の主張を否定した。

- いわゆるタックス・ヘイブン対策税制を設けることは，国家主権の中核に属する課税権の内容に含まれるものであり，租税条約等によってこのような税制を設ける日本の権能が制約されるのは，十分な解釈上の根拠が存する場合でなければならない。
- 日星租税条約7条1項は，一方の締約国の企業の利得に対して他方の締約国が課税するための要件を規定したものである。これに対し，措置法66条の6は，あくまで日本の内国法人に対する課税を定めたものであり，日星租税条約7条1項による禁止または制限の対象に含まれない。
- 日星租税条約はOECDモデル租税条約に倣ったものであるところ，OECD租税委員会が作成した同モデル租税条約のコメンタリーは，条約法に関するウィーン条約（昭和56年条約第16号）32条にいう『解釈の補足的な手段』として，日星租税条約の解釈に際しても参照されるべき資料である。そして，同コメンタリーは，措置法66条の6のようなタックス・ヘイブン対策税制は同モデル租税条約に違反しないとしている。
- 日本のタックス・ヘイブン対策税制は，税負担の公平性を追求しつつも，特定外国子会社等の事業活動に経済合理性が認められる場合を適用除外とする等，全体として合理性のある制度であり，日星租税条約の趣旨目的に反するようなものとはいえない。

(d)　分析・検討

本最高裁判決は，日星租税条約7条1項を解釈するにあたり，国家の課税権の重要性を強調したうえで，同項は文言上あくまでも日本がシンガポール法人に対して課税することを制約するもので，日本が内国法人に課税することを制

20　日星租税条約7条1項は，「一方の締約国の企業の利得に対しては，その企業が他方の締約国内にある恒久的施設を通じて当該他方の締約国内において事業を行わない限り，当該一方の締約国においてのみ租税を課することができる」と定めている。これは，各国間における租税条約の形成において最も影響力があるとされる，OECDモデル租税条約に準拠した内容である。

約するものではない，という文理解釈を重視して，結論を導いている（日星租税条約の趣旨目的にも触れているが，これは補足的な理由付けであるといえる）[21]。

また，本最高裁判決は，日星租税条約が準拠するOECDモデル租税条約のコメンタリーについて，条約法に関するウィーン条約32条にいう「解釈の補足的な手段」として参照されるべき資料であるとしている。したがって，日星租税条約に限らず，OECDモデル租税条約に準拠する租税条約の解釈にあたっては，同コメンタリーが重要性を持つこととなる（同様にOECDコメンタリーを解釈において援用した裁判例として，通販事件（第4節②(3)①）参照）。

(2) タックス・ヘイブン対策税制の適用要件
―ガーンジー島事件最高裁判決（納税者勝訴）

上記(1)①のとおり，内国法人が持分を有する外国法人が「特定外国子会社等」に該当する場合には，当該内国法人は，その外国法人の所得について持株割合に応じた課税を受けることになる。したがって，タックス・ヘイブン対策税制の適用要件のうち，最も重要となるのが，「特定外国子会社等」に該当するか否か，という点であるといえる。

そして，「特定外国子会社等」に該当するのは，内国法人と一定の関係を有する外国法人のうち，法人税がない，または法人税の実効税率が一定の率（平成27年4月1日現在は20%）未満である国または地域（タックス・ヘイブン）に本店等を有する法人である。したがって，外国法人が「特定外国子会社等」に該当するか否かの判断にあたっては，当該外国法人がその国または地域において一定の率以上の外国法人税を納付しているか否かが特に重要となる。

この点が争われたのが，以下に紹介するガーンジー島事件（最判平21・12・3民集63巻10号2283頁）である。

① 事案の概要

損害保険会社である内国法人X社は，チャネル諸島ガーンジーにおいて設立されたA社の完全親会社である。

---

21 『最高裁判所判例解説民事篇平成21年度（下）』（法曹会，2012年）789頁以下〔岡田幸人〕。

当時のガーンジーの税制上，ガーンジーに本店を有する法人は，(i)事業年度の全所得を課税標準として20％の標準税率により所得税を課されるのが原則であった。一方，(ii)税務当局は，所定の要件を満たす団体からの申請により，これを免税とすることができた。また，(iii)所定の要件を満たす保険業者は，一定の金額を超える所得について段階的に20％より低い税率が適用される段階税率課税を選択することができた。さらに，(iv)所定の要件を満たす法人は，申請により，0％を上回り30％までの間で自ら申請し，税務当局により承認された税率の適用を受けることもできた（税務当局は，資格取得要件が満たされている場合には，申請を承認することができるが，申請を拒絶することもできる）。

A社は，上記(i)ないし(iv)のいずれも選択し得る立場にあったが，平成11年から平成14年までの各事業年度につき，上記(iv)により適用税率を26％としてガーンジー税務当局に申請した[22]。ガーンジー税務当局はこの申請を承認し，適用税率26％として所得税（以下「本件外国税」という）の賦課決定をし，A社はこれを納付した。

日本の税務当局は，本件外国税は「外国法人税」（法人税法69条1項，法人税法施行令141条1項）に該当せず，A社のガーンジーにおける税負担はゼロであるから，A社は「特定外国子会社等」に該当し，X社はタックス・ヘイブン対策税制の適用対象になるものとして，X社に対して増額更正処分を行った。X社は，同更正処分等の取消しを求めて訴えを提起した。

---

22 当時の措置法施行令39条1項2号は，その各事業年度の所得に対して課される租税の額が当該所得の金額の25％以下（前述のとおり，現在は20％未満）である外国関係会社につき，「特定外国子会社等」に該当するものとしていた。

② 主な争点

A社が「特定外国子会社等」（措置法66条の6第1項）に該当するか否か，具体的には，(a)本件外国税がそもそも「租税」に該当するか，また租税に該当するとして(b)「外国法人税」（法人税法69条1項）に該当するかが争われた。

③ 裁判所の判断

(a) 「租税」の意義

控訴審判決（東京高判平19・10・25訟月54巻10号2419頁）は，本件外国税は強行性，公平性ないし平等性と相容れないものであり，その実質はタックス・ヘイブン対策税制の適用を回避させるというサービスの提供に対する対価としての性格を有するものであって，そもそも租税に該当しないと判断した。

これに対し，本最高裁判決は，本件外国税がそもそも租税に該当しないということは困難であるとして，控訴審判決を否定した。その理由として，確かにA社には税率等について広い選択の余地があったが，その選択の結果課された本件外国税は，ガーンジーがその課税権に基づき法令の定める一定の要件に該当するすべての者に課した金銭給付であるとの性格を有することを否定することはできず，また本件外国税が特別の給付に対する反対給付として課されたものでもない，と判示した（租税の意義に関する先例については下記④参照）。

(b) 「外国法人税」の意義

法人税法69条1項は，外国法人税について，「外国の法令により課される法人税に相当する税で政令で定めるもの」と定め，同条の委任を受けた法人税法施行令141条は，第1項において，外国法人税を「外国の法令に基づき外国又はその地方公共団体により法人の所得を課税標準として課される税」と定義している。そのうえで，同条は，外国法人税に含まれるものを2項1号から4号までに列挙し，外国法人税に含まれないものを3項1号から4号までに列挙している。

本最高裁判決は，次に掲げる理由により，本件外国税が外国法人税に該当しないとはいえないと判断し，結論においてA社は「特定外国子会社等」に該当しないと判断した。

(i) 法人税法施行令141条1項における外国法人税の定義は，形式的な定義にとどまる。そこで，同条2項および3項が，実質的にみて法人税に相当

する税および相当するとはいえない税を具体的に掲げ，これにより同条 1 項にいう外国法人税の範囲を明確にしようとしているものと解される。

(ⅱ) 本件においては，本件外国税が，法人税法施行令141条 3 項 1 号に規定する「税を納付する者が，当該税の納付後，任意にその金額の全部または一部の還付を請求することができる税」または 2 号に規定する「税の納付が猶予される期間を，その税の納付をすることとなる者が任意に定めることができる税」に該当するか否かが検討の対象になり得る。もっとも，上記(ⅰ)の理解によれば，これらに該当しない税であってもこれらに類する税は，外国法人税に含まれないものと解することができる。しかし，租税法律主義に鑑みると，その判断は，あくまでも同項 1 号または 2 号の規定に照らして行うべきであって，これらの規定から離れて一般的抽象的に検討することは許されない。

(ⅲ) 本件外国税は，形式的に法人税法施行令141条 1 項にいう外国法人税の定義に該当する。また，本件外国税は，納付後に還付請求をすることができるとはされていないし，納付が猶予される期間をＡ社が任意に定めることができるとはされていないから，同条 3 項 1 号または 2 号に規定する税には該当しない。

(ⅳ) さらに，以下の各点からは，本件外国税が，実質的にみて同項 1 号または 2 号に類するような税であるともいえない。

　(ア) 税率の決定についてはあくまで税務当局の承認が必要なものとされていること。

　(イ) 所定の要件を満たす団体が免税の申請をした場合でも，常にそれが認められるという事実は確定されていないこと。

　(ウ) むしろＡ社は税率26％の本件外国税を納付することによって実質的にみても本件外国税に相当する税を現に負担していること。

④　分析・検討

「租税」とは，「国又は地方公共団体が，課税権に基づき，その経費に充てるための資金を調達する目的をもって，特別の給付に対する反対給付としてでなく，一定の要件に該当するすべての者に対して課する金銭給付」であるとする

のが，確立した判例である（最判平18・3・1民集60巻2号587頁等）。本最高裁判決は，このような租税の定義に照らして，本件外国税がそもそも租税に該当しないということは困難であると判断した。

そして，本最高裁判決は，本件外国税が外国法人税に該当するか否かの点について，法人税法施行令141条の1項と2項・3項の関係を分析したうえで，同条3項1号または2号に該当しない税であっても，「実質的にみて税を納付する者がその税負担を任意に免れることができることとなっているような税」については，外国法人税に含まれないものと解することができるとした。もっとも，租税法律主義の観点から，その判断はあくまでも同項1号または2号の規定に照らして行うべきであると判示し，結論において，本件外国税が外国法人税に該当しないということは困難と判断した[23]。

本最高裁判例は，あえて租税法律主義に言及していることからも明らかなとおり，個別否認規定の適用にあたって，明文の規定を重視し，また規定の文言の解釈（租税の意義）については判例において確立した定義を採用している[24]。本最高裁判決は，規定の文言から離れた「租税回避行為の否認」を安易に認めない態度を示しているといえる。

また，本最高裁判決は，本件外国税が外国法人税に該当するか否かのあてはめにおいて，「免税の申請をした場合に常にそれが認められるという事実は確定されておらず」等と述べ，また結論において「本件外国税が法人税に相当する税に該当しないということは困難である」と述べている。これは，(1)①に述べたタックス・ヘイブン対策税制の適用要件（本件でいえば，本件外国税が法人税に相当する税に該当しないこと等）について，税務当局側がそれを満たす

---

[23] なお，現行の法人税法施行令141条3項3号は，「複数の税率の中から税の納付をすることとなる者と外国若しくはその地方公共団体又はこれらの者により税率の合意をする権限を付与された者との合意により税率が決定された税（当該複数の税率のうち最も低い税率（当該最も低い税率が当該合意がないものとした場合に適用されるべき税率を上回る場合には当該適用されるべき税率）を上回る部分に限る。）」は外国法人税に含まれないと定めており，本件外国税のような税は現行法下では外国法人税に含まれないとされる可能性がある。また，ガーンジーにおける税制も，すでに現在は改正されているようである。

[24] 『最高裁判所判例解説民事篇平成21年度（下）』（法曹会，2012年）893頁以下〔倉地康弘〕。

ことについての立証責任を負っていることを前提に，本件においてその立証がなされていないことを指摘したものと解される[25]。

(3) 適用除外規定の解釈
① 適用除外要件
　タックス・ヘイブン対策税制は，あくまでも租税回避の防止を目的とするものである。タックス・ヘイブン対策の名の下に，日本企業が経済合理性のある海外進出を行う場合にまで同対策税制に基づく課税がなされてしまうと，日本企業の経済活動を阻害しかねない。

　そこで，経済合理性のある経済活動を不当に阻害しないよう，(1)①に述べたタックス・ヘイブン対策税制の適用要件を満たす場合であっても，次の(i)から(iv)の基準をすべて満たす場合には，同対策税制の適用が除外される（措置法66条の6第3項）。

　過去の多くの裁判例においても，納税者の海外子会社戦略等が経済合理性のある経済活動と評価されるべきものか（納税者側の主張），それとも租税回避行為と評価されるべきものか（税務当局側の主張）が実質的な対立のポイントとなり，その判断基準として設けられているこれらの適用除外要件の解釈適用が重要な争点となっている。

> (i) 事業基準
> 　特定外国子会社等が，株式等・債券の保有，工業所有権・著作権の提供，船舶・航空機の貸付けを「主たる事業」とするものではないこと（株式等の保有を「主たる事業」とする場合でも，所定の統括業務を行う事業持株会社については事業基準を満たす）。
>
> (ii) 実体基準
> 　特定外国子会社等が，本店等所在地国において，その「主たる事業」を行うのに必要と認められる事務所，店舗，工場その他の固定資産を有していること。

---

[25] 『最高裁判所判例解説民事篇平成21年度（下）』（法曹会，2012年）896頁以下〔倉地康弘〕。

(iii) 管理支配基準

　　特定外国子会社等が，本店所在地国において，その事業の管理，支配および運営を自ら行っていること。

(iv) 非関連者基準・所在地国基準

　　特定外国子会社等が各事業年度において行う「主たる事業」が卸売業，銀行業，信託業，金融商品取引業，保険業，水運業または航空運送業である場合は，その事業年度における取引のうちに占める関連者[26]以外の者との取引の割合が50％超であること（非関連者基準）。

　　「主たる事業」が上記以外の事業である場合には，その事業を主として本店所在地国において営んでいること（所在地国基準）。

　なお，以上の適用除外の要件を満たす特定外国子会社等であっても，その保有する資産から生み出される一定の所得（債権の利子，債権の譲渡対価，船舶・航空機の貸付に係る所得等）についてはタックス・ヘイブン対策税制の対象となる（措置法66条の6第4項）。

　適用除外要件の解釈適用が争われた近時の代表的な裁判例として，③のデンソー事件が挙げられる[27]。

②　適用除外要件の主張立証責任

(1)①において述べたタックス・ヘイブン対策税制の適用要件については，同対策税制の適用を主張する税務当局側がそれを満たすことについての主張立証責任を負っていることに異論はないと思われる[28]。上記(2)のガーンジー島事件最高裁判決も，これを前提とする判示をしている。

　これに対し，①において述べた適用除外要件については，これらを満たすことについて納税者側が主張立証責任を負うのか，それとも，これらを満たさな

26　「関連者」とは，当該特定外国子会社等との間に一定の資本関係等を有する者をいう（措置法施行令39条の17第10項1号）。

27　適用除外要件の解釈適用が争われたその他の裁判例として，来料加工事件（東京地判平24・7・20訟月59巻9号2536頁）がある（同種事件として，東京地判平成28・9・28税務通信3433号8頁，大阪地判平23・12・1税資261号順号11824，東京地判平21・5・28訟月59巻1号30頁，その控訴審である東京高判平23・8・30訟月59巻1号1頁，その上告審である最決平25・12・11税資263号順号12349等）。

28　今村隆『課税訴訟における要件事実論（改訂版）』（日本租税研究協会，2013年）173頁。

いことについて税務当局側が主張立証責任を負うのか，学説上争いがある[29]。この点，所得税のタックス・ヘイブン対策税制（措置法40条の4）に関するものであるが，東京地判平24・10・11裁判所HP〔平成22年（行ウ）725号〕およびその控訴審である東京高判平25・5・29裁判所HP〔平成24年（行コ）421号〕は，いずれも，税務当局側が適用除外要件を満たさないことについての主張立証責任を負うことを明示的に判断していることが注目される。

　また，適用除外要件のうち管理支配基準は，特定子会社等が「その事業の管理，支配及び運営を自ら行っている」との評価が成立することを要件とする，いわゆる規範的要件[30]である。したがって，税務当局が管理支配基準を満たさないことについて主張立証責任を負う，との前提に立った場合には，税務当局において，管理支配基準を満たさないという評価を根拠付ける事実（評価根拠事実）を主張立証する責任を負い，これに対して納税者がそのような評価を妨げる事実（評価障害事実）を主張立証する責任を負う，ということになる[31]。この場合，裁判所は，税務当局が主張立証した評価根拠事実と，納税者が主張立証した評価障害事実との総合判断によって，管理支配基準を満たさないといえるかどうかを判断することになる（もとより，税務当局が主張する評価根拠事実がそもそも認定できない場合や，それらの事実だけでは「管理支配基準を満たさない」とはいえない場合には，税務当局の主張は成り立たないこととなり，納税者が主張立証した評価障害事実を考慮するまでもないこととなる）。適用除外要件のうち管理支配基準以外の要件についても，「主たる事業」等の不確定概念を含んでおり，やはり規範的要件であると解する余地がある（③の裁判例参照）。

　納税者としては，上記のとおり税務当局側に主張立証責任があるとの立場を

29　納税者側に主張立証責任があるとするものとして，木村弘之亮『国際税法』（成文堂，2000年）961頁。税務当局側に主張立証責任があるとするものとして，今村隆『課税訴訟における要件事実論（改訂版）』（日本租税研究協会，2013年）173頁。

30　規範的要件とは，「過失」（民法709条等），「重大な過失」（民法95条ただし書等），「正当な事由」（借地借家法6条等）といった，一般的・抽象的概念で表された規範的評価（たとえば，「過失」があるという評価）が成立することをもって，所定の法律効果の発生要件とするものをいう（司法研修所『増補民事訴訟における要件事実　第一巻』（法曹会，1986年）30頁）。

31　今村隆『課税訴訟における要件事実論（改訂版）』（日本租税研究協会，2013年）173頁。

前提として、まずは税務当局側に「適用除外要件を満たさない」という主張の具体的内容を明らかにさせ、それを踏まえて納税者としての具体的な反論・反証を検討していく、という戦略も十分に検討に値する。

③　デンソー事件[32]（第１審：納税者勝訴、控訴審：納税者敗訴）

以下では、適用除外要件の解釈適用が争われた近時の裁判例として、デンソー事件について検討する。

(a)　事案の概要

内国法人Ｘ社の完全子会社であるＡ社は、シンガポール法人であり、ASEAN地域に存する子会社13社および関連会社３社の株式を保有して株式保有業務を行うとともに、グループ内の子会社・関連会社を統括する地域統括業務[33]やプログラム設計業務等を行っていた。Ａ社が行っていた地域統括業務のうちの物流改善業務とは、域内の部品等の輸出入に係るインボイスの集中発行・決済のほか、競争入札の実施などを行って物流コストの削減を図り、グループ会社から取引高に応じて対価を回収するというものであった。

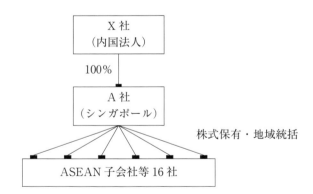

32　第１審：名古屋地判平26・９・４税資264号順号12524、控訴審：名古屋高判平28・２・10裁判所HP〔平成26年（行コ）91号〕。
33　集中生産・相互補完体制を強化し、各拠点の事業運営の効率化やコスト低減を図るための地域企画、調達・財務・材料技術・人事・情報システムおよび物流改善に関する業務。

平成20年頃において，A社の地域統括事業のうち物流改善業務は，A社の売上全体の約85％を占めていたが，A社の税引前当期利益に占める割合はわずか5％前後であり，その一方で株式保有による利益（受取配当）の割合は85％超に上っていた。また，地域統括業務に使用する有形固定資産の額は資産総額のわずか0.2％程度であった一方で，保有株式の額は資産総額の50％超を占めていた。

税務当局は，A社の完全親会社であるX社に対してタックス・ヘイブン対策税制を適用し，特定外国子会社等であるA社の所得はX社の所得に合算されるべきとして，X社の平成20年3月期および平成21年3月期の法人税につき課税処分を行った。これに対し，X社は，A社がタックス・ヘイブン対策税制の適用除外要件を満たす等と主張し，本件訴訟を提起した。

(b) 主な争点

本件訴訟においては，適用除外要件のうち，(i)事業基準および(ii)非関連者基準・所在地国基準との関係において，X社の特定外国子会社等であるA社の「主たる事業」が何であるかが争点となった。すなわち，(i)A社の「主たる事業」が株式保有業であるとすれば，事業基準を満たさないこととなる。また，(ii)A社の「主たる事業」が株式保有業ではなく地域統括事業であるとしても，その実質が卸売業であるとすれば，A社の関連者との取引の割合が50％以上であったことから，非関連者基準を満たさないこととなる（逆に卸売業でなければ，所在地国基準を満たす事案であった）。

なお，本件訴訟では平成22年度税制改正前の措置法の適用が問題となっているため，事業基準については，「株式等の保有を主たる事業とするものかどうか」が争点であった（同改正により，「株式等の保有を主たる事業とするもの」であっても事業持株会社については事業基準を満たすとされたが，本件は事業持株会社にあたるか否かが争われた事案ではない）。

(c) 第1審判決の判断 (納税者勝訴)

(i) 事業基準について

第1審判決は，まず，特定外国子会社等が複数の事業を営んでいる場合に，そのいずれが「主たる事業」であるかの判断基準について，「当該外国子会社等におけるそれぞれの事業活動によって得られた収入金額又は所得金額，それ

ぞれの事業活動に要する使用人の数，事務所，店舗，工場その他の固定施設の状況等の具体的かつ客観的な事業活動の内容を総合的に勘案して判定するのが相当である」と判示した。そのうえで，主に以下の各点を総合的に勘案し，A社の「主たる事業」は，株式保有業ではなく，地域統括事業であったと認定した。

> (ア) 従業員34～35人のうち28人以上が地域統括業務に従事しており，株式保有業務に従事している者は1人もいなかったこと。
> (イ) 固定施設は地域統括業務に供されているものが大半であったこと。
> (ウ) A社における物流改善業務に関する売上高はA社の収入金額の約85％に上っていたこと。
> (エ) A社の設立目的はそもそも地域統括業務を行うことにあったこと。
> (オ) A社は設立以来順次業務を拡大し，地域統括に係る業務内容が多方面にわたるものとなっていたこと。
> (カ) A社は，問題となった事業年度当時においても，アジア地域社長会，許認可取得活動，材料・資材の調達交渉や廉価調達先の発掘，グローバルネッティングの運営とその対象範囲の拡大作業等多岐にわたる地域統括業務を行っていたこと。
> (キ) A社の地域統括業務によってグループ全体に原価率の大幅な低減による利益がもたらされていたこと。

また，第1審判決は，A社の「主たる事業」が株式保有業であるという主張の根拠として税務当局側が指摘した点については，以下のとおり，重視すべき要素ではないと判断した。

> (ク) （A社における株式保有業による収入金額や所得金額という金額的規模を重視すべきである，との税務当局側の主張について）株式保有以外の実体的な事業活動が現実に行われており，当該事業活動に相応の経営資源が投入されている場合には，事業基準を満たすと解することこそがタックス・ヘイブン対策税制の制度趣旨にかなう。
> (ケ) （A社の資産総額に占める保有株式の割合が過半を占めている，との

> 税務当局側の主張について）保有株式が資産総額の多くを占めるのは，地域統括事業という事業の性質上，当然のことであり，この点を重視すべきではない。

(ⅱ) 非関連者基準・所在地国基準について

第1審判決は，以下の点を理由に，A社の「主たる事業」は「卸売業」にあたらないと判断した。

> (ア) A社の行う地域統括事業は，地域企画，調達，財務，材料技術，人事，情報システム，物流改善といった各種業務が相互に関連し合い有機的一体となったものであるから，売買取引のみを取り出して「卸売業」に該当するというのは事業の実態にそぐわない。
>
> (イ) タックス・ヘイブン対策税制の趣旨等からすれば，その地において事業活動を行うことについて経済合理性があるかは，所在地国基準により行うのが基本であるが，卸売業等の特定の事業についてはその性質上場所との結び付きが乏しいため所在地国基準に代えて非関連者基準が採用されている。この点，A社の地域統括業務は場所的な結び付きが乏しいものとはいえず，シンガポールで行うことに意味がある事業である。

そして，第1審判決は，A社は本店所在地国であるシンガポールにおいて地域統括事業を行っており，所在地国基準を満たし，適用除外に該当するとした。

(d) 控訴審判決の判断（納税者敗訴）

控訴審判決は，以下の理由から，そもそもX社が主張するA社の地域統括事業は，株式保有業に含まれる1つの事業にすぎないとして，A社が事業基準を満たさず，適用除外に該当しないと判断して第1審判決を覆した。

> (ⅰ) 「株式等の保有」を事業として行う以上，それによって利益を受けることが当然に含意されているのであり，その利益を得る方法として，株式発行会社を支配し，その人事や業務内容を自己の意のままに決定することを通じて，より多くの配当を得ようと活動することもある。したがって，事業としての「株式等の保有」には，当該株式発行会社を支配

しかつ管理するための業務（地域統括事業）も含む。
(ⅱ) 平成22年改正租税特別措置法66条の6第3項により，「主たる事業」が「株式等の保有」である統括会社で，被統括会社に対する統括業務を行うものについて，事業基準により適用除外規定の適用対象とならない特定外国子会社等から除く旨規定された。このことは，地域統括事業が本来的には株式保有事業に含まれるという解釈を裏付けている。同改正時における国会の参議院財政金融委員会における参考人もその趣旨の発言をしている。

(e) 分析・検討
(ⅰ) 第1審判決

　第1審判決は，「主たる事業」の判断基準について，通達[34]や過去の裁判例[35]の判断を踏襲し，その事業における利益が利益全体に占める割合や資産規模といった金額的な規模を示す判断要素のみを重視するのではなく，その業務に携わる人員，使用される固定資産，具体的な事業の内容などさまざまな事情を考慮して「主たる事業」を判定した。判決文上は明らかでないものの，事業基準における「主たる事業」が規範的要件であることを前提に，税務当局側において，特定外国子会社等の「主たる事業」が株式保有業であるとの評価を根拠付ける事実（評価根拠事実）の主張立証責任を負い，これに対して納税者側がその評価を妨げる事実（評価障害事実）の主張立証責任を負う，という考え方と親和的な判示であるといえる。

　税務当局側は，A社の「主たる事業」が株式保有業であるとの評価を根拠付ける事実として，株式保有業による所得金額や，資産総額に占める保有株式の割合といった，A社における株式保有業の金額的規模の要素を主張した。これに対し，X社側は，地域統括事業（物流改善業務）の売上高がA社の収入金額に占める割合等のほか，A社が地域統括事業に投入している経営資源の大きさや，A社における地域統括業務の実施状況や成果といった事業の実体面について，詳細な主張を行った。そして，第1審判決は，X社の主張するよ

34　措置法通達66の6-8。
35　静岡地判平7・11・9訟月42巻12号3042頁およびその控訴審判決である東京高判平8・6・19税資216号619頁等。

うに，株式保有以外の実体的な事業活動が現実に行われ，当該事業活動に相応の経営資源が投入されている場合には，税務当局側が主張するような金額的規模の要素のみを重視すべきではないとして，結論としてA社の「主たる事業」が株式保有業であることを否定した。X社による評価障害事実の主張立証が成功したものといえる。

税務当局側の主張のような，金額的な規模を示す判断要素のみを重視する考え方については，かねてから，特定外国子会社等が行う複数の事業のうち，一時的に株式保有業に係る収入が増加したり，一時的に他の事業が不振となったりしたときに，それによって「主たる事業」が株式保有業であると判断されてしまう可能性がある，という問題が指摘されていた。第1審判決が，そのような一時的な状況によって「主たる事業」の判定が左右されてしまう不合理な結果を回避すべく税務当局の主張を排斥した点は，注目すべきポイントである。

また，第1審判決が，非関連者基準・所在地国基準に関して「主たる事業」を判断するにあたって，タックス・ヘイブン対策税制そのものや，非関連者基準・所在地国基準が設けられた趣旨に即して判断を行っている点も注目される。

(ii) **控訴審判決**

控訴審判決は，「株式等の保有」について，単に字義通りに株式を保有し続けるという事業を指すのではなく，当該株式発行会社を支配しかつ管理するための業務（X社のいう地域統括事業）をも含む，という実質的な解釈を加え，結論において納税者に不利な判断を下した。

上記結論を導くにあたり，控訴審判決は，事後における措置法の改正内容や，その改正時における国会の議論を参照している。しかし，納税者側から見れば，このような事後の事情が行為時点に遡求して考慮されるとすれば，予測可能性・法的安定性が害されることになりかねない。

租税法の解釈において事後の立法等の事情を考慮すべきか否かについて，デンソー事件控訴審判決とは対照的な判断がなされた例として，いわゆるレポ取引事件の控訴審判決（東京高判平20・3・12金判1290号32頁）がある。同事件においては，金融取引の一種であるレポ取引に関して，債券の売買代金と再売買代金との差額（レポ差額）により得られる所得が，所得税法161条6号の「貸付金（これに準ずるものを含む。）」の「利子」として国内源泉所得に該当する

か否かが争われた[36]。この事案においては，事後の立法である措置法42条の2において，レポ差額には所得税を課さない旨の規定が新たに設けられたことが問題となった。税務当局側は，当該立法を理由に，レポ差額が所得税の課税対象となる所得税法161条6号の国内源泉所得に該当するという解釈が立法者意思である旨主張した。しかし，上記控訴審は，本件のレポ取引がされた後に制定された措置法42条の2の規定をもって所得税法161条6号の解釈をしようとすること自体に無理があるとして，税務当局側の主張を排斥し，結論においてレポ差額は国内源泉所得に該当しないという納税者に有利な判断を下した（税務当局側が上告受理申立てを行ったが，不受理となった（最決平20・10・28税資258号順号11060））。

デンソー事件控訴審判決に対しては，X社が上告受理申立てを行ったようであり，最高裁の判断が待たれる（2016年12月末現在）。

3 まとめ―裁判例を踏まえた戦略

本節において挙げた裁判例の多くは，租税法の解釈適用にあたって，その文理解釈を重視しているといえる。とりわけ，ガーンジー島事件最高裁判決（最判平21・12・3民集63巻10号2283頁，上記2(2)）は，あえて租税法律主義（憲法84条）に言及したうえで，課税要件該当性の判断はあくまでも租税法の規定に照らして行うべきであり，規定から離れて一般的抽象的に検討して判断してはならないことを明言している。このような裁判例の態度は，租税法が侵害規範であり，法的安定性・予測可能性が確保される必要があるという納税者の立場からの要請に合致するもので，正当であると評価できる。

さらに，各裁判例は，租税法の規定の個別具体的な解釈適用にあたって，判例において確立している概念の定義についてはそれに忠実な解釈適用を行い（ガーンジー島事件最高裁判決における「租税」の解釈等），あるいは過去の裁判例において定立された判断基準を援用して判断している（デンソー事件第1審判決（名古屋地判平26・9・4税資264号順号12524）における「主たる事業」

---

[36] 国内源泉所得に該当する場合には，我が国の所得税の課税対象となり，その支払者は源泉徴収義務を負うことになる。

の判断基準（上記②(3)②ｃ））等）ものと評価できる。このような裁判例の姿勢も，法的安定性・予測可能性の要請に合致するものと理解できる。

　納税者側としては，タックス・ヘイブン対策税制の適用が争いとなる訴訟においては，各規定の文理解釈を中心に，いかなる解釈適用が法的安定性・予測可能性という納税者の要請に合致し，採用されるべきものであるかという観点から主張を組み立てるべきである。

　もっとも，規定の文理解釈や過去の判例からはただちに規定の意味内容を明らかにできない場合には，その規定の趣旨・目的に立ち返ってその解釈が行われることになる（デンソー事件第１審判決における「卸売業」該当性（上記②(3)②ｃ））等）。したがって，当該規定の立法時における国会での議論，立案担当者の解説等により，当該規定の趣旨・目的を把握することも重要となる。

　以上のような租税法の解釈における視点については，**第４節**（法解釈による否認）においても詳細に検討する。

第3節

事実認定による否認

1 事実認定による否認とは

　事実認定による否認とは，納税者が，ある経済的目的を実現するために通常用いられる法形式Ａではなく，あえて通常用いられないような法形式Ｂを選択した場合において，法形式Ｂは表面上のものにすぎず，真実の法形式はＡであると認定することによって，法形式Ａを前提とした課税要件のあてはめを行い課税するという否認方法である。

　このような事実認定による否認が許される理論的根拠は，以下の2点から導かれる。

　第1に，課税が，原則として私法上の法律関係に準拠して行われることである。租税法は，種々の経済活動ないし経済現象を課税の対象としているところ，それらの経済活動ないし経済現象は，第一次的には私法によって規律される。したがって，租税法律主義の目的である法的安定性を確保するためには，課税は，原則として私法上の法律関係に即して行われなければならないとされている（私法関係準拠主義)[37]。

　第2に，私法上，真実の法形式が何かということは，単に当事者が選択した外観・形式によって定まるものではなく，実体・実質をも踏まえて定まるものである。すなわち，当事者が選択し，表面的に存在するように見える法形式がＢであるとしても，それが仮装のものであって，実体・実質を踏まえれば真の法形式はＢではなくＡであると認定される場合がある。このような事実認定

---

[37] 金子121頁，東京地判平20・11・27判時2037号22頁〔ファイナイト事件〕等。

に関する原則は，各法分野に共通の原則であるとされている[38]。

以上から，納税者が表面上はBという法形式を選択したとしても，実体・実質に鑑みれば，私法上において，真実の法形式はBではなくAであると認定される場合には，租税法上も，Aという真実の法形式に基づいた課税がなされることとなる。

2 理論と裁判例の展開

(1) 「私法上の法律構成による否認」論の展開と裁判所の評価
① 「私法上の法律構成による否認」

1のような事実認定による否認の理論をベースに，これをさらに発展させたものとして，「私法上の法律構成による否認」と呼ばれる以下のような理論が展開されるに至った[39]。

> (i) 租税法上も，私法上の真の法律関係に即して課税関係を考える必要がある（事実認定による否認の理論）。
> (ii) 租税回避の場面においては，事実認定の問題として，当事者の真の意思が，表面上選択した法形式による経済的目的の実現ではなく，課税逃れそのものにあると裁判所が認定できる場合があり得る。
> (iii) 裁判所が上記(ii)のような認定をできる場合には，私法上，真実の法形式は，納税者側が表面上選択した法形式ではなく，別の法形式（課税要件を充足する法形式）であると認定できる。

すなわち，私法上の法律構成による否認とは，私法上の真実の法形式を認定するにあたって，納税者側が租税回避を主たる目的としていることを重視し

---

38 金子139頁。
39 中里実『タックスシェルター』（有斐閣，2002年）246頁以下，今村隆『租税回避と濫用法理―租税回避の基礎的研究―』（大蔵財務協会，2015年）98頁以下。なお，「事実認定による否認」と「私法上の法律構成による否認」を同一のものとして論じる文献もあるが，本書においては，本文記載のとおり，「事実認定による否認」の理論を発展させ，真実の法形式の認定にあたって納税者が租税回避を主たる目的としているか否かを重視する考え方を「私法上の法律構成による否認」と呼んで区別するものとする。

(上記(ii))，そのことを理由に，納税者側が選択した法形式ではなく，通常用いられる法形式（課税要件を充足する法形式）をもって真実の法形式であると構成する方法である。

この私法上の法律構成による否認の理論は，税務当局の採用するところとなり，一時期，複数の税務訴訟において，この理論に基づく否認が盛んに主張された。

② 「私法上の法律構成による否認」に対する裁判所の評価
　(a) **映画フィルムリース事件の第１審・控訴審判決（納税者敗訴）**

税務当局側が私法上の法律構成による否認を主張した代表的な税務訴訟として，いわゆる映画フィルムリース事件（最判平18・1・24民集60巻1号252頁）がある。その第１審判決（大阪地判平10・10・16訟月45巻6号1153頁）および控訴審判決（大阪高判平12・1・18訟月47巻12号3767頁）は，税務当局側の主張する私法上の法律構成による否認論を採用したものとして注目された。その概要は以下のとおりである。

　(i) **事案の概要**

内国法人であるX社らを組合員とする民法上の組合である映画投資事業組合は，組合員の出資金および海外銀行からの借入金により，A社が製作した２本の映画のフィルムをB社から購入し，映画配給会社であるC社に賃貸した。もっとも，C社は当該２本の映画を製作会社であるA社に対して転貸しており，結局のところ，製作会社であるA社のもとで興業等が行われるスキームとなっていた。

【図表３－１】　映画の権利の流れ

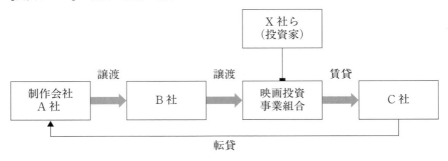

第3節　事実認定による否認

　X社は，上記の法形式（投資事業組合を通じた映画の所有権の取得）を前提として，映画の持分権を減価償却資産とし，その減価償却費を損金算入した[40]。これに対し，税務当局は，本件は金融取引（A社に対する融資）であると認定して，減価償却費の損金算入を否認し，また，借入金の支払利息相当額と同額の受取利息を益金の額に算入する更正処分を行った。

　X社は，上記更正処分の取消しを求めて訴えを提起した。

　(ii)　主な争点

　本訴訟の争点は，X社らが，投資事業組合を通じて減価償却資産である映画の所有権を取得したものとして，映画の減価償却費を損金算入できるか否かという点である。

　(iii)　第1審および控訴審における裁判所の判断

　第1審および控訴審判決は，当事者間における各取引の内容やX社の目的（専ら課税負担の回避を図る目的）等について詳細な認定を行ったうえ，X社らは単に租税負担を回避する目的のもとに映画の所有権を取得するという形式・契約書上の文言等を用いたにすぎず，真実の法形式はA社による映画興行に対する融資であると認定して，更正処分の取消しを求めるX社の請求を棄却した。

　とりわけ，控訴審判決は，下記のとおり判示しており，私法上の法律構成による否認論を明確に採用したものと評価されていた。

> 課税は，……第一義的には私法の適用を受ける経済取引の存在を前提として行われるが，課税の前提となる私法上の当事者の意思を，当事者の合意の単なる表面的・形式的な意味によってではなく，経済実体を考慮した実質的な合意内容に従って認定し，その真に意図している私法上の事実関係を前提として法律構成をして課税要件への当てはめを行うべきである。したがって，……仮に法文中に明文の規定が存しない場合であっても，租税回避を目的としてされた行為に対しては，当事者が真に意図した私法上

---

[40]　税法上，映画の減価償却期間は2年であるため，この法形式によれば，各組合員は多くの利益が出る事業年度において減価償却費の損金算入を行うことができ，課税所得を減額することができる。

の法律構成による合意内容に基づいて課税が行われるべきである。

(b) 私法上の法律構成による否認論に対する批判

前記のような私法上の法律構成による否認論に対しては、これを批判する有力な学説が現れた。

すなわち、私法上の法律構成による否認論によれば、「租税回避目的の契約は否認すべきである」という裁判官の価値判断が先行し、本来は専ら私法の観点から行われるべき私法上の真実の法律構成（事実認定および契約解釈）の認定において、そのような価値判断に基づく租税法独自の観点が混入するおそれがある。その結果、単に租税回避目的であることを理由に否認するという、租税法律主義に反する判断がされかねない、との批判である[41]。

このような批判の中、映画フィルムリース事件控訴審判決後、下級審においても、租税回避目的を法律構成の認定において重視することに否定的な判断を示すものが現れた。すなわち、航空機リース事件控訴審判決（名古屋高判平17・10・27判タ1204号224頁）は、納税者らが航空機リース事業を目的として締結した契約について、課税上その表示どおりの法律構成（民法上の組合契約）を前提に取り扱うべきか否かが争われた事案において、次のとおり判示して、表示とは異なる法律構成を前提になされた課税処分を違法として取消した（確定）。

> 　現代社会における合理的経済人の通常の行動として、仮に、租税負担を伴わないかあるいはそれが軽減されることなどを動機ないしは目的（又は、動機等の一部）として、何らかの契約を締結する場合には、その目的等がより達成可能な私法上の契約類型を選択し、その効果意思を持つことは、ごく自然なことであり、かつ、合理的なことであるといえる。そうすると、当該当事者が作出した契約等の形式について、これと異なる効果意思の存在を推認することは……その動機等の主観的要素のみに着目して課税する

---

[41] 金丸和弘「フィルムリース事件と『事実認定による否認』」ジュリ1261号136頁、谷口勢津夫「司法過程における租税回避否認の判断構造—外国税額控除余裕枠利用事件を主たる素材として」租税法学会編『租税法解釈論の重要課題と最近の裁判例』（有斐閣、2004年）53頁。

ことになり，当事者が行った法律行為を法的根拠なく否定する結果になる。

(c) **映画フィルムリース事件の最高裁判決**（納税者敗訴）

上記のような学説と下級審の判断が展開される中，映画フィルムリース事件の最高裁判決（最判平18・1・24民集60巻1号252頁）は，以下のとおり判示し，私法上の法律構成による否認論とは異なる理由付けによって，更正処分を維持する判断をした。

> 本件組合は，……本件映画に関する所有権その他の権利を取得したとしても，本件映画に関する権利のほとんどは……C社に移転しているのであって，実質的には，本件映画についての使用収益権限及び処分権限を失っているというべきである。このことに，……本件組合に出資した組合員は本件映画の配給事業自体がもたらす収益についてその出資額に相応する関心を抱いていたとはうかがわれないことをも併せて考慮すれば，本件映画は，本件組合の事業において収益を生む源泉であるとみることはできず，本件組合の事業の用に供しているものということはできないから，<u>法人税法</u>（平成13年法律第6号による改正前のもの）<u>31条1項にいう減価償却資産に当たるとは認められない。</u>（下線は筆者）

すなわち，最高裁は，納税者側の租税回避目的を理由として納税者側が選択した私法上の法形式（映画の所有権の取得）そのものを否定するのではなく，あくまでも「減価償却資産」という租税法固有の概念の解釈に基づいて，本件における映画が投資事業組合にとっての「減価償却資産」には該当しないと判断し，減価償却費の損金算入を否定した。本最高裁判決は，**第4節**（法解釈による否認）において述べる，法解釈を通じて租税回避の試みが否定された事案として整理することができる。

本最高裁判決に係る最高裁調査官の解説においては，本最高裁判決は私法上の法律構成による否認論の採用について慎重な態度を採ったものとみることができるとの評価がされている[42]。

---

42 『最高裁判所判例解説民事篇平成18年度（上）』（法曹会，2009年）177頁以下〔谷口豊〕。

第3章 租税回避行為の否認が争点となる事案

(d) その後の下級審裁判例

税務当局側が私法上の法律構成による否認を主張した税務訴訟のうち，前記映画フィルムリース事件最高裁判決以降の判決として，以下の2例を挙げることができる。これらは，いずれも私法上の法律構成による否認を採用せず，課税処分を取り消した。

(ⅰ) ガイダント事件控訴審判決[43]（納税者勝訴）

(ア) 事案の概要

日本国内において医療機器事業を行う内国法人A社は，オランダ法人B社との間で「匿名組合契約」を締結し，B社がA社に対して匿名組合出資金を送金した。その後，別のオランダ法人X社がB社の匿名組合員としての地位を承継し，X社はA社から上記「匿名組合契約」に基づいて利益分配金の支払を受けた。X社は，この利益分配金を日本において税務申告しなかった。

日本の税務当局は，X社が支払を受けた利益分配金はX社が日本国内に有する恒久的施設（PE）を通じて行う事業から生じた所得であるとして，X社に対し課税処分を行った。これに対し，X社は，日本に恒久的施設を有しない以上，日本に課税権はない（「恒久的施設（PE）なければ課税なし」，**第2節**②(2)②）等と主張して課税処分の取消しを求めた。

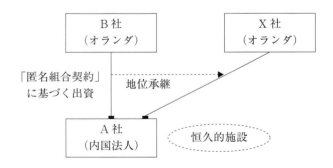

(イ) 主な争点

本訴訟の主たる争点は，A社とB社の間で締結された「匿名組合契約」が，

---

43 第1審：東京地判平17・9・30判夕1266号185頁，控訴審：東京高判平19・6・28判夕1275号127頁。

商法上の匿名組合契約であるのか，それとも民法上の任意組合契約であるのかという点である。X社は，当該契約は商法上の匿名組合契約である以上，匿名組合員であるX社が自ら恒久的施設を通じて事業を行っているものではない[44]と主張した。これに対し，税務当局は，当該契約は民法上の任意組合契約であるから，X社が日本に有している組合の資産（恒久的施設）を通じて事業を行っている旨主張した。

(ウ) 裁判所の判断

第1審判決は，「匿名組合契約を締結する主な目的が税負担を回避することにあるという理由により当該匿名組合契約の成立を否定するには，その旨の明文の規定が必要であるところ，法人税を課するにあたってそのような措置を認めた規定は存しない」として，上記「匿名組合契約」が商法上の匿名組合契約に該当すると認定した。

控訴審判決も，第1審判決の判示を引用するとともに，控訴審における税務当局の「租税回避スキームは租税条約の趣旨にも反する」との主張については，「税負担を回避するという目的から……匿名組合を組成するという方法を採用することが許されないとする法的根拠はない」，「控訴人が主張するような二重非課税の排除という目的は，……租税条約の明文において明らかにするなどの措置により解決することが可能であり，それが相当な事柄である」として排斥し，第1審判決の結論を維持した（最決平20・6・5税資258号順号10965において税務当局の上告受理申立ては不受理とされた）。

(ii) **船舶リース事件控訴審判決**[45]（**納税者勝訴**）

本件も，上記航空機リース事件と同様，納税者らが船舶リース事業を目的として締結した契約について，課税上その表示どおりの法律構成（民法上の組合契約）を前提に取り扱うべきか否かが争われた事案である。控訴審判決は，「現代社会における合理的経済人にとって，税負担を考慮することなく法的手段，

---

44 商法上の匿名組合契約においては，匿名組合員による出資は営業者の財産に属し，匿名組合員は業務執行や権利義務の主体とならない（商法536条）。これに対し，民法上の任意組合契約においては，組合員は組合財産に対して持分を有し，組合員が共同して事業を営む（民法667条・668条）。

45 第1審：名古屋地判平17・12・21判タ1270号248頁，控訴審：名古屋高判平19・3・8税資257号順号10647。

形式を選択することこそ経済原則に反するものであり、何らかの意味で税負担を考慮するのがむしろ通常であると考えられるから、このような検討結果を経て選択した契約類型が真意に反するものと認定されるのであれば、それは事実認定の名の下に、法的根拠のない法律行為の否認を行うのと異ならないとの非難を免れ難い」とした第１審判決を引用し、やはり、当事者の表示とは異なる法律構成に基づいて課税した税務当局の処分を違法とした。

　(e)　**私法上の法律構成による否認論に対する現在の評価**

　以上のとおり、映画フィルムリース事件最高裁判決およびその最高裁調査官解説、ならびに同最高裁判決以降の下級審裁判例を概観すると、私法上の法律構成による否認論は、現在、裁判所には受け入れられていないものと評価することができる。岸秀光氏[46]は、私法上の法律構成による否認論について、最高裁が消極の立場をとっているとの評価を下している[47]。

　したがって、今後は税務当局も、納税者側が租税回避を主たる目的としていることをもって納税者が選択した法形式の真実性を否定する、という意味での「私法上の法律構成による否認」を正面から主張する可能性は低いと考えられる。

(2) 事実認定による否認の精緻化

　以上に検討したところから、事実認定による否認が認められるのは、あくまでも、純粋な私法レベルにおける解釈論の結果として、表面的に存在するように見える法形式とは異なる「真実の法形式」の存在を認めることができる場合に限られると考えられる[48]。租税回避目的という課税上の観点を重視することによって、一般民事訴訟で認定されるべき法形式とは異なる法形式を認定することは許されない。たとえば、ＡとＢが「金銭消費貸借契約書」を締結したうえでＡがＢに対して金銭を交付した場合において、その金銭の交付が貸付けではなく贈与であることを前提とする課税が認められるのは、「ＡがＢに対

46　法務省大臣官房租税訟務課長を平成20年４月から平成22年３月まで務めている。
47　岸秀光「租税回避事件の動向（『私法上の法律構成による否認』と『処分証書の法理』を中心として）」訟月55巻１号別冊133頁以下。
48　岸秀光「租税回避事件の動向（『私法上の法律構成による否認』と『処分証書の法理』を中心として）」訟月55巻１号別冊152頁。

して貸金返還請求の民事訴訟を提起したとしても，贈与であることを理由に請求が棄却される場合」に限られる，ということになる。ＡとＢの主観的な動機（租税回避目的の存否等）は，ＡとＢの間に返還合意があったか否かの１つの判断要素にはなり得ても，それが決定的な判断要素となるわけではない。

そこで，上記のように，純粋な私法レベルにおいて，法律行為の当事者である納税者側が表示した法形式が否定され，それとは異なる「真実の法形式」が認定されるのはいかなる場合であるのか，ということが問題となる。以下，この点について検討する。

① 「処分証書の法理」に基づく事実認定

租税回避が問題となる場面においては，納税者側は，大なり小なり，租税負担の減免を勘案してあえてその法形式を選択しており，その法形式を選択したことが表示された契約書等の文書を作成しているのが通常である。

この点，契約書のように，民事訴訟において立証の対象となる意思表示などの法律行為が記載されている文書のことを，民事法上，「処分証書」という[49]。そして，民事訴訟における事実認定のルールとして，真正な処分証書が存在する場合には，「特段の事情」がない限り，それに記載されている法律行為の存在を認定すべきものとされている[50]。逆にいえば，契約書等の処分証書が存在する場合においても，特段の事情がある場合には，処分証書に記載された法律行為の存在が否定され得ることになる。このような事実認定のルールを，「処分証書の法理」という。この処分証書の法理によれば，納税者が契約書を作成しているにもかかわらず，税務当局がその契約書に表示された法律行為を否認することができるのは，契約書に表示された法律行為の存在を否定すべき特段の事情が認められる場合に限られる，ということになる。

なお，当事者が契約書を作成したものの，双方とも真実はその契約を締結する意思を有していなかったという場合にいかなる判断がなされるかという点について，(i)その場合にはその契約書は処分証書とは認められず，意思表示の合致はないから契約不成立であるとする考え方，(ii)その契約書は処分証書であるが，「特段の事情」により意思表示が否定されるから契約不成立であるとする

---

[49] 司法研修所編『民事訴訟における事実認定』（法曹会，2007年）18頁。
[50] 司法研修所編『民事訴訟における事実認定』（法曹会，2007年）65頁。

考え方，(iii)その契約書は処分証書であり意思表示の合致により契約は成立しているが，通謀虚偽表示（民法94条1項）により無効であるとする考え方，の3つの考え方が成り立ち得る[51]。上記の「処分証書の法理」は，(ii)の考え方をベースとする整理である。もっとも，(i)または(iii)の考え方によっても，契約書に記載された法律行為の効力が否定されるのは，(ii)において「特段の事情」が認められるのと同様の場合であり，実質的な差異はないと考えられる。

そして，過去の事例においては，以下のような場合に，(ii)にいう「特段の事情」ありとして，契約書記載の法律行為が否定されている。

(a) 金銭消費貸借契約の成否

東京高判平13・12・6判タ1095号278頁は，不動産競売事件における債務者Aと，同事件において配当要求を行っている金融業者Y（本訴訟の被告）との間で金銭借用証書が作成されていた事案において，以下の各点を主な理由として，金銭消費貸借契約は実体のない仮装のものであると認定した。

> (i) 貸付債権が実在するとすれば，Aは金融業者Yにとって主要顧客であったと見られるから，Yが確定申告をした際の勘定元帳に当該貸付債権が記載されているはずであるが，Yはそれを証拠提出をしなかったこと。
> (ii) 金融業者Yが控訴審になってから証拠提出した総勘定元帳には疑問とすべき記帳処理がされており，当時の取引を記載をしたものであるか疑問であること。
> (iii) 金融業者Yの決算書の貸付先内訳書にAが記載されていないこと。
> (iv) 金融業者Yの金融業者としての営業の実体に疑問があること。
> (v) 約5000万円に及ぶ高額な貸付について保証や担保を徴求していないことが不自然であること。

(b) 売買契約の成否（その1）

東京地判平9・6・30判タ967号213頁は，YがAの生前にAとの間で締結したとされる，Yを買主，Aを売主とする不動産売買契約書について，以下の各点を主な理由として，売買契約は実体のない仮装のものであると認定した。

---

51 榎本光宏「契約書の実質的証拠力について―処分証書とは―」判タ1410号26頁以下。

(i) 売買代金額が相場の半分程度の廉価なものであったこと。
(ii) 売買代金の大半が長期にわたる分割払いであるにもかかわらず，所有権はただちにAからYに移転するという不自然なものであったこと。
(iii) 売買代金の支払の実体が認められないこと。
(iv) Yは当該不動産の利用実態を関知しておらず，真の所有者の対応として疑問であること。
(v) 後にAが作成した遺言書には当該不動産が遺産として挙げられ，Y以外の者に遺贈する旨が記載されていること。

(c) **売買契約の成否（その2）**

浦和地判平4・4・20判タ796号179頁は，Xを売主，Yを買主とするX所有不動産の売買契約書について，以下の各点を主な理由として，XY間で成立した契約は売買契約ではなく譲渡担保契約であると認定した[52]。

(i) 契約締結に至る経緯において，当初，XとYの間では，XがYから融資を受けて当該不動産に担保を設定するという話をしており，契約締結当日になって，初めて売買契約書を作成するという話になったこと。
(ii) Xが契約を締結した動機は，当該不動産を購入した際の残債約4000万円の返済にあてる資金を得ることにあったこと。
(iii) 売買契約書の内容は，時価2億5000万円超の不動産を5000万円で売却するというものであり，Xがそのような契約を締結する必要性・合理性がないこと。
(iv) 売買契約書において，当該不動産の明渡に関する合意はなく，契約締結後において，XとYの間で明渡に関する交渉がされたこともなく，Xが占有を継続していること。

以上に挙げた例は，いずれも租税回避が直接問題となった事案ではなく，純粋な私法レベルでの判断がなされた事案である。しかし，先に検討したとおり，事実認定による否認が可能となるのは，純粋な私法レベルにおいて納税者側が

---

52 本訴訟では，Yが売買を理由に当該不動産の所有権移転登記をしたのに対して，Xが売買ではなく譲渡担保であることを理由にその抹消登記手続を求めていた。

表示した法形式が否定される場合であるから，考慮要素は共通する。
　そして，以上の各裁判例が契約書記載の法律行為を否定するにあたって考慮した要素を類型化すると，以下のように整理できる。

> (ア)　契約書作成に至るまでの事情：契約書作成に至る意思決定や交渉の経過が，真にその契約を締結しようとする場合における通常の経過と整合しないこと等。
> (イ)　契約書の内容：契約書記載の契約条件そのものが不合理であること，契約内容が当事者の動機・経済的目的と整合しないこと等。
> (ウ)　契約書作成後の事情：契約書作成後の当事者の行動が，真にその契約を締結した者が通常とるであろう行動と整合しないこと等。

②　事実認定による否認が問題となった近時の裁判例
　以下のとおり，当事者が作成した契約書上の法形式とは異なる法形式を認定することによる否認の成否が問題となった近時の裁判例として，否認が認められて納税者側が敗訴したヴァージンシネマズ事件（東京地判平20・2・6判時2006号65頁），否認が認められず納税者側が勝訴したファイナイト事件（東京高判平22・5・27判時2115号35頁）を挙げることができる。

　(a)　**ヴァージンシネマズ事件（納税者敗訴）**
　　(i)　事案の概要
　外資系の内国法人であるX社は，内国法人T社の発行済株式の53％を有していたが，同じ企業グループに属するスイス法人A社との間で，その保有するT社株式を約17億円で譲渡する旨の契約書を作成した。
　その後，A社は，内国法人である第三者（B社）との間で，X社から買い取ったT社株式を約60億円でB社に譲渡すること等を内容とする契約書を作成した。
　X社は，A社に対する売却額（約17億円）に基づき確定申告をした。これに対し，税務当局は，実際にはX社がB社に対してT社株式を約60億円で直接譲渡したにもかかわらず，その事実を隠ぺいして，X社からA社，A社からB社という2つの取引であるかのように仮装して譲渡益課税を回避したとして，課税処分を行った。X社は，課税処分の取消しを求めて訴訟を提起した。

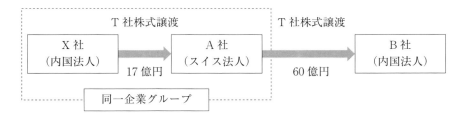

(ii) 主な争点

　本件では，X社が，その子会社であるT社の株式を，同じ企業グループに属するスイス法人A社に譲渡した後，A社がこれをB社に譲渡しており，結果として，X社がB社に直接譲渡したのと同等の経済的目的が実現されている。他方で，スイス法人A社がX社とB社の間に介在し，X社からA社に対する譲渡価額（約17億円）がA社からB社に対する譲渡価額（約60億円）よりも低廉とされたために，このような法形式がそのまま認められれば，X社は日本においてT社株式のキャピタルゲイン課税を免れることができるという事案であった[53]。そこで，X社からA社，A社からB社という二段階での譲渡という法形式を否認し，X社からB社に対する直接の譲渡があったものとみて課税することの可否が争点となった。

(iii) 裁判所の判断

　裁判所は，以下の各点から，A社を中間に介在させる取引は，実質上の意思を欠く通謀虚偽表示であってその効力を認めることはできず，X社がB社に対して直接T社株式を譲渡したものと認定して，課税処分を適法と認めた（控訴審判決である東京高判平成21・7・30税資259号順号11254もこれを維持した）。

　(ア)　X社が保有するT社株式をB社に譲渡することに関する交渉は，X社側は終始一貫して保有者たるX社の取締役が行っており，B社は当然にX社との間で契約を締結するものと考えて交渉をしていた。B社とX社との間で契約締結の最終段階に至って，初めてX社側から，税務対策上，契約当事者をA社にしてほしい旨の要請が出た。B社は，A

---

[53] スイスにはキャピタルゲイン課税が存在しないためA社に課税はなく，グループ全体としても課税を免れることができる事案であった。

社の業務内容すら知らず，役員との面識もなかった。
(イ) スイス法人A社は，常勤の職員を雇用しておらず，その財務状況は劣悪であり，B社がA社を大規模なM&Aの真の相手方として認識していたとは到底考えられない。
(ウ) B社は，T社株式の譲渡代金をX社の口座に振込送金して支払っており，金銭の授受にA社が携わったことをうかがわせる証拠はない。その後にX社からA社に対して金員の授受または送金等がされたことをうかがわせる証拠もない。
(エ) X社が，A社に対するT社株式の譲渡契約書作成前にT社から株券の発行を受けた事実や，発行を受けた株券を同譲渡契約書作成日にA社に引き渡した事実は，いずれも認め難い。
(オ) X社の親会社が英国財務省に提出した書類には，T社株式をA社に譲渡する目的は日本における税負担の軽減である旨の記載がある。また，B社の依頼により作成されたT社に関する法的監査結果報告書にも，同趣旨の記載がある。これらのことからも，X社が課税逃れのために，形式上，A社の名義を利用したことが裏付けられる。

(iv) **分析・検討**

本判決は，(ア)X社・B社間の契約交渉の経緯，(イ)A社の財務状況，(ウ)譲渡代金の授受，(エ)株券の引渡し状況，(オ)英国財務省への報告内容等に関する詳細な事実認定を行ったうえで，これらを踏まえ，A社を中間に介在させる取引は，課税を回避するために仮装されたものであり，通謀虚偽表示（民法94条1項）に該当すると認定した。そのうえで，B社に対してT社株式を譲渡したのは，A社ではなくX社であるとして，税務当局側の主張を認めた。

本判決は，あくまでも，純粋な私法レベルにおける事実認定として，当事者が作成した契約書と，当事者の契約交渉過程における振る舞い，契約履行過程における行動等との乖離を指摘し，結論として，契約書における表面上の法形式を否定している。本判決は，X社の課税回避の目的についても言及しているが，それはあくまでも仮装行為を行う動機として判断要素の1つとされているにすぎず，そのような主観的要素を重視して結論を導いたものではない。本判

決は，処分証書の法理における「特段の事情」を認定するのと同様の手法により，当事者が契約書において選択した表面上の法形式を否定したものといえる。

(b) **ファイナイト事件**（納税者勝訴）
(i) **事案の概要**

本件の事案の概要は，以下のとおりである。

> (ア) 国内の大手損害保険会社であるX社は，国内の顧客との間で地震保険契約を締結するにあたり，実際に地震が発生した場合のリスクを分散させるため，アイルランド法人である100％子会社Z社との間で，掛け捨て型の再保険契約を締結した。
>
> (イ) Z社は，欧州の損害保険会社A社との間で，上記(ア)の再保険を保険の対象とする再々保険契約を締結した。Z社がA社との間で締結した再々保険契約は，保険事故が発生した場合における保険金額に上限が設けられている一方，保険事故が発生しなかった場合には再々保険料が事後的に調整（一部返戻）されるという，ファイナイト型の（＝保険会社に移転されるリスクが限定されている）保険であった（事後に調整される額は「EAB繰入額」と呼ばれている。）。
>
> (ウ) 税務当局は，上記(ア)の再保険契約に基づきX社がZ社に対して支払った再保険料のうち，Z社とA社の間の再々保険契約におけるEAB繰入額に相当する額（「EAB繰入額相当部分」）は「預け金」に該当するものとして，当該部分を損金の額に算入することを認めず，また，預け金に係る運用収益が益金の額に計上されていないとして，各課税処分を行った。これに対し，X社が各課税処分の取消しを求めて本件訴訟を提起した。

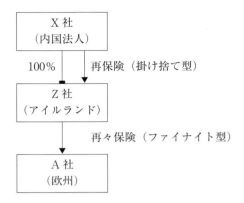

(ii) 主な争点

本訴訟の主たる争点は，X社のZ社に対する再保険料のうち「EAB繰入額相当部分」の損金該当性である。この点について，税務当局は，次のとおり主張して，「EAB繰入額相当部分」が預け金に該当する（損金に該当しない）ことを主張した。

- Z社とA社の間の再々保険契約（ファイナイト保険）において，Z社は，再々保険料のうちEAB繰入額について，保険事故が発生すれば保険金として，保険事故が発生しなければ事後調整分として支払を受けることになるから，この部分は預け金である。
- X社とZ社の間の再保険契約とZ社とA社の間の再々保険契約は，利益の平準化，第二の異常危険準備金の創設，租税回避の目的を達成するための一連の計画として，相互に密接に関連した不可分一体のものとして実行されたものであり，Z社はX社がメリットを享受するための「受け皿」あるいは「導管」にほかならない。
- X社のZ社に対する再保険料は，Z社のA社に対する再々保険料という使途に紐付けられた金員であるから，X社のZ社に対する再保険料のうちEAB繰入額相当部分については，X社が自らファイナイト保険を締結した場合と同視して損金該当性が判断されなければならない。

(iii) 裁判所の判断

　裁判所は，まず，以下のとおり判示して，一般論として，事実認定による否認が認められる場合があり得ることを述べている。

> (ア) 課税は，私法上の法律関係に即して行われるべきことになるが，私的自治の原則からすれば，いかなる法形式（契約類型）を用いるかは当事者の自由であり，一般に経済活動は税負担の多寡をコストの一つとして考慮して行われるのが通例であることに照らせば，当該契約が税負担の軽い法形式（契約類型）で締結されたとの一事をもってそれを否認して，当事者が選択した法形式（契約類型）をそれと異なる法形式（契約類型）に引き直して課税することは許されない。
>
> (イ) もっとも，租税回避を目的として，当事者の選択した契約が不存在と認定される場合又は当事者の真の効果意思が欠缺し若しくは虚偽表示により契約が無効と認定される場合には，当事者の選択した契約類型を租税回避行為として否認することが許されるというべきである。

　そのうえで，裁判所は，以下のとおり判示して，本件においてはX社が選択した法形式が真実の法形式と異なるものとして否認することはできないと結論付けた。

> (ウ) Z社とA社の間の再々保険契約のスキームに経済的な不合理性がうかがわれないこと，X社に租税回避の目的が認定できないこと，保険事故が生じた場合には再々保険料の全額が保険金の支払原資に充当され，EAB繰入額相当部分が「返還」されるわけではないこと等によれば，EAB繰入額相当部分を預け金であると認めることはできない。
>
> (エ) X社とZ社の地位が一体であると認めることはX社による本件スキームの真の意図に明らかに反すること，Z社がX社からの再保険料を再々保険料として支出すべきことが法的に義務付けられている証拠はないこと，Z社はX社から独立した法人格を持ちX社とは独立した事業を行っているのでペーパーカンパニーや親会社の一事業部門とは認められないこと等から，X社とZ社の間の再保険契約とZ社とA社の間の再々保

険契約が不可分一体のものとは認められない。

(iv) 分析・検討

本判決は,「私的自治の原則からすれば,いかなる法形式(契約類型)を用いるかは当事者の自由」であるとして,単に税負担の軽い法形式を選択したことをもってそれを否認することはできないとする。そのうえで,「租税回避を目的として」,当事者が選択した契約が存在しない場合や,効果意思の欠缺や虚偽表示により契約が無効とされる場合には,否認が許されると判示している。この考え方は,前記①において述べた,納税者側が表示した法形式が純粋な私法レベルにおいて否定される場合に限って否認が許される,という考え方と共通するものであるといえる。そして,当事者が選択した法形式は経済的に不合理とはいえないこと,当事者が選択した法形式と異なる法形式であると認定すべき実質も認められないこと等を理由に当事者が選択した法形式は真実の法形式と異ならないと結論付けた。この点において,上記①の処分証書の法理における「特段の事情」を認定するのと同様の手法によりつつ,結論において事実認定による否認を認めなかったものと評価することが可能である。

ただし,本判決は,「租税回避を目的として」当事者が選択した法形式が否定される場合があるとしており,租税回避目的の存在を法形式の認定判断においてどの程度重視するものであるのかは必ずしも判然としない。もっとも,本判決はあくまでも私法レベルでその法形式が否定される場合には税務上の否認が許されると判示していることから,租税回避目的がその判断の一要素として考慮されることはあり得るにせよ,租税回避以外の目的や経済合理性の存在が否認を避けるための必須条件であるとまでは述べていないと評価できる[54]。

3 まとめ―裁判所の考え方を前提とした戦略

(1) 税務調査開始時から税務訴訟に至るまでの全体戦略

以上のとおり,事実認定による否認が問題となる事案とは,私法上の真実の法形式が,納税者側の選択にかかわらず,課税要件を充足する法形式Aであ

---

54 浅妻章如「判批」判時2133号164頁以下参照。

ると認められるのか，それとも納税者側の選択どおり，課税要件を充足しない法形式Bであると認められるのかが争われる事案である。

　税務当局側は，法形式Bを前提とした場合には租税負担の公平等の観点から不当であるとの価値判断に基づき，法形式Bを否認して法形式Aを前提とする課税処分を試みる。しかし，以上に述べたとおり，私法上の真実の法形式がAであるかBであるかは，租税法的な観点からの価値判断によって決せられるのではない。あくまでも，純粋な私法レベルにおける解釈論の結果として，真実の法形式がいずれであると認定されるかによって決せられる。具体的には，当事者（納税者側）が少なくとも契約書等において明らかに法形式Bを選択しているにもかかわらず，なお真実の法形式がAであると認定されるのは，当事者が法形式Bを前提とする義務を履行していない等，法形式Bを前提とすれば当然とるであろう行動をとっていないといった，ごく限られた場合（「特段の事情」がある場合）である。

　そこで，納税者側としては，法形式Bが否定されるような「特段の事情」はなく，したがって純粋な私法レベルにおける解釈論によれば真実の法形式はBである，ということを主張立証していくことになる。その際には，税務調査の開始時等，課税処分がなされる前の段階から，弁護士の活用を検討すべきであろう。税務当局側は，上記のような価値判断が先行し，必ずしも私法レベルの事実認定やあてはめの検討を十分に行っていない場合がある。また，納税者側は，その取引分野プロパーの知識においては税務当局側より豊富であることも多く，その点を活かして，法形式Bを否定する「特段の事情」が存在しないこと（取引通念からして納税者の行動が法形式Bと整合していること等）について説得的な説明を行うべきである。このように私法レベルにおける事実認定やあてはめ（法形式Bが真実の法形式であること）を丁寧に説明することにより，課税処分を避けることができるケースも多い。

　また，訴訟で課税処分の適法性を争う場面において，判断を下す裁判官は，私法レベルの事実認定およびあてはめについて，非常に経験が豊富である。したがって，納税者側が丁寧な主張立証をすれば，租税負担の公平等の抽象的な価値判断を背景とした税務当局側の主張を過度に重視することなく，文字通り純粋な私法レベルの解釈論に基づいた適切な判断をしてもらえることが期待で

きるといえる。

したがって，納税者側としては，初期段階から，争点を私法レベルにおける事実認定およびあてはめの問題に設定したうえで，丁寧な主張立証を展開することで，課税処分を避け，あるいは訴訟の場面において有利な結論に至る可能性を高めることができると考えられる。

(2) 主張立証のポイント─プランニング時点からの資料準備の重要性

それでは，私法レベルにおける事実認定およびあてはめの場面において，納税者側として，具体的にいかなる視点に基づいて主張立証を展開すべきか。この点については，本節で分析・検討した裁判所の考え方を踏まえると，以下のように整理することができる。

① 契約書

納税者側において，自らが選択した法形式こそが真実の法形式であることを立証するに際して，最も重要となるのが，処分証書たる契約書の存在である。

納税者が選択した法形式が明記された契約書が存在すれば，特段の事情がない限り，その法形式が真実の法形式と認められる。上記 2 (1)②の船舶リース事件・航空機リース事件においては民法上の組合契約であること，またガイダント事件においては匿名組合契約であることが，それぞれ明確に合意された契約書が作成されており，これに反する当事者の意思を認定することはできないとして，納税者勝訴の結論が導かれた。

納税者側としては，まずはこのような契約書を立証の中心に据えることになる。

② 契約書における合意を覆す特段の事情の不存在

納税者が契約書を作成しているにもかかわらず，その契約書に表示された法律行為が否認されるのは，契約書に表示された法律行為の存在を否定すべき特段の事情が認められる場合に限られる。このような特段の事情の存否は，(a)契約書作成に至るまでの事情，(b)契約書の内容，および(c)契約書作成後の事情という，3つのポイントを勘案して判断される（上記 2 (2)①）。それぞれについて，以下のような主張立証を検討すべきである。

(a) 契約書作成に至るまでの事情

納税者側としては，契約書を作成するに至るまでの検討や交渉の経過が，作成された契約書の内容と整合していることを主張立証することになる。具体例を挙げると，以下のとおりである。

> (i) 作成された契約書上は納税者Xの契約の相手方がYとなっているにもかかわらず，それまでの契約交渉がYではなくAとの間で行われていたような場合には，真の法形式は，YではなくAとの契約ではないか，との疑義が生じる（ヴァージンシネマズ事件・東京地判平20・2・6判時2006号64頁参照）。そこで，契約書どおりYとの契約であることを主張する納税者Xとしては，XY間の交渉過程が記載された面談録や電子メール等の記録をもって，交渉過程が契約書と合致していることを主張立証することになる。
> (ii) また，納税者Xにおける意思決定の過程について，Xが契約直前までは契約相手方がAであることを前提に社内での検討を進めていたような場合には，やはり真の法形式はYではなくAとの契約ではないか，との疑義が生じる。そこで，納税者Xとしては，取締役会議事録その他社内会議の議事録等をもって，X社内における検討の経過が契約書と合致していること（契約相手方がYであることを前提に検討していたこと）を主張立証することになる。

(b) 契約書の内容

納税者側としては，(i)契約書記載の契約条件が，同種の一般的な契約において通常定められる条件と比較して特に不合理なものではないこと，(ii)契約の内容が，契約を締結しようとした契約当事者の動機・目的とも整合していること，等を主張立証することになる。前者について，一般的な契約とは異なる契約条件が定められているような場合には，その理由を説明し，契約書そのものの合理性を否定する事情にはならないことを主張立証することになる。また，後者について，納税者がその契約を締結するに至った動機・目的については，上記(a)(ii)のとおり，社内における検討経過の記録等によって主張立証することとなる。

(c) **契約書作成後の事情**

　納税者側としては，契約締結後の事情として，(i)契約当事者が，契約書記載の義務をそのとおりに履行していること，(ii)契約当事者が，契約書記載の契約内容を前提とした議事録，帳簿等の社内資料を作成していること，(iii)契約当事者が，契約書の記載どおりの法律効果を前提とした経済活動を行っていること，等を主張立証することになる。

　以上に述べた3つのポイントについて，いざ税務当局との間で争いになった場合に的確な主張立証をするためには，契約の締結を検討する段階から契約の履行過程に至るまで，適切に記録が作成・保管される必要がある。また，契約内容そのものについても，事後に無用な疑義を持たれないよう，慎重な検討を加えておくべきである。事前のプラニングの段階から，争いになった場合を見据えた準備をしておくことが有益である。

第4節

法解釈による否認

1　法解釈による否認とは

(1)　金子名誉教授による「法解釈による否認論」の提唱

　一般に、法解釈による否認とは、一定の政策目的を実現するために税負担の軽減または免除を定める租税減免規定について、納税者が実行した法形式が文言上は同規定の要件を充足しているように思われる場合でも、同規定の趣旨・目的に照らして同規定の適用範囲を限定解釈し、これによって租税の減免を否定することをいう。

　この考え方は、金子宏名誉教授が、米国における著名な連邦最高裁判決である「グレゴリー判決」（Gregory v. Helvering, 293 U.S. 465（1935））の分析に基づいて、日本において最初に提唱した考え方である。

　まず、米国におけるグレゴリー判決の概要は、次のとおりである。

①　事案の概要

　グレゴリー夫人は、A社の全株式を所有しており、A社の資産にはB社の株式が含まれていた。グレゴリー夫人は、B社の株価が上昇したことから、自らB社株式を換価して利益を得たいと考えたが、同夫人がA社からB社株式の現物配当を受けるという方法では、時価をベースに多額の所得税がかかる。そこで、グレゴリー夫人は、新たにC社を設立し、その3日後にB社株式をA社からC社に移転するとともに、自らC社の株式の発行を受けた。そのうえで、グレゴリー夫人は、C社を解散し、清算配当としてB社株式を取得し、これを売却してキャピタルゲインを得た。

　当時の米国における歳入法の規定を形式的にあてはめた場合には、A社か

らC社に対するB社株式の移転は組織変更に該当するものとされ，かつ組織変更の一方当事者であるA社の株主（グレゴリー夫人）にはC社株式の取得により何ら所得は生じないものとされていた。これによれば，グレゴリー夫人に生じる所得はC社の清算配当による所得のみとなり，A社からの現物配当の場合と比較して，税負担が大幅に軽減されることになる。

米国の税務当局は，B社株式がA社から直接グレゴリー夫人に現物配当されたものとみなして課税処分を行い，グレゴリー夫人が提訴した。

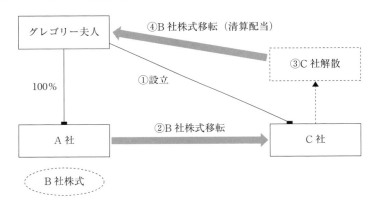

② 連邦最高裁判決の要旨

連邦最高裁は，要旨次のとおり判示して，グレゴリー夫人を敗訴させた。

> （ⅰ）本件で問題となっている歳入法の規定は，ある法人から他の法人への資産の移転について述べているが，それはあくまでも「組織変更計画の遂行において」なされる移転を意味している。
>
> （ⅱ）本件の場合のように，いずれの法人の事業とも関係のない計画の遂行におけるある資産の移転は，上記規定にいう「組織変更」には該当しない。

金子名誉教授は，以上のようなグレゴリー判決を踏まえて，次のとおり，法解釈による否認の理論を提唱した[55]。

---

55 金子宏『租税法理論の形成と解明 上巻』（有斐閣，2010年）409頁。なお，初出は1978年である。

「一般化していえば，この判決は，非課税規定の立法目的にてらして，その適用範囲を限定的にあるいは厳格に解釈し，その立法目的と無縁な租税回避のみを目的とする行為をその適用範囲から除外するという解釈技術を用いた例である。このように，ある規定の解釈に当って，その中に立法趣旨を読み込むことによってその規定を限定的に解釈するという解釈技術は，我が国でも用いる余地があると思われる。」

(2) 中里教授による「法解釈による否認論」の展開

中里実教授は，金子名誉教授が提唱した法解釈による否認の理論をさらに推し進め，次のとおり主張した[56]。

「当然のことではあるが，各種の課税減免規定にはそれぞれ特有の趣旨・目的がある。その場合に，当該規定を，その立法趣旨にしたがって解釈するのは，自然なことである。したがって，当該規定が本来予定していないような（すなわち，当該規定の射程範囲の外にあると思われる）行為についてまで，課税の減免を認める必要はないということになろう。それは，法律解釈の方法としていわば当然のことであり，このような解釈を個別的な法律規定が存在しない場合に行うことは租税法律主義に反するといった考え方は，成立しえないものと思われる。」

そのうえで，中里教授は，当時複数の大手都市銀行が実際に行っていた，外国税額控除（法人税法69条）の余裕枠を利用した取引について，以下のように法解釈の否認の理論をあてはめるべきことを主張した。

① 外国税額控除の余裕枠利用とは

前提として，外国税額控除の余裕枠利用について説明する。

法人税法69条は，内国法人が外国法人税を納付することとなる場合に，一定の範囲内で，その外国法人税の額を，日本で課される法人税の額から控除するという，いわゆる外国税額控除の制度について定めている（外国税額控除における「外国法人税」の概念については，タックス・ヘイブン対策税制に関するガーンジー島事件（第2節②(2)②）も参照）。日本の複数の大手都市銀行は，自

---

[56] 中里実「課税逃れ商品に対する租税法の対応（上）」ジュリ1169号120頁。

らが外国税額の控除を受け得る範囲について余裕がある場合に，その余裕枠を第三者に利用させて対価を得る取引を行っていた。

すなわち，外国法人Ａが外国法人Ｂに対して資金を貸し付けて利息を得ようとした場合に，当該外国の税制においてはその利息に対して15％の源泉税が課されるとする。そこで，この15％の源泉税を軽減するために，ＡがＢに対して直接貸付を行うのではなく，次のような取引が行われていた（次頁図参照）。

> (ⅰ) 外国法人Ｂは，外国法人Ａから借入をする代わりに，銀行である内国法人Ｘから借入をする。ＢからＸに対して支払われる借入利息については当該外国により15％の源泉税が課されるが，Ｘには日本の外国税額控除の余裕枠があり，源泉税を課されてもその分だけ日本の法人税が軽減される。
> (ⅱ) 外国法人Ａは，外国法人Ｂに対して貸付をする代わりに，銀行である内国法人Ｘに対して預金をする。ＸがＡに対して支払う預金利息は，上記(ⅰ)の源泉徴収後の借入利息に10％分を上乗せした額とする。
> (ⅲ) ＡＸ間の契約上，ＡがＸから預金を引き出すことができるのは，ＢがＸに対して借入を弁済した範囲に限られている。その他，Ｘはこれらの取引による固有のリスクは負っておらず，上記利息の点を除き，経済的実質はＡがＢに対して直接貸付を行う場合と異ならない。
> (ⅳ) 以上の結果，外国法人Ａは，実質的に，Ｘの外国税額控除の余裕枠を利用することで，貸付により得られる利息に対する源泉税を15％から5％に軽減することができる（上乗せされた10％分の利益を得られる）。また，Ｘも，日本において外国税額控除により15％分の法人税が軽減されるため，Ａに対して支払う預金利息の上乗せ分（10％分）を差し引いても，5％分の利益を得ることができる。他方，日本の国庫は，ＡおよびＸが得た利益の分だけ，税収が減少することとなる。

② 中里教授の理論[57]

中里教授は，まず法人税法69条の外国税額控除という制度の位置付けに関して，このような制度を設けて国際的二重課税を排除することが，国家の義務で

---

57 中里実「課税逃れ商品に対する租税法の対応（上）」ジュリ1169号120頁。

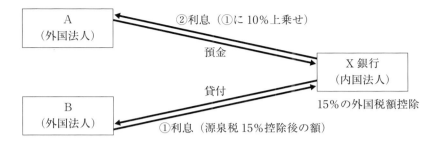

はなく，あくまでも国家の政策的判断により行われるものであって，国家による一方的な恩恵的措置であると指摘する。そして，このように法人税法69条が政策的見地から設けられた特別な課税減免規定であることから，同条の趣旨・目的に合致しない場合においては同条を適用しない方向での限定解釈が採用され得るとする。

そして，中里教授は，上記①のような外国税額控除の余裕枠利用の取引について，取引当事者が意図しているのは実質的には名義貸しによる外国税額控除権の売却であること，銀行Xには課税上の恩恵を得ること以外に当該取引に参加する何らの事業目的も存在しないこと等を指摘し，このような場合にまで外国税額控除という政策的恩恵を与えることを法人税法69条は予定していないと述べる。そのうえで，次の(a)(b)いずれかの方法によって同条が限定解釈され，外国税額控除が否定されるべき旨を述べる。

(a) 「納付」の限定解釈

法人税法69条1項は，内国法人が外国法人税を「納付」することとなる場合において，その外国法人税の額を法人税の額から控除することを認めている。そこで，外国税額控除の余裕枠利用の事案においては，そもそも銀行Xが外国法人税を「納付」するものとは認められない，との限定解釈をすることが考えられる。

(b) 条項全体の限定解釈

仮に銀行Xが外国法人税を「納付」するものと認められる場合でも，このような事案においてまで法人税法69条を適用して外国税額控除を認める必要はない，との解釈をとることも可能である。

このような理論は，税務当局においても採用され，下記2(1)のとおり，実際

に外国税額控除の余裕枠利用の可否が争われた裁判において，税務当局の主張の根拠とされた。

(3) 「借用概念」の解釈

租税法の規定を（限定）解釈しようとする場合，（限定）解釈の対象となる規定ないし概念の性質により，解釈の余地が変わってくるものと解されている。

すなわち，租税法がその条文において用いている概念は，「借用概念」と「固有概念」に二分することができる。

「借用概念」とは，他の法分野（とりわけ私法の分野）で用いられている概念である。たとえば，所得税法181条の「配当」（会社法453条等）や，相続税法1条の3の「相続」（民法882条等）などがこれにあたるとされている。

他方，「固有概念」とは，他の法分野では用いられていない，租税法独自の概念である。上記(2)②の法人税法69条において用いられている，外国法人税の「納付」という概念は，固有概念である。

私法からの借用概念については，租税法の解釈適用にあたり，その概念を私法におけるのと同じ意義に解する必要があるのか，それとも租税法独自の解釈をすることが許されるか，という点について議論がある。この点につき，金子名誉教授は，「借用概念については，別意に解すべきことが規定の趣旨から明らかでない限りは，それを別意に解することによって法的安定性・予測可能性を犠牲に供するよりも，立法によって問題の解決を図る方が，……より適切であるように思われる」として，原則として租税法独自の解釈は許されないとの立場をとる[58]。この立場によれば，法解釈による否認の理論においても，借用概念について私法における意義よりも殊更に限定解釈することはできず，専ら固有概念の限定解釈を通じた否認のみが許される，ということになると解される。

58 　金子宏『租税法理論の形成と解明　上巻』（有斐閣，2010年）395頁〜396頁。

2 裁判例の展開

(1) 外国税額控除事件（納税者敗訴）

　上記①(2)②のとおり，法解釈による否認の理論は，税務当局の採用するところとなり，外国税額控除の余裕枠利用の可否が争われた外国税額控除事件（りそな銀行事件）において，税務当局の主張の根拠とされた。

　この事件において，第1審判決（大阪地判平13・12・14税資251号順号9035）および控訴審判決（大阪高判平15・5・14税資253号順号9341）は，外国税額控除の制度が，内国法人の海外における事業活動を阻害しないという政策目的によるものであることに触れたうえで，「およそ正当な事業目的がなく，税額控除の利用のみを目的とするような取引により外国法人税を納付することとなるような場合には，……法69条が適用されないとの解釈が許容される余地がある」と述べ，一般論として法解釈による否認の理論を採用した。もっとも，両判決は，借入をした外国法人Aと，実質的な貸付をした外国法人Bそれぞれに事業目的があり，両法人のために金融サービスを提供した銀行Xについても事業目的があったと認めるべきであるとして，結論において否認を認めず，外国税額控除の余裕枠利用は可能と判断した。

　これに対し，最高裁判決（最判平17・12・19民集59巻10号2964頁）は，次のとおり，外国税額控除の余裕枠利用は許されないと判断した。

> （外国税額控除の制度は）同一の所得に対する国際的二重課税を排斥し，かつ，事業活動に対する税制の中立性を確保しようとする政策目的に基づく制度である。
>
> 　　　　　　　　　　……
>
> 　ところが，本件取引は，全体としてみれば，本来は外国法人が負担すべき外国法人税について日本の銀行である被上告人（引用者注：納税者たる銀行）が対価を得て引き受け，その負担を自己の外国税額控除の余裕枠を利用して国内で納付すべき法人税額を減らすことによって免れ，最終的に利益を得ようとするものであるということができる。これは，日本の外国

> 税額控除制度をその本来の趣旨目的から著しく逸脱する態様で利用して納税を免れ，日本において納付されるべき法人税額を減少させた上，この免れた税額を原資とする利益を取引関係者が享受するために，取引自体によっては外国法人税を負担すれば損失が生ずるだけであるという本件取引をあえて行うというものであって，日本ひいては日本の納税者の負担の下に取引関係者の利益を図るものというほかない。そうすると，本件取引に基づいて生じた所得に対する外国法人税を法人税法69条の定める外国税額控除の対象とすることは，外国税額控除制度を濫用するものであり，さらには，税負担の公平を著しく害するものとして許されないというべきである。

　本最高裁判決の理解としては，外国税額控除制度の趣旨・目的に照らして法人税法69条の規定を限定解釈したものである（すなわち法解釈による否認により同条の適用を否定したものである）とする見解が有力である[59]。本最高裁判決の最高裁調査官解説においても，「外国税額控除のような政策的な減免規定を法律で定めた場合に，その立法目的を逸脱する租税回避のみを目的とする行為をその適用範囲から除外するなど，適用要件を合目的的に限定解釈することは租税法律主義に反するものではない」と述べられており[60]，上記のような理解を裏付ける。本最高裁判決は，前記①(2)②において中里教授が主張した法解釈による否認の方法のうち，(b)条項全体の限定解釈をするという手法を採用したものと見ることが可能である。

　もっとも，本最高裁判決は，少なくとも表面上は，法人税法69条の個別の文言を限定解釈することにより結論を導くのではなく，外国税額控除の余裕枠利用が制度の「濫用」であり「税負担の公平を著しく害するもの」であることを直接の理由としている。このため，本最高裁判決については，いわゆる権利濫用論のような，より一般的な法理によって租税回避行為の否認を認めたものであるとの理解も存在する。あるいは，本最高裁判決が「本件取引は，全体としてみれば，……ということができる」との認定を経たうえで，これを前提に租

---

[59] 金子131頁，今村隆「外国税額控除制度の濫用」小川英明＝松沢智＝今村隆編『新・裁判実務大系第18巻　租税争訟（改訂版）』（青林書院，2009年）457頁等。

[60] 『最高裁判所判例解説民事篇平成17年度（下）』（法曹会，2008年）999頁。

税回避行為を否認していることから、この点については事実認定による否認の理論を用いたものであるとの評価もあり得る[61]。

このように、本最高裁判決の理論的位置付けには議論があるが、いずれの理解に立つにせよ、本最高裁判決が外国税額控除制度の適用を否定するにあたって重視しているのは、①制度をその本来の趣旨目的から著しく逸脱する態様で利用して納税を免れようとする行為であること、および②納税を免れる利益のためにあえて損失を生じさせる取引を行っていること、の2点であるといえる。②について、前記[1](2)①の例を用いて説明すれば、銀行Xは、外国法人Aに対し、外国法人Bから得られる貸付利息よりも高い預金利息を支払わなければならず、このような取引自体はXに損失をもたらすのみである。Xにとって、外国税額控除による利益を得ることだけが目的であり、それ以外にこのような取引をする目的はあり得なかったものといえる。

(2) 最近の最高裁判例における租税法解釈の傾向—文理解釈の重視

外国税額控除事件の最高裁判決以降において、租税法の文言の解釈（とりわけ納税者側にとって不利益となる解釈）の当否が問題となった最高裁判例として、①映画フィルムリース事件（最判平18・1・24民集60巻1号252頁）、②ガーンジー島事件（最判平21・12・3民集63巻10号2283頁）、③ホステス報酬源泉徴収事件（最判平22・3・2民集64巻2号420頁）、④武富士事件（最判平23・2・18集民236号71頁）を挙げることができる。

これらの判例は、いずれも、外国税額控除事件のような政策目的による租税減免規定の解釈が問題となった事案ではない。そして、これらの判例において、最高裁は、租税法についてより文理に忠実な解釈を採用する傾向にあるといえる。最高裁自身も、外国税額控除事件のように文理を離れた解釈が許容されるのは、政策目的による租税減免規定の限定解釈のような、ごく限られた場面であるとの立場をとっているものと評価できる。

① 映画フィルムリース事件（納税者敗訴）

映画フィルムリース事件については、第3節[2](1)②において詳述したとおり

---

[61] 岡村忠生「租税回避行為の否認」『租税判例百選（第6版）』（有斐閣、2011年）39頁参照。

である。本最高裁判決は，法人税法における「減価償却資産」に該当するための要件として，「事業の用に供しているもの」であることを要し，そのためには当該資産が「事業において収益を生む源泉」であることを要する，との解釈を採用したうえで，本件においてこの要件を満たさないと判断した。

本最高裁判決が「減価償却資産」の要件として「事業の用に供しているもの」であることを要すると判断した理由は，(i)法人税法施行令13条が減価償却資産の範囲から「事業の用に供していないもの」を除くとしていること，(ii)措置法において特別償却を認める規定（同法46条の2等）において「事業の用に供した」との文言が用いられていること，にあるとされている[62]。そのうえで，法人税法31条1項が減価償却資産の取得費を耐用年数にわたって配分して損金算入することとしているのは，減価償却資産が長期間にわたって収益を生み出す源泉であるためであることから，本最高裁判決は，当該資産を「事業の用に供した」といえるためには，当該資産が「事業において収益を生む源泉」であることを要すると判断した。このように，本最高裁判決は，「減価償却資産」という租税法の固有概念について，あくまでも租税法における明文の規定を主たる根拠とし，当該規定の趣旨目的も考慮して上記要件を導いたものであり，文理を離れた解釈を行ったものではない。

② ガーンジー島事件（納税者勝訴）

ガーンジー島事件については，第2節[2](2)において詳述したとおりである。本最高裁判決は，外国法人が当該外国において納めた外国税が「外国法人税」に該当するか否かの判断において，租税法律主義に鑑み，その判断は租税法の規定に基づいてなされるべきであり，規定から離れて一般的抽象的に検討して外国法人税該当性を否定することは許されない旨判示し，結論においても外国法人税該当性を否定し得ないと判断した。

本最高裁判決は，租税法の解釈にあたって，その規定の文言を重視したものであるといえる。

---

[62] 『最高裁判所判例解説民事篇平成18年度（上）』（法曹会，2009年）179頁〔谷口豊〕。

③ ホステス報酬源泉徴収事件 (納税者勝訴)
　(a)　事案の概要
　クラブの経営者がホステスに対して報酬を支払う際には，源泉所得税を国に納付しなければならない（所得税法204条1項6号）。経営者が納付すべき源泉所得税の額は，その報酬の金額から「政令で定める金額」を控除した残額の10％とされている（同法205条2号）。そして，控除されるべき「政令で定める金額」は，所得税法施行令322条において，「同一人に対して一回に支払われる金額」につき「5000円に当該支払金額の計算期間の日数を乗じて計算した金額」と定められている。したがって，たとえば報酬金額が30万円で，その「支払金額の計算期間の日数」が20日間であるとすると，30万円から5000円×20日間＝10万円を控除した20万円の10％である2万円が，経営者が納付すべき源泉所得税となる。
　本件では，所得税法施行令322条にいう「支払金額の計算期間の日数」の解釈が問題となった。本件のクラブ経営者X（個人）は，毎月1日から15日までと，16日から月末までをそれぞれ1集計期間として各ホステスに対する報酬額を計算し，報酬を支払っていた。各集計期間における報酬額の計算方法は，「1時間当たりの報酬額」に「勤務した時間数」を乗じて計算した額に「手当」の額を加算する，というものであった。
　Xは，たとえば4月1日から15日までの集計期間については，「支払金額の計算期間の日数」は15日間であると考えて，上記計算方法により算出される各ホステスの報酬額から5000円×15日間＝7万5000円を控除した額の10％を，源泉所得税として納付していた[63]。これに対し，税務当局は，「支払金額の計算期間の日数」とはホステスが当該集計期間において実際に出勤した日数である（たとえば，出勤日数が10日間であれば，報酬額から控除し得るのは5000円×10日間＝5万円に限られる）としてXに対し課税処分を行った。Xがその取消しを求めたのが本訴訟である。
　(b)　主な争点
　上記のように，クラブ経営者Xがホステスに対して半月ごとの集計期間で

63　なお，このクラブは年末年始を除き年中無休であった。

報酬を支払っている場合において，所得税法施行令322条にいう「支払金額の計算期間の日数」は，当該集計期間の全日数と考えるべきか（納税者Xの主張），それとも，当該ホステスが実際に出勤した日数に限られるのか（税務当局の主張），が争点である。

  (c) **裁判所の判断**

  第1審判決および控訴審判決は，「支払金額の計算期間の日数」はホステスが実際に出勤した日数であるとして，納税者Xの主張を排斥した。その理由は，報酬額から控除すべき額は，可能な限り実際の必要経費に近似する額とすることが法の趣旨に合致する，というものであった。

  これに対し，本最高裁判決は，次のとおり判示して，「支払金額の計算期間の日数」は各集計期間の全日数であると判断した（納税者Xの勝訴）。

> 一般に，『期間』とは，ある時点から他の時点までの時間的隔たりといった，時的連続性を持った概念であると解されているから，施行令322条にいう『当該支払金額の計算期間』も，当該支払金額の計算の基礎となった期間の初日から末日までという時的連続性を持った概念であると解するのが自然であり，これと異なる解釈を採るべき根拠となる規定は見当たらない。
>
> ……
>
> 租税法規はみだりに規定の文言を離れて解釈すべきものではなく，原審のような解釈を採ることは，上記のとおり，文言上困難であるのみならず，ホステス報酬に係る源泉徴収制度において基礎控除方式が採られた趣旨……からみても，原審のような解釈は採用し難い。

  (d) **分析・検討**

  本件では，所得税法施行令322条の「支払金額の計算期間の日数」に関し，「期間」という文言の解釈が問題となった。この「期間」という概念は，他の法分野においてその定義が確立している概念というわけではなく，租税法独自の「固有概念」であるといえる。

  本最高裁判決は，「期間」の純粋な文理解釈として，一般にそれが時間的連続性を持った概念であること，またそのような一般的理解と異なる解釈を採る

第4節　法解釈による否認

べき根拠となる規定がないことを理由に，結論を導いた。本最高裁判決は，「租税法規はみだりに規定の文言を離れて解釈すべきものではなく」と述べていることからも明らかなとおり，租税法の解釈においては文理解釈を最も重視すべきであるとの立場から，第１審判決および控訴審判決が採用した解釈を否定したものである。本最高裁判決は，立法趣旨についても言及しているが，これは付加的な理由付けに留まるものと解される。本最高裁判決に関する最高裁調査官の解説においても，「租税法の解釈における基本的な指針として，租税法は侵害規範であり，法的安定性の要請が強く働くことから，その解釈は原則として文理解釈によるべきであり，みだりに拡張解釈や類推解釈を行うことは許されない」との見解[64]が引用されている[65]。この見解においては，規定の趣旨目的が参照されるのは，文理解釈のみでは規定の意味内容を明らかにすることが困難な場合に限られるとされている[66]。本事案の場合には，文理解釈のみによって十分に規定の意味内容が明らかといえる事案であったが，第１審判決および控訴審判決が立法趣旨を理由に異なる解釈を採用していたために，本最高裁判決は，付加的に立法趣旨についても言及したものと理解することができる。

以上から，最高裁は，租税法における固有概念の解釈として，第一次的には文理解釈により行い，文理解釈のみでは結論を導けない場合にはその規定の趣旨目的をも参照する，という立場をとっているものと理解することができる。

④　武富士事件（納税者勝訴）

(a)　事案の概要

消費者金融大手Ａ社の創業者兼代表者Ｂの長男であり，Ｂの後継者と目されていたＸ（Ａ社の取締役営業統括本部長）は，平成11年12月，Ｂらから，外国法人であるＣ社の出資持分の贈与を受けた。当時，外国法人の出資持分のような国外財産の贈与については，受贈者が贈与を受けた時において国内に「住所」を有していることが贈与税の課税要件とされていた（平成15年法律第８号による改正前の相続税法１条の２第１号）。

税務当局は，Ｘが贈与を受けた時点において国内に「住所」を有していたも

64　金子115頁。
65　『最高裁判所判例解説民事篇平成22年度（上）』（法曹会，2014年）135頁〔鎌野真敬〕。
66　金子115頁〜117頁。

のとして，課税処分を行った。Xがその取消しを求めたのが本訴訟である。

Xの居住地に関する事実関係は，以下のとおりであった。

> (i) Xは，平成9年6月から，A社の香港駐在役員等の職位で香港に赴任し，平成12年12月17日までの期間中，合計168日，香港において業務に従事した。
> (ii) 他方，Xは，上記期間中，月に1度は帰国し，国内においても月1回の取締役会等に多く出席していた。
> (iii) 上記期間に占めるXの香港滞在日数の割合は約65.8％，国内滞在日数の割合は約26.2％であった。
> (iv) Xは，贈与に先立つ平成11年10月ころ，公認会計士から贈与の実行に関する具体的な提案を受けており，また本件贈与後，3カ月に1回程度，国別滞在日数を集計した一覧表をA社の従業員に作成してもらったり，平成12年11月ころ国内に長く滞在していたところ，上記公認会計士から早く香港に戻るよう指導されたりしていた。

(b) **主な争点**

上記事実関係の下で，Xが平成11年12月に贈与を受けた時点において国内に「住所」を有していたといえるか否かが争点となった。

民法22条において，「住所」とは「生活の本拠」であると定義されている。相続税法における「住所」の概念は，この意味において借用概念であるといえる。本件では，相続税法における「住所」の意義を民法と同じく解すべきか否か，同じく解すべきであるとして本件におけるXの「住所」が国内にあるか否か，が問題となった。

(c) **裁判所の判断**

第1審判決は，Xの生活の本拠（＝住所）は香港にあり国内にはなかったとしてXの請求を認容したが，控訴審判決は，Xの生活の本拠（＝住所）は国内にあり香港にはなかったとしてXの請求を棄却した。控訴審判決は，Xが贈与税回避のために香港に出国し，滞在日数を調整していたこと等から，香港における滞在日数を重視して住所を判断するのは相当ではないとし，それ以外の要素（家財道具等が国内にあり香港に移動されていないこと，香港において

Xが有していた資産がごく僅かであったこと等）をもって住所が国内にあったものと結論付けた。

これに対し、本最高裁判決は、次のとおり判示して、Xの住所は香港にあり、国内にはなかったと判断した。

> (i) 相続税法にいう「住所」とは、反対の解釈をすべき特段の事由はない以上、生活の本拠、すなわち、その者の生活に最も関係の深い一般的生活、全生活の中心を指すものであり、一定の場所がある者の住所であるか否かは、客観的に生活の本拠たる実体を具備しているか否かにより決すべきものと解するのが相当である。
> (ii) Xが贈与を受けたのは香港赴任の開始から約2年半後のことであり、香港に出国するにあたり住民登録につき香港への転出の届出をするなどしたうえ、通算約3年半にわたる赴任期間中、その約3分の2の日数を2年単位（合計4年）で賃借した香港居宅に滞在して過ごし、その間に現地において業務に従事しており、これが贈与税回避の目的で仮装された実体のないものとはうかがわれない。
> (iii) 他方、国内においては、本件期間中の約4分の1の日数滞在し、その間にA社の業務に従事していたにとどまる。
> (iv) したがって、Xが贈与を受けた時において、香港の居宅は生活の本拠たる実体を有しており、国内の居宅は生活の本拠たる実体を有していなかった。
> (v) 主観的に贈与税回避の目的があったとしても、客観的な生活の実体が消滅するものではないから、Xが贈与税回避の目的の下に各滞在日数を調整していたことをもって、香港に生活の本拠たる実体があることを否定する理由とすることはできない。このことは、相続税法が民法上の概念である「住所」を用いて課税要件を定めているため、本件の争点がこの「住所」概念の解釈適用の問題となることから導かれる帰結である。

(d) **分析・検討**

本最高裁判決のポイントは、以下の2点であるといえる。

第1に、本最高裁判決は、相続税法が「住所」という民法上の概念を用いて

課税要件を定めている以上，相続税法における「住所」を民法上の「住所」と同義に解釈して適用すべきことを明言している。本最高裁判決は，租税回避が問題となっている事案においても，私法分野からの借用概念については，法的安定性・予測可能性の見地から，別意に解すべきことが規定の趣旨から明らかでない限りは，私法における概念の解釈と同義に解すべきであるとの見解（①(3)）を採用したものといえる[67]。本最高裁判決の須藤裁判官補足意見は，この点をより明示的に述べている。

第2に，本最高裁判決は，民法上の「住所」の解釈適用にあたり，Xが租税回避目的を有していたことを重視せず，純粋に民法の観点からXの生活の本拠がどこであったかの認定に徹している。このような本最高裁判決の態度は，租税回避目的を重視して私法上の法律構成を試みる否認論（「私法上の法律構成による否認」）を採用しなかった判例の態度（第3節②(1)②）と軌を一にするものといえる。

(3) 租税条約の解釈に関する裁判例―恒久的施設（PE）該当性について

ここまで，租税法規のうち国内法の解釈に関する判例を見てきたが，ここで，租税条約の解釈に関する裁判例についても見ておきたい。

租税条約は，国際的二重課税を防止することを主たる目的として国家間で締結される条約であり，各当事国の国民や居住者の納税義務について種々の定めが置かれている。国際的な取引に対する課税においては，移転価格税制（措置法66条の4第1項）等の国内法と並んで，このような租税条約が重要な役割を果たしており，その法解釈が問題となる。近時においては，クロスボーダー取引が増加し，また多くの企業が海外に進出しており，租税条約の解釈をめぐって企業と税務当局の間で紛争になる事案が増加している。

以下では，租税条約の解釈のうち，今後特に重要性が増すことが予想される，恒久的施設（PE）に該当するか否かの解釈が争点となった，いわゆる通販事件について取り上げる。通販事件において，税務当局側は，租税条約の文言からただちに導かれるとはいえない解釈を主張しており，そのような条約解釈の

---

[67] 増田英敏「借用概念としての住所の認定と贈与税回避の意図―武富士事件」ジュリ1454号117頁。

第4節　法解釈による否認

適否が問題となった。

①　通販事件（納税者敗訴）

国際課税の原則である「恒久的施設（PE）なければ課税なし」の考え方によれば，外国法人や非居住者に対して日本が法人税を課すことができるのは，その外国法人や非居住者が日本にある恒久的施設（PE）を通じて事業活動を行っている場合に限られる。以下に述べる通販事件（東京地判平27・5・28裁判所HP〔平成24年（行ウ）152号〕，東京高判平28・1・28裁判所HP〔平成27年（行コ）222号〕）は，米国居住者が日本の顧客向けにインターネット通販を行っていた事案において，日本国内の倉庫等がPEに該当するか否かが争点となった事案である。

(a)　事案の概要

X（個人）は，インターネットを通じて自動車用品を販売するという通信販売事業（以下「本件販売事業」）を営んでいた。具体的には，米国において仕入れた自動車用品を，日本国内のアパートおよび倉庫に保管しておき，日本国内の顧客からインターネットを通じて注文を受けた場合にはその商品をアパート等から当該顧客に向けて発送するという方法により，本件販売事業を行っていた。Xは，本件販売事業を営むに際して，従業員を数名雇用し，注文商品を発送する際，独自の日本語版取扱説明書を同梱することもあった。

Xは，所得税法上の非居住者（同法2条1項5号）であり，所得税の確定申告書を提出していなかった。

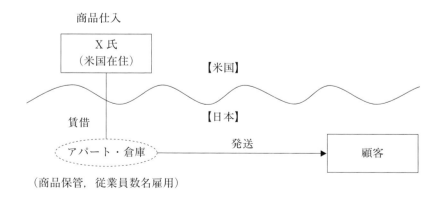

日本の税務当局は，本件におけるアパート・倉庫は日米租税条約上のPE（5条）に該当し，Xは日本において所得税を納税すべき義務があるとして，Xに対し課税処分を行った。これに対しXは，アパート・倉庫はPEに該当せず，Xが日本において所得税を納税すべき義務はないとして，課税処分の取消しを求めた。

　(b)　**主な争点**

　本件におけるアパート・倉庫が，日米租税条約5条の規定するPEに該当するか否かが問題となった。

　同条4項は，PEに含まれない施設（当該施設の利用態様）を列挙しており，そのうち同項(a)は，「企業に属する物品又は商品の保管，展示又は引渡しのためにのみ施設を使用する」場合，すなわち当該施設が商品の倉庫である場合には，当該施設はPEに該当しないとしている。他方，同項(e)は「企業のためにその他の準備的又は補助的な性格の活動を行うことのみを目的として，事業を行う一定の場所を保有すること」，(f)は「(a)から(e)までに掲げる活動を組み合わせた活動を行うことのみを目的として，事業を行う一定の場所を保有すること。ただし，当該一定の場所におけるこのような組合せによる活動の全体が準備的又は補助的な性格のものである場合に限る。」と定めており，PEに含まれない施設に，「準備又は補助的な性格」という要件を求めている。そこで，本件では，ある施設が倉庫であれば(a)によりただちにPEには該当しないことになるのか（納税者の主張），それとも倉庫のうちPEに該当しないのは「準備的又は補助的な性格」を有するもののみなのか（納税当局の主張），が争点となった。

　(c)　**裁判所の判断**

　第1審および控訴審はいずれも，日米租税条約5条4項の文言上，(a)から(d)は，明示的には規定されていないものの，「準備的又は補助的な性格」の活動の例示であると解釈し，税務当局の主張を認めて納税者敗訴の判決を下した。

　すなわち，裁判所は，日米租税条約5条4項は，(a)から(d)と(e)とを並列の関係に位置付けているところ，(e)は，「企業のために<u>その他の</u>準備的又は補助的な性格の活動を行うことのみを目的として」と定めており，(a)から(d)が「準備的又は補助的な性格の活動」であることを前提としていると指摘している。ま

た，同項(f)が，「(a)から(e)までに掲げる活動を組み合わせた活動を行うことの
みを目的として，事業を行う一定の場所を保有」している場合のうち，当該活
動の全体が「準備的又は補助的な性格のものである場合」に限ってPEに該当
しないとされているのも，同項(a)から(e)の活動が「準備的又は補助的な性格」
の活動であることを前提としたうえで，各号を組み合わせることによって，そ
の活動の全体が「準備的又は補助的な性格」を超える場合には，PEの対象か
ら除外しない旨を規定したものと解されるとしている。

なお，第1審判決は，OECDのコメンタリー上，日米租税条約5条4項各
号の活動の共通の特徴が「準備的又は補助的な性格」であると解説されていた
ことも，上記の解釈に符合するものであると述べている。

(d) **分析・検討**

条約の解釈に関しては，条約法条約（条約法に関するウィーン条約）におい
て，その解釈の原則が定められている。すなわち，条約法条約31条1項は，「条
約は，文脈によりかつその趣旨及び目的に照らして与えられる用語の通常の意
味に従い，誠実に解釈するものとする」と定めている。この条項は，文言主義
解釈を原則としながら，目的論的解釈の立場も取り入れたものであると考えら
れている[68]。さらに，条約法条約32条は，31条の規定の適用により得られた意
味を確認する場合や，31条の規定による解釈によっては意味が曖昧または不明
確である場合等において，「解釈の補足的な手段」に依拠することができると
している。

本件において，裁判所は，PEに含まれない「企業に属する物品又は商品の
保管，展示又は引渡しのみに施設を使用する」場合（日米租税条約5条4項(a)）
に該当するためには，同項(a)の明示的な要件とはなっていない「準備的又は補
助的な性格の活動を行うことのみを目的として」保有されている施設であるこ
とを要すると判断した。第1審判決がその解釈の根拠として引用するOECD
のコメンタリーについては，グラクソ事件最高裁判決（最判平21・10・29民集
63巻8号1881頁）も，「解釈の補足的な手段」（条約法条約32条）に該当すると
しているところである。したがって，たとえば日米租税条約5条4項(a)それ自体

68　浅田正彦編著『国際法（第3版）』（東信堂，2016年）66頁等。

では意味が曖昧または不明確であることを前提とした場合には，条約法条約32条に基づいてOECDコメンタリーに依拠し，同項(a)についても「準備的又は補助的な性格の活動」であることが前提とされているとの解釈を採用することもあり得る。

しかし，日米租税条約5条4項(a)から(d)において「準備的又は補助的な性格」という要件は明示されていない以上，文言主義解釈（条約法条約31条1項）からすれば，そのような要件は不要であることが明確であり，条約法条約32条に基づいてOECDコメンタリーに依拠することができる場合にあたらない，との解釈もまた，十分あり得るところである。租税法規に関して文理解釈を重視する最近の判例の流れ（前記(2)）からすれば，最高裁が本件の第1審判決および控訴審判決と同様の解釈を採用するかは不透明というべきであろう。

なお，平成27年10月に公表されたBEPS行動7に関する最終報告書では，5条4項(a)から(e)に関し，「準備的又は補助的な性格」であることを要件にするとの提案がなされている[69]。それに併せて，OECDのコメンタリーも改訂し，事例をコメンタリーに追加するとしている。本件の第1審判決および控訴審判決は，BEPS行動7に関する最終報告書で提案されていた内容を，解釈で先取りしたものであるとも評価できる。

② PE該当性が争われたその他の事例

PE該当性が裁判・審判において問題になった事案は，現時点では多くはない。近時の事案としては，国内法の解釈上，注文取得代理人にあたるかどうかが争点になった裁決が存在する（国税不服審判所裁決平25・11・5裁決事例集93集272頁）。この裁決においては，内国法人が，香港法人の注文取得代理人として，PEにあたると判断されている。もっとも実際には，租税条約において注文取得代理人がPEの範囲から除かれていることが多いことから，この事案のように注文取得代理人への該当性が問題となるケースは必ずしも多くないと思われる。

---

[69] http://www.oecd.org/tax/preventing-the-artificial-avoidance-of-permanent-establishment-status-action-7-2015-final-report-9789264241220-en.htm

> コラム　PE 問題

1．PE の意義

　日本の法人税法上は，外国法人が日本国内で事業を営む場合や，配当・利子を得る場合その他の法形式により日本を源泉とする所得を得る場合の課税関係として，当該外国法人が日本に恒久的施設（Permanent Establishment, PE）を有するか否かが問題となる。

　日本の国内法は，昭和 37 年の税制改正以来，外国法人が日本国内で事業を営む場合，PE が存在する場合にのみ当該事業から生じる所得に対して法人税の課税を行うという「PE なければ課税なし」という原則を採用してきた（法人税法 138 条 1 項 1 号，なお，個人に対する所得税については，所得税法 161 条 1 項 1 号）。このような原則のもとでは，外国法人が日本に PE を有し，事業活動を行っていると認定できない場合には，日本の課税は源泉徴収（外国法人に対する利子や配当等）を除き，原則として行われないことになる。

　日本の法人税法上，PE は次の 3 つの類型が存在する（平成 26 年改正後法人税法 2 条 1 項 12 号の 18）。

(a) 事業所 PE（同号イ，平成 26 年改正後施行令 4 条の 4 第 1 項 2 項）
　　外国法人の国内にある支店，工場その他事業を行う一定の場所
　　（例）支店，出張所その他の事業所もしくは事務所，工場または倉庫鉱山，砕石場，農園，養殖場等
　　　　（仕入れ業務，資産の保管，補助的活動のためにのみ使用する一定の場所は除く）
(b) 建設作業 PE（同号ロ）
　　外国法人の国内にある建設作業場（1 年を超えて建設作業等を行う場所）
(c) 代理人 PE（同号ハ，平成 26 年改正後施行令 4 条の 4 第 3 項）
　　外国法人が国内に置く自己のために契約を締結する権限のある者その他これに準ずる者
　　(i) 　常習代理人
　　(ii) 　在庫保有代理人
　　(iii) 　注文取得代理人

　しかし，PE の概念については，租税条約において修正されていることも多い。租税条約とは，二重課税の回避，脱税および租税回避等への対応を通じ，二国間の健全な投資・経済交流の促進に資することを目的として二国間で締結される条約である。租税条約に関しては，国際標準となる「OECD モデル租税条約」が

存在し，OECD加盟国を中心に，租税条約を締結する際のひな型となっている。加盟国である日本も，これに沿った規定を採用していると言われている。租税条約が定めるPEの定義からは，通常，国内法上PEを構成する在庫保有代理人および注文取得代理人は除かれていることが多い（たとえば，日米租税条約5条5項参照）。したがって，PEに関する課税関係を考える際には，租税条約の有無を必ず検討する必要がある。

2．PE認定に関する事案

　PE認定に関する実際の事例としては，本文で挙げた例以外に，アメリカのインターネット通販大手企業が日本において保有する倉庫がPEに該当するのか否かが問題になった事案が存在する。課税が問題となったA社は，北米以外の各国の事業を統括する本社機能を持つ米国法人であり，子会社であるB社（内国法人）に販売業務を，同様に子会社であるC社（内国法人）に物流業務を，それぞれ委託して手数料（コミッション）を支払う一方，それ以外の大半の中枢機能を米国に集中させたうえで，顧客への販売代金を自ら受け取り，米国で納税していた。

　A社は，千葉県に物流センター・倉庫を有し，仕入れた書籍などを保管していた。一般に，物品または商品の保管，展示または引渡しにのみ用いられる倉庫はPEに該当しないとされる（日米租税条約5条4項(a)(b)）が，税務当局（国税局）は，上記物流センターに米国法人側のパソコンや機器類が持ち込まれて使用されていたこと，センター内の配置換等に米国側の許可が必要であったこと，同じ場所に本店を置くC社が米国側からメールなどで指示を受けていたこと，C社が物流業務以外に委託されていない米国側業務の一部を担っていたことなどに着目して，センター内にA社のPEが存在すると認定した。

　公開情報によれば，日米の税務当局間において相互協議が行われた結果，日本において，A社に対する一定の課税がなされたとされる[70]。米国のように，日本との関係が安定し，かつ相互協議の経験が豊富な国との間では，納税者も相互協議での解決を税務当局に求めることが考えられる。他方，近時はアジアその他の新興国との間でPE認定や移転価格をめぐる紛争が多く生じているが，それらの国々においては税務当局が相互協議の経験が少ない，非協力的である等の理由により，相互協議が成立しにくいことが指摘されている。

70　藤田耕司「支店なしの外国法人の課税―電子書店への課税事例にちなんで」ジュリ1447号21頁以下および同論文において引用された新聞報道参照。

3 まとめ—判例による租税法解釈のルールを踏まえた戦略

(1) 判例による租税法解釈のルール

　租税法の定める課税要件の解釈が問題となる場面において，その解釈は原則として文理解釈によるべきであり，規定の趣旨目的を理由としてみだりに文理から離れた拡張解釈や類推解釈を行うことは許されない。文理解釈のみでは規定の意味内容を明らかにすることが困難な場合には，その規定の趣旨目的が参照されることがあることには留意を要するが[71]，この場合でも，あくまでも当該規定の文理とあわせて趣旨目的が考慮されるに留まり，趣旨目的を理由に文理から離れた解釈が認められるものではない。最近の判例の傾向も，このような文理解釈を重視する立場に拠っているものと理解される。

　もっとも，外国税額控除事件の最高裁判決にみられるように，政策目的による租税減免規定については，文理解釈上は当該減免規定が適用されると解されるにもかかわらず，それが否定される場合がある。すなわち，あえて経済合理性に反する取引を行うことで，当該減免規定をその本来の趣旨目的から著しく逸脱する態様で利用し，納税を免れようとする行為に対しては，当該減免規定の限定解釈ないし規定の濫用を理由に，当該減免規定の適用が否定される可能性がある。

　また，外国税額控除事件の最高裁判決が，権利濫用論のような，より一般的な法理による租税回避行為の否認を認めたものであると解する場合には，政策目的による租税減免規定以外についても，同様の法理による否認の可能性がある点に留意を要する。この点に関連して，いわゆる一括支払システムの代物弁済条項の効力が争われた最判平15・12・19民集57巻11号2292頁は，国税徴収法24条5項（現在の7項）が，文言上は，税務署長から譲渡担保権者に対して告知が到達した後に譲渡担保権が実行された場合について定めていることを前提としつつ，告知の発出の時点で譲渡担保権が実行されたものとする旨の合意の効力について，同条項の適用を回避するものであるとして，これを否定した。

71　金子115頁～117頁。

この事案は，租税の徴収の場面において，国税と譲渡担保権の優劣が問題となった事案であり，これまでに検討してきた租税回避の場面とは異なるが，最高裁はこのような事案においても，制度の趣旨目的を重視し，文理解釈を離れた法解釈を行う余地を残している。

なお，以上とは反対に，租税法規の文理解釈上は課税規定の要件を充足する（または課税減免規定の要件を充足しない）場面において，納税者側から，当該規定の趣旨目的に照らせば，文理解釈にかかわらず課税要件を充足しない（または課税減免規定の要件を充足する）ものと解すべきである，との主張がなされることがある。しかし，そのような主張が認められる可能性は極めて低いといわざるを得ない[72]。納税者側としては，このような主張に重きを置くのではなく，文理解釈に基づけば課税要件を満たさない（または課税減免要件を満たす）といえるだけの事実を主張立証することに努めるべきであろう。

さらに，租税条約に関しては，条約法条約において条約一般の解釈原則が定められているが，そこでは，文言主義解釈を原則としつつ，目的論的解釈も取り入れることとされている（同条約31条1項）。上記に述べた文理解釈を重視する租税法解釈のルールは，このような条約法条約に基づく条約解釈の原則とも親和性のあるルールとなっており，したがって租税条約に関しても，基本的に上記に述べた租税法解釈のルールに基づき解釈されるべきであるといえる。もっとも，そのような解釈によっても意味が曖昧または不明確であると判断された場合等においては，「解釈の補足的な手段」（条約法条約32条）としてOECDのコメンタリーが参照される可能性があることには留意を要する（グラクソ事件，通販事件参照）。

(2) 租税法解釈が問題となる事案における主張立証のポイント

前記の判例による租税法解釈のルールを踏まえ，租税法解釈が問題となる事案における納税者側の主張立証のポイントを挙げると，以下のとおりである。

---

[72] たとえば，東京地判平24・7・20訟月59巻9号2536頁〔来料加工事件〕において，納税者側は，タックス・ヘイブン対策税制の適用除外要件を満たさなくとも，子会社の設立や事業遂行等に経済合理性が認められる場合には，同税制の趣旨目的に照らして同税制は適用されない旨主張したが，裁判所は，このような主張を認めなかった。

① 文理解釈の探求

　問題となっている租税法の規定の文言について，文理解釈によってその意義を明確にすることができる場合には，納税者側としては，その文理に反して納税者に不利な解釈（課税要件規定の拡張解釈や，課税減免規定の限定解釈）をすることは許されない，と主張することができる。そして，当該文言について，判例等により確立した解釈が存在する場合はもちろん，租税法の他の規定においても類似の文言が用いられている場合や，他の法分野において用いられている概念の借用である場合等には，文理解釈によってその意義を明確にすることができる場合が多い。したがって，当該文言について，判例の有無のほか，租税法や他の法分野における用語法を徹底的に調査することが有効である。

② 規定の趣旨目的

　文理解釈のみでは規定の意味内容を明らかにすることが困難であると判断された場合には，その規定の趣旨目的をも参照して解釈が行われる。また，その射程は限定的と解されるものの，外国税額控除事件の最高裁判決のように，規定をその本来の趣旨目的から著しく逸脱する態様で利用して納税を免れようとする行為であると判断された場合には，文理から離れて納税者に不利な解釈が行われる可能性も否定できない。

　このため，納税者側としては，第一次的には文理解釈に基づく主張を展開しつつも，当該規定の趣旨目的を踏まえた主張立証も行っておく必要がある。その場合，まずは，当該規定の立法時における国会での議論や，立案担当者の解説等をも参照して，その趣旨目的を把握する必要がある。そのうえで，納税者の行為が課税要件に該当しない（または課税減免要件に該当する）としても何ら当該規定の趣旨目的に反しないことを，主張立証することになる。その際，問題となっている納税者の行為が，租税減免目的以外の観点からは説明できないような場合（独自の事業上の目的が認められないような場合）には，それによって課税要件を免れる（または課税減免要件を満たす）ことが当該規定の趣旨目的に反するとの判断がされやすくなる（外国税額控除事件参照）。したがって，納税者としては，自ら選択した行為が事業上の目的を有する合理的な経済活動であることについて，裏付けをもって主張立証することができるよう，意思決定に至る過程の段階から意識をしておく必要がある。

第5節

一般的否認規定による否認

1　一般的否認規定とは

(1)　概　　要

　一般的否認規定とは，一定の分野に関して一般的に租税回避行為が否認される場合があることを定める規定である。法人税法においては，以下の3つの規定が挙げられる。

　①　同族会社等の行為・計算の否認規定

　法人税法132条1項は，以下のとおり，同族会社等の行為または計算のうち，これを容認した場合に税負担を不当に減少させる結果となると認められるときに，税務署長にその行為または計算を否認する権限を与えている。

> 税務署長は，
> - 内国法人である同族会社等[73]に係る法人税につき更正または決定をする場合において，
> - その法人の行為または計算で，
> - これを容認した場合には法人税の負担を不当に減少させる結果となると認められるものがあるときは，
>
> その行為または計算にかかわらず，税務署長の認めるところにより，その法人に係る法人税の課税標準もしくは欠損金額または法人税の額を計算することができる。

---

[73] ここでいう「同族会社等」には，同族会社のほか，所定の要件を満たすいわゆる企業組合が含まれる。

第5節　一般的否認規定による否認

② 組織再編成に係る行為・計算の否認規定

　法人税法132条の2は，以下のとおり，法人組織再編成に係る行為または計算のうち，これを容認した場合に税負担を不当に減少させる結果となると認められるときに，税務署長にその行為または計算を否認する権限を与えている。

> 税務署長は，
> - 合併等（合併，分割，現物出資もしくは現物分配または株式交換もしくは株式移転）に係る所定の法人（(a)合併等をした法人または合併等により資産および負債の移転を受けた法人，(b)合併等により交付された株式を発行した法人，(c)これらの法人の株主等である法人）の法人税につき更正または決定をする場合において，
> - その法人の行為または計算で，
> - これを容認した場合には法人税の負担を不当に減少させる結果となると認められるものがあるときは，
>
> その行為または計算にかかわらず，税務署長の認めるところにより，その法人に係る法人税の課税標準もしくは欠損金額または法人税の額を計算することができる。

③ 連結法人に係る行為・計算の否認規定

　法人税法132条の3は，以下のとおり，連結法人の行為または計算のうち，これを容認した場合に税負担を不当に減少させる結果となると認められるときに，税務署長にその行為または計算を否認する権限を与えている。

> 税務署長は，
> - 連結法人の各連結事業年度の連結所得に対する法人税または各事業年度の所得に対する法人税につき更正または決定をする場合において，
> - その連結法人の行為または計算で，
> - これを容認した場合には法人税の負担を不当に減少させる結果となると認められるものがあるときは，
>
> その行為または計算にかかわらず，税務署長の認めるところにより，その連結法人に係るこれらの法人税の課税標準もしくは欠損金額もしくは連結

欠損金額またはこれらの法人税の額を計算することができる。

　なお，法人税法132条の3は，上記のとおり，あくまでも同法2条12号の7の2の連結法人に該当することが適用の要件となっている。したがって，納税者側が連結法人の要件を満たさないようプランニングを行っているような場合に，法人税法132条の3に基づいて連結法人とみなすことができるわけではないと解される[74]。

(2)　法人税に関する一般的否認規定の沿革
①　同族会社等の行為・計算の否認規定の創設と変遷

　(1)の3つの一般的否認規定のうち，最も歴史が古いのは同族会社等の行為・計算の否認規定（法人税法132条）であり，大正12年の所得税法[75]改正においてこれに相当する規定が初めて設けられた。その後，適用対象・範囲等についての改正を経て，昭和25年の法人税法改正において，現行法と等しい不当性の要件が定められた[76]。

　同族会社等の行為・計算の否認規定の創設当時，否認の対象とされていた主な類型は，会社資産の低廉譲渡，過大給与の支給，高額賃借料の支払，債務の無償引受け，等であった。しかし，これらの類型については，その後に個別否認規定が創設されたこと等により，一般的否認規定による否認が適用されることはなくなった。

　もっとも，近時においては，同族会社等の行為・計算の否認規定が，上記各類型のような古典的な租税回避行為に対してではなく，国際的な組織再編成や取引に対して適用される事例が出現しており，再びその重要性が増している[77]

74　もっとも，子法人の株式のうちごく一部を100％子会社である外国法人に保有させることにより，当該子法人を意図的に連結法人から外すような，いわゆる「連結納税制度外し」に関して，税務当局が法人税法132条の3の適用を検討した事例が存在するとされている（T&A master 2016年11月14日号7頁の記事参照）。

75　当時は，法人の所得に対する課税制度も「所得税法」の中に規定されていた。

76　同族会社の行為・計算の否認規定の沿革について，大淵博義『法人税法解釈の検証と実践的展開　第Ⅱ巻』（税務経理協会，2014年）28頁以下参照。

77　下記②に挙げる事例のほか，最近では，100％子会社の株式のごく一部を従業員等に保有させることによってグループ法人税制の適用を免れる，いわゆる「グループ法人税制外し」に関して，税務当局が法人税法132条1項に基づいて否認し，グループ法人税

（下記[2]）。

② 組織再編成・連結法人に係る行為・計算の否認規定の創設

平成13年の法人税法改正において，組織再編成に係る行為・計算の否認規定（同法132条の2）が新設された。その立法趣旨は，組織再編成の形態や方法が多様化したことに伴い，これを利用した租税回避行為に対して適正な課税を行うためであるとされている。

続いて，平成14年の法人税法改正において，連結納税制度の導入にあわせて，連結法人に係る行為・計算の否認規定（同法132条の3）が新設された。

これらの規定は，施行後しばらくの間，実際の適用事例を見なかったが，近時，組織再編成に係る行為・計算の否認規定について，税務当局が実際にこれを適用し，納税者がその適用を訴訟において争うという事例が現れた（下記[2]）。

[2] 裁判例の展開—「不当」の解釈論を中心に

[1](1)において挙げた法人税法における3つの一般的否認規定は，いずれも，行為また又は計算のうち「法人税の負担を不当に減少させる結果となると認められるもの」を否認の対象としている。しかし，「不当に減少させる」という要件は不確定概念であり，法文上も，いかなる場合が「不当」であるかについて直接の定めは存在しない。このため，裁判所における判例の形成によって，これらの一般的否認規定の適用範囲が明らかにされる必要がある。

以下では，上記「不当」の要件の解釈論を中心に，一般的否認規定に関する裁判例の展開を概観する。

(1) 純粋経済人基準の確立（法人税法132条1項について）

札幌高判昭51・1・13訟月22巻3号756頁は，同族会社等の行為・計算の否認規定（法人税法132条）の適用が争われた事案において，次のとおり判示して，結論として否認規定の適用を認めた。

「「法人税の負担を不当に減少させる結果になると認められる」か否かは，

制の適用を前提に課税処分を行った事例が存在するとされている（T&A master 2016年10月17日号7頁の記事参照）。

もっぱら経済的，実質的見地において当該行為計算が純粋経済人の行為として不合理，不自然なものと認められるか否かを基準として判定すべきものと解される。」

これに対し，納税者は法人税法132条が租税法律主義（憲法84条）に違反することを理由に上告したが，これを受けた最判昭53・4・21訟月24巻8号1694頁は，次のとおり判示して上告を棄却した。

「法人税法132条の規定の趣旨，目的に照らせば，右規定は，原審が判示するような客観的，合理的基準に従って同族会社の行為計算を否認すべき権限を税務署長に与えているものと解することができるのであるから，右規定が税務署長に包括的，一般的，白地的に課税処分権限を与えたものであることを前提とする所論違憲の主張は，その前提を欠く。」

以上から，最高裁は，法人税法132条1項の「不当」の意義について，「もっぱら経済的，実質的見地において当該行為計算が純粋経済人の行為として不合理，不自然なものと認められるか否か」という「客観的，合理的基準」（いわゆる純粋経済人基準）によって判断すべきとの立場をとっているものと理解することができる。通説も，このような最高裁の立場を支持している[78]。

そして，このような法人税法132条1項の「不当」の要件は，単に事実の存否のみを要件とするものではなく，事実に対して「不当」であるとの評価が成立することを要件とする，いわゆる規範的要件である（第2節②(3)②参照）。したがって，「不当」であることを主張する税務当局側において，その行為・計算が「純粋経済人の行為として不合理，不自然」であるとの評価を根拠付ける事実（評価根拠事実）を主張立証する責任を負い，納税者側においてその評価を妨げる事実（評価障害事実）を主張立証する責任を負う，ということになる。この場合，裁判所は，税務当局が主張立証した評価根拠事実と納税者が主張立証した評価障害事実の総合判断によって，「不当」といえるかどうかを判断することになる（もとより，税務当局が主張する評価根拠事実がそもそも認定できない場合や，それらの事実だけでは「不当」とはいえない場合には，税務当局の当該主張は成り立たないこととなり，納税者が主張立証した評価障害事実

---

[78] 金子478頁。

を考慮するまでもないこととなる)。

(2) 純粋経済人基準の具体的な適用例―IBM事件（納税者勝訴）

　通説は，法人税法132条1項の「不当」について，純粋経済人基準を前提としつつ，具体的にその行為・計算が「純粋経済人の行為として不合理，不自然」とされるのは，「それが異常ないし変則的で租税回避以外に正当な理由ないし事業目的が存在しないと認められる場合」であるとしている[79]。これによれば，行為者に事業目的が存在する限りは，仮に行為者が租税回避目的を併有しており，あるいは当該行為が異常かつ変則的であったとしても，法人税法132条1項の否認の対象とはならないことになる。このような通説の理解は，(1)の最判昭53・4・21が援用する札幌高判昭51・1・13の判示部分（「もっぱら経済的，実質的見地において」等）とも整合するものであるといえる。

　もっとも，上記通説に対して，行為・計算が「純粋経済人の行為として不合理，不自然」とされるのは，租税回避以外に正当な理由ないし事業目的が存在しない場合のほかに，「独立・対等で相互に特殊関係のない当事者間で通常行われる取引とは異なっている場合」をも含むとする見解もある[80]。これによれば，その行為・計算につき正当な理由ないし事業目的が認められる場合でも，それが独立当事者間で通常行われる取引とは異なっていれば，否認の対象となり得ることになる（これに対し，通説においては，独立当事者間で通常行われる取引と異なっているか否かは，正当な理由ないし事業目的の存否を判断する一事情にすぎないと位置付けられている[81]）。

　このように，純粋経済人基準において，行為者の事業目的（ないしこれと対比される租税回避目的）をどのように位置付けるかについては，なお争いがある。この点，純粋経済人基準の具体的な適用が問題となった最近の事例として，IBM事件[82]がある。

79　金子478頁。
80　岩崎政明「租税回避の否認と法の解釈適用の限界」金子宏編『租税法の基本問題』（有斐閣，2007年）79頁。
81　金子478頁。
82　第1審：東京地判平26・5・9判タ1415号186頁，控訴審：東京高判平27・3・25判時2267号24頁，上告審：最決平28・2・18ウエストロー2016WLJPCA02186002。

第3章 租税回避行為の否認が争点となる事案

① 事案の概要
(a) 事実経過

A社（日本IBM）の発行済株式の全部を保有していた米国法人B社（米国法人I社を中核とするIグループにおいて、米国外の関連会社を統括する法人）は、平成14年2月12日、第三者から、内国法人であるX社の持分全部を取得した（下図①）。

次いで、X社は、平成14年4月22日、B社から、A社の発行済株式の全部（153万3470株）を代金1兆9500億円（1株当たり127万1625円）で購入した（以下「本件株式購入」という（下図②））。X社は、B社に対する代金債務のうち約1318億円を現金で支払い、残額約1兆8182億円は、売主であるB社とX社との間で消費貸借の目的とされた（以下「本件融資」という）。

これにより、X社は、A社の中間持株会社（A社の100％親会社かつB社の100％子会社）となった。

その後、X社は、A社に対し、平成14年12月から平成17年12月までの間に、A社の株式の一部を、1株あたり概ね127万1625円で、3回にわたって順次譲渡した（以下「本件各譲渡」という（下図③））。

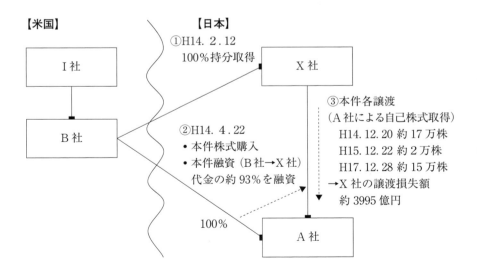

(b) 譲渡損失額の損金算入と税務当局の更正処分等

本件各譲渡は，A社による自己株式取得であったことから，法人税法上のみなし配当の規定（法人税法24条1項5号）が適用され，X社がA社から受領した対価の約93％に相当する金額が，利益の配当の額とみなされることになった。当該みなし配当の額は，内国法人による受取配当等の益金不算入規定（法人税法23条1項1号）に基づき，X社の各事業年度の所得の金額の計算上，益金の額に算入されなかった。他方，内国法人が有価証券の譲渡をした場合の譲渡利益額または譲渡損失額は，譲渡対価から取得価額を引いて計算されるが，このうち譲渡対価の額は，実際の譲渡対価からみなし配当の額を控除した額とすると定められている（法人税法61条の2第1項）。本件株式購入における1株当たりの取得価額と本件各譲渡における1株当たりの実際の譲渡対価はほぼ同額であったため，上記みなし配当の額に相当する部分がほぼそのままX社において譲渡損失額（合計約3995億円）となり，X社は当該譲渡損失額を各事業年度の所得の金額の計算上損金の額に算入した[83]。

X社は，平成20年1月1日から連結納税制度を導入し，上記譲渡損失額の損金算入により生じた繰越欠損金について，連結所得の額の計算上損金の額に算入し，A社等の益金の額と通算して法人税の連結確定申告をした。

これに対し，税務当局が，同族会社等の行為または計算の否認規定（法人税法132条1項）を適用して，本件各譲渡に係る譲渡損失額の損金算入を否認する旨の更正処分等を行ったため，X社は，その取消しを求めて本件訴訟を提起した。

② 主な争点

本件訴訟の主たる争点は，本件各譲渡に係る譲渡損失額の損金算入によるX社の法人税の負担の減少が，法人税法132条1項にいう「不当」なものと評価されるか否かである。

---

[83] 平成22年度税制改正により，本事案のように完全支配関係のある子会社が親会社から自己株式取得をする場合には，親会社において株式譲渡損益の計上がないこととされた（法人税法61条の2第16項）ため，現在は，本事案において原告が行ったような損金算入はできないことが明確になっている。

③ 第1審の判断

第1審判決は，以下のとおり，本件に関する詳細な事実認定を行ったうえで，本件においては本件各譲渡を容認して法人税の負担を減少させることが法人税法132条1項にいう「不当」なものと評価されるべきであると認めるには足りないと判断した（X社勝訴）。

(a) 法人税法132条1項の「不当」の判断基準

第1審判決は，法人税法132条1項の「不当」の判断基準につき，最判昭53・4・21訟月24巻8号1694頁（前記(1)）を参照し，「法人税の負担を不当に減少させる結果になると認められる」か否かは，「専ら経済的，実質的見地において当該行為又は計算が純粋経済人の行為として不合理，不自然なものと認められるか否か」という「客観的，合理的基準」（純粋経済人基準）により判定すべきと判示した。

第1審判決は，具体的にいかなる行為・計算が「純粋経済人の行為として不合理，不自然なもの」にあたるかについての一般論は述べておらず，下記(b)のとおり，税務当局側が主張する「不当」の各評価根拠事実を否定することにより，結論において不当性を否定した。

(b) あてはめ（不当性の評価根拠事実の不存在）

(i) X社を中間持株会社としたことについての正当な理由ないし事業目的の存否

税務当局は，(ア)A社が日本において多数の子会社等を有し，すでに持株会社的な機能をも果たしていたこと，(イ)X社は固有の事務所および使用人を有さず，会社組織としての最低限の業務すらA社に委託するようなペーパーカンパニー的存在であること等を理由に，X社をあえてA社の中間持株会社としたことに正当な理由ないし事業目的があったとはいい難いと主張した。

この点につき，第1審は，以下の事実を認定した。

> (ア) 中間持株会社の意義および役割として，米国の多国籍企業は，財務的活動を行うが経営全般または戦略機能を有しない中間持株会社を一般的かつ広範に利用していること。
>
> (イ) Iグループの方針の下，X社は，A社以外の内国法人3社についても

中間持株会社となっていたこと。
(ウ) Ｉ社が主導した他の日本企業の買収においても，当分の間Ｘ社が中間持株会社となっていたこと。
(エ) Ａ社が独自に検討していた企業買収において，Ａ社が直接買収することに抵抗感を示された場合などに，Ｘ社を受皿会社として使用することにより，買収が容易になるものと期待されていたこと。
(オ) Ｂ社がＸ社の持分を取得したことで，Ｉグループの国際二重課税を軽減する等，税務上のメリットがあったこと。

そのうえで，Ｘ社について，持株会社または受皿会社としてそれぞれ一定の役割を果たしていないとはいえないこと，資金の柔軟な移動やグループの租税負担を減少させたりすることを通じて一定の金融上の機能（金融仲介機能）を果たしていないともいえないこと，その他の企業買収案件における受皿会社としての役割を期待されていたことも否定できないことを理由に，Ｘ社を日本におけるＩグループの中間持株会社として置いたことに正当な理由ないし事業目的がなかったとはいい難いと判示した。

(ⅱ) **本件融資は独立した当事者間の通常の取引とは異なるものであるか否か**

税務当局は，本件融資が巨額（約１兆8182億円）のものであるにもかかわらず，無担保で，返済条件もＸ社にとって極めて有利な内容であったこと等を理由に，本件融資は，独立した当事者間の通常の取引とは異なる不合理，不自然なものであると主張した。

これに対し，第１審判決は，本件融資が実行された当時，Ｘ社は，Ａ社等，日本におけるＩグループをなす４社の発行済株式の全部を保有していた上，Ｉグループに属するＢ社およびＡ社以外の者と債権債務関係が発生することが想定されていなかったことが認められることを前提とすれば，本件融資が独立した当事者間の通常の取引として到底あり得ないとまでは認め難いと判示した。

(ⅲ) **本件各譲渡を含む一連の行為に租税回避の意図が認められるか否か**

税務当局は，Ｘ社を含むＩグループの本件一連の行為に租税回避の意図が認められると主張したが，第１審判決はこの主張を認めなかった。この点に関す

る税務当局の主張とこれに対する第1審判決の判示をまとめると，下表のとおりである。

	税務当局の主張	第1審判決の判示
(ア)	本件株式購入および本件各譲渡は経済的合理性がない	・本件株式購入における取得の価額の評価は，専門業者の評価書によるものであり不自然，不合理であるとはいい難い ・本件各譲渡において直近の取引実例（本件株式購入）における価額とほぼ同額の価額を採用することも，不合理，不自然とまでは断定し難い →本件一連の行為に経済的合理性がないとまではいい難い
(イ)	I社が税負担の軽減のために意図的に事業目的のない行為をした	当時の取締役会の議事の経過，連結財務諸表の記載等から，I社が税負担の軽減を目的として意図的に事業目的のない行為をしたとまでは認め難い
(ウ)	X社が中間持株会社として置かれた当初から，連結納税制度を利用してX社に生ずる譲渡損失額を連結所得の計算上損金の額に算入することが想定されていた	・当時の日本の税制上，外国法人の子会社であるX社が連結納税の承認を受けることができるか否か等は不明であった ・当時のA社とI社の会議議事録等からは，むしろ連結納税制度の適用を避けることについて議論がなされていたことがうかがわれる →I社が平成14年当時から連結納税制度の承認を受けることを想定して一連の行為をしたとまでは認められない
(エ)	日本の法人税法の適用のない米国法人が濫用的にその適用を受けて租税回避を図ったものと評価できる	本件のようなスキームによる自己株式の取得を禁止する明文の規定は見当たらず，また税務当局が主張するような事実（「濫用的」との主張の前提となる事実）も認められない

以上(i)〜(iii)により，第1審判決は，本件各譲渡を容認して法人税の負担を減少させることが法人税法132条1項にいう「不当」なものと評価されるべきであると認めるには足りないと判断した。

④ 控訴審の判断

控訴審判決は，以下のとおり判示して，結論において「不当」の要件を認め

ず，第1審判決を維持した（その後，最高裁の上告不受理決定により控訴審判決が確定した）。

(a) **法人税法132条1項の「不当」の判断基準**

控訴審判決も，第1審判決と同様，法人税法132条1項の「不当」の要件につき，純粋経済人基準により判断すべきと判示した。

さらに，控訴審判決は，具体的にいかなる行為・計算が「純粋経済人の行為として不合理，不自然なもの」にあたるかについて，「独立かつ対等で相互に特殊関係のない当事者間で通常行われる取引（独立当事者間の通常の取引）と異なっている場合を含む」と判示した。控訴審判決は，その理由として，(i)法人税法132条1項の文言上，租税回避目的は明示的に要求されていないこと，(ii)昭和25年の法人税法改正において「法人税を免れる目的があると認められるものがあるとき」との文言が「これを容認した場合においては法人税の負担を不当に減少させる結果となると認められるものがあるとき」と改められ，「目的」の要件が削除された経緯があること（前記①(2)①参照）等を挙げている。

(b) **あてはめ**（不当性の評価根拠事実の不存在）

税務当局は，控訴審において，原審における主張のうち，Ｘ社を中間持株会社としたことについての正当な理由ないし事業目的が存在しないとする主張，および一連の行為に租税回避目的が認められるとの主張を撤回し，一連の行為が「独立当事者間の通常の取引と異なる」との主張を中心に据えた。これに対し，控訴審判決は，以下のようなあてはめを行い，結論において税務当局の主張を排斥した。

(i) **一連の行為が税額圧縮のために一体的に行われたものか否か**

税務当局は，控訴審において，本件におけるＩグループの一連の行為（Ｘ社の中間持株会社化，本件融資，本件株式購入，本件各譲渡等）が税額圧縮のために一体的に行われたものであることを理由に，「不当」性が認められると主張した。

これに対し，控訴審判決は，Ｘ社を中間持株会社としたことについては税額圧縮の実現も重要な目的とされていたことを認定しつつ，本件各譲渡については，税額圧縮の実現のためにＸ社の中間持株会社化と一体的に行われたものとは認められないとして，税務当局の主張を排斥した。控訴審判決は，その根

拠として，本件各譲渡の検討段階からその実施後に至るまでの検討・協議の過程等を証拠に基づいて詳細に認定したうえで，本件各譲渡の実施が，米国側の資金需要や資金効率の改善という観点から判断されていたことを認定している。

なお，控訴審判決は，「税額圧縮という目的の当不当を評価するものではない」と述べており，仮に税額圧縮の「目的」が認められたとして，そのような納税者の主観的事情が「不当」の判断にいかなる影響を及ぼすかについては態度を留保している。

(ii) 一連の行為を全体として評価することの当否

税務当局は，控訴審において，本件におけるIグループの一連の行為（X社の中間持株会社化，本件融資，本件株式購入，本件各譲渡等）を全体としてみれば，「独立当事者間の通常の取引と異なる」と評価できる旨主張した。

これに対し，控訴審判決は，上記一連の行為は，その主体，時期および内容が異なる上，共通目的のために一体的に行われたとも認められない以上，これらの行為を全体として評価すること自体が不相当であるとして，税務当局の主張を排斥した。

(iii) 本件各譲渡がそれ自体で「独立当事者間の通常の取引と異なる」といえるか否か

控訴審判決は，第1審判決と同様，本件株式購入に係る取得の価額の評価は専門業者の評価書によるものであり，本件各譲渡においてそのような直近の取引実例（本件株式購入）における価額とほぼ同額の価額を採用することが「独立当事者間の通常の取引と異なる」とはいえないと判示した。

なお，控訴審判決は，税務当局の主張を排斥するに際して，「控訴人（引用者注：国）は，本件各譲渡が独立当事者間の通常の取引と異なると主張しているのにもかかわらず，独立当事者間の通常の取引であれば，どのような譲渡価額で各譲渡がされたはずであるのかについて，何ら具体的な主張立証をしていない」と指摘している。

(iv) 一連の行為を容認することが法人税法132条1項の趣旨に反するという税務当局の主張について

税務当局は，控訴審において，本件各譲渡によりX社に計上された譲渡損失額が「みせかけの損失」であり，一連の行為を容認することは法人税法132

条1項の趣旨に反する旨主張した。

　これに対し，控訴審判決は，X社に多額の譲渡損失および欠損金が生じたのは本件各譲渡に法人税法の規定を適用した結果であって，これをもって「見せかけの損失」であるとはいえないとして，税務当局の主張を排斥した。

＊　　＊　　＊

　以上より，控訴審判決も，本件各譲渡を容認して法人税の負担を減少させることが法人税法132条1項にいう「不当」なものと評価することはできないと判断した。

⑤　分析・検討
　(a)　法人税法132条1項の「不当」の判断基準について

　第1審判決・控訴審判決とも，法人税法132条1項の「不当」の要件の判断に関し，純粋経済人基準を採用した。

　もっとも，具体的にいかなる行為・計算が「純粋経済人の行為として不合理，不自然」にあたるかについて，第1審判決は，これに特に言及することなく税務当局が主張する評価根拠事実を否定したのに対し，控訴審判決は，「独立かつ対等で相互に特殊関係のない当事者間で通常行われる取引（独立当事者間の通常の取引）と異なっている場合」がこれに含まれることを明示的に判示した。

　控訴審判決の立場によれば，仮に行為者が正当な理由ないし事業目的をもってなした行為・計算であっても，それが独立当事者間の通常の取引と異なると認定されれば，否認の対象となり得ることになる。前述のとおり，通説においては，独立当事者間の通常の取引と異なっているか否かは，その行為・計算が正当な理由ないし事業目的を有するか否かを判断する一事情にすぎないと位置付けられているから[84]，控訴審判決は，通説とは異なる立場を採用したものといえる。もっとも，控訴審判決は，結論において，当該行為・計算が独立当事者間の通常の取引とは異なるものともいえないとして，第1審判決を維持した。

　また，第1審判決は，行為・計算が正当な理由ないし事業目的を有するものであるか否かの判断にあたり，Iグループの租税負担を減少させるという節税行為を肯定的要素として評価している。すなわち，第1審判決は，税負担の減

84　金子478頁。

少という結果自体を企業の経済活動の一部として捉えているといえる。これに対し，控訴審判決は，税負担を減少させる「目的」をどのように評価するか，態度を留保している。

　最高裁が上告不受理としたため，今後は控訴審判決が一定の先例的価値を有することになるが，下記(3)のとおり，法人税法132条の2の「不当」についてはその後の最高裁判例において具体的な判断基準が示されているところであり，その影響も踏まえて今後の事例を注視する必要がある。

　　(b)　あてはめについて
　第1審判決および控訴審判決とも，本件各譲渡が実施された当時の議事録その他の資料に基づき詳細な事実認定を行ったうえで，税務当局が主張する「不当」の評価根拠事実を否定している。納税者が「不当」に該当しないことを主張立証する際には，契約書や譲渡価額の評価資料等の基本的資料はもちろん，当該行為・計算を実行するまでの検討・協議の過程を記した資料が重要な役割を果たすこととなる。

(3)　法人税法132条の2における「不当」の解釈—ヤフー・IDCF事件

　以上のとおり，同族会社等の行為・計算の否認規定である法人税法132条1項の「不当」については，裁判例および学説がある程度蓄積され，「純粋経済人基準」の採用を前提に，その具体的な考慮要素が議論されている状況にある。
　これに対し，組織再編成に係る行為・計算の否認規定である法人税法132条の2については，その施行後しばらくの間，実際の適用事例を見なかった。しかし，近時，組織再編成に係る行為・計算の否認規定について，税務当局が実際にこれを適用し，納税者がその適用を訴訟において争う事例が現れた。それが，以下に述べる，①ヤフー事件[85]および②IDCF事件[86]である。両事件は最高裁まで争われ，最高裁判決において，法人税法132条の2の「不当」の判断基準およびその具体的な考慮要素が示されるに至った。

---

[85]　第1審：東京地判平26・3・18判時2236号25頁，控訴審：東京高判平26・11・5民集70巻2号448頁，上告審：最判平28・2・29民集70巻2号242頁。

[86]　第1審：東京地判平26・3・18判時2236号25頁，控訴審：東京高判平27・1・15民集70巻2号671頁，上告審：最判平28・2・29民集70巻2号470頁。

第5節　一般的否認規定による否認

① **ヤフー事件**（納税者敗訴）
　(a)　**事案の概要**
本件の事実関係は，以下のとおりである。
(i)　原告であるX_1社（ヤフー）は，情報処理・情報提供サービス業等を目的とする会社であり，その議決権の約42％をS社（Sグループの持株会社）が所有している。
(ii)　S社は，平成17年2月に，英国の企業から，Ⅰ社の発行済株式の全部を取得した。Ⅰ社は，情報通信事業用施設の保守管理等を目的とする会社であり，同年5月には通信事業を分割する等によりデータセンター事業に特化するようになった。
(iii)　Ⅰ社には，平成14年3月期から平成18年3月期まで欠損金が発生し，平成20年3月末時点における未処理欠損金額は約666億円であった。
(iv)　Ⅰ社は，平成21年2月2日，新設分割によりそのデータセンターの営業・販売等に関する事業を分割してX_2社を設立し（以下「本件分割」という），その発行済株式全部の交付を受けた。
(v)　X_1社は，平成21年2月19日の取締役会で，(ア)Ⅰ社からX_2社の発行済株式全部を買収すること，(イ)S社からⅠ社の発行済株式全部を買収することを，それぞれ決定した。X_1社は，(ア)を同月20日に，(イ)を同月24日に，それぞれ実行した（後者のX_1社によるⅠ社株式の買収を，以下「本件買収」という）。これにより，Ⅰ社とX_2社は，いずれもX_1社の完全子会社となった。
(vi)　X_1社は，平成21年2月25日の取締役会において，Ⅰ社を吸収合併することを決定し，同日Ⅰ社との間で合併契約を締結し，同年3月30日，その合併の効力が発生した（以下「本件合併」という）。本件合併は，適格合併であった。
(vii)　本件合併においてX_1社がⅠ社の未処理欠損金額を引き継ぐためには，平成22年改正前の法人税法57条3項の「当該適格合併等が共同で事業を営むための適格合併等として政令で定めるもの」（みなし共同事業要件）として，法人税法施行令112条7項5号のいわゆる「特定役員引継要件」を満たす必要があった。特定役員引継要件とは，被合併法人と合併法人それぞれの合併前における特定役員（社長，副社長，代表取締役，代表執行役

等）のうち少なくとも1人ずつが，合併後の合併法人の特定役員となることが見込まれていることをいう。合併前における特定役員は，被合併法人と合併法人の間に特定資本関係[87]が生じる前の役員等でなければならないため，本件では，本件買収前からⅠ社およびX₁社の特定役員であった者が，本件合併後のX₁社において特定役員となることが見込まれていることが必要であった。

(ⅷ) 本件においては，X₁社の代表取締役社長であったA氏が，本件買収に先立つ平成20年12月26日にⅠ社の取締役副社長に就任し（以下「本件副社長就任」という），本件合併によりⅠ社が解散するまでその地位にあった。A氏は，本件合併後においても，X₁社の代表取締役社長の地位にあった。X₁社は，これにより特定役員引継要件を満たしているものとして，Ⅰ社の未処理欠損金額のうち約542億円をX₁社の欠損金額とみなし，これを損金に算入して法人税の確定申告を行った。

(ⅸ) これに対し，税務当局は，A氏の本件副社長就任を含むX₁社の一連の行為を容認した場合には，法人税の負担を不当に減少させる結果になると認められるとして，法人税法132条の2に基づき，上記欠損金額をX₁社の

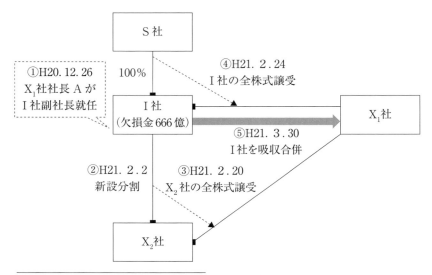

---

87 特定資本関係とは，50％超の直接または間接の資本関係をいう。

欠損金額としないことを前提とする課税処分を行った。X₁社は，この課税処分の取消しを求めて本訴訟を提起した。

(b) **主な争点**

本訴訟の争点は，X₁社の代表取締役社長であったA氏が本件合併前にI社の取締役副社長に就任したことが，法人税法132条の2にいう「その法人の行為又は計算で，これを容認した場合には……法人税の負担を不当に減少させる結果となると認められるもの」に該当するか否かである。

とりわけ，法人税法132条の2の「不当」の要件について，具体的な判断基準とそのあてはめが問題となった。

(c) **第1審および控訴審の判断**

第1審判決および控訴審判決は，以下のとおり，法人税法132条の2の「不当」の判断基準およびそのあてはめについて，概ね同様の判断を行い，結論において「不当」の要件を認めてX₁社の主張を退けた。

(i) **法人税法132条の2の「不当」の判断基準**

第1審判決および控訴審判決は，「法人税の負担を不当に減少させる結果となると認められるもの」に該当する行為・計算として，以下の2つの場合がこれに含まれるとした。

(ア) 法人税法132条1項と同様に，取引が経済的取引として不合理・不自然である場合（純粋経済人基準）

(イ) 組織再編成に係る行為の一部が，組織再編成に係る個別規定の要件を形式的には充足し，当該行為を含む一連の組織再編成に係る税負担を減少させる効果を有するものの，当該効果を容認することが組織再編税制の趣旨・目的または当該個別規定の趣旨・目的に反することが明らかである場合（趣旨・目的基準）

上記(イ)の趣旨・目的基準によれば，組織再編成を構成する行為に固有の事業目的がある場合であっても，その税負担減少効果が組織再編税制または個別規定の趣旨・目的に反することが明らかであると判断された場合には，その行為は否認されることとなる。第1審判決および控訴審判決は，このような趣旨・目的基準を採用した理由として，以下の点を挙げている。

- 法人税法132条の2は組織再編税制の導入と共に設けられた個別否認規定と併せて新たに設けられた包括的否認規定であること
- 組織再編税制において包括的否認規定が設けられた趣旨は、組織再編成の形態や方法は複雑かつ多様であり、ある経済的効果を発生させる組織再編成の方法は複数あり、これらに対して異なる課税を行うことは租税回避の温床を作りかねない点などにあること
- 組織再編税制に係る個別規定は、特定の行為や事実の存否を要件として課税上の効果を定めているものであるところ、立法時において、複雑かつ多様な組織再編成に係るあらゆる行為や事実の組み合わせをすべて想定したうえでこれに対処することは困難であり、想定外の行為や事実がある場合に当該個別規定のとおりに課税上の効果を生じさせることが明らかに不当であるという状況が生じる可能性があること

(ii) **あてはめ**

　第1審判決および控訴審判決は、以下の事実を認定したうえ、これらを主な理由として、本件副社長就任およびそれを前提とする税負担減少効果を容認することが、法人税法57条3項および同法施行令112条7項5号の趣旨・目的に反することが明らかであると判断した。

(ア) A氏の本件副社長就任が本件買収の2ヵ月前であること。

(イ) A氏がI社において非常勤であり、代表権がなく、部下や専任の担当業務がなく、役員報酬も受けていないこと

(ウ) A氏の職務内容が、本件合併後の事業計画に係る業務や、本件合併等の準備に係る業務に限られており、それら以外のI社の業務活動に関与したとは認められないこと

(エ) A氏以外のI社の役員は、事業上の必要性がないと判断されて、X_1社の特定役員に就任していないこと

(オ) 本件合併によりX_1社が承継したのはX_2社を分割した後のI社であり、承継した資産はデータセンターを構成する不動産等に限られ、本件合併によりI社が従来行っていたデータセンター事業が事業として承継され

たとみることは困難であること
(カ) 本件買収の対価450億円のうち200億円が未処理欠損金額の価値であり、事業自体の価値が対価の半分強にとどまること
(キ) X_1社と I 社では資本金、営業利益、売上高に大きな格差があること（それゆえ、法人税法施行令112条 1 項 2 号の要件は満たしようがないこと）

　さらに、控訴審判決は、(i)の(ア)純粋経済人基準および(イ)趣旨・目的基準のいずれに関しても、仮に当該行為・計算に事業目的が全くないとはいえないとしても、その主たる目的が税負担の減少という税務上の効果を発生させることにある場合には、その基準を満たし、法人税法132条の 2 にいう「これを容認した場合には……法人税の負担を不当に減少させる結果となると認められるもの」に該当すると判示した。

　(d)　**最高裁の判断**

　X_1社は、上告審において、第 1 審判決および控訴審判決が採用した趣旨・目的基準について、同基準は個別否認規定に規定されていない事情を「不当」の要件の評価根拠事実として考慮することを認める解釈であり、税務署長に包括的、一般的、白地的に課税処分権限を与えるものであるとともに納税者の予測可能性を害するものであって、租税法律主義に反するものであること等を主張した。

　最高裁判決は、以下のとおり判示して、結論において X_1社側の主張を退けた。

　(i)　法人税法132条の 2 の「不当」の判断基準（濫用基準）

(ア) 組織再編成は、その形態や方法が複雑かつ多様であり、租税回避の手段として濫用されるおそれがあることから、法人税法132条の 2 は、税負担の公平を維持するため、組織再編成において法人税の負担を不当に減少させる行為または計算が行われた場合に、それを正常な行為または計算に引き直して法人税の更正または決定を行う権限を税務署長に認めたものと解され、組織再編成に係る租税回避を包括的に防止する規定として設けられたものである。
(イ) このような法人税法132条の 2 の趣旨および目的からすれば、同条にいう「法人税の負担を不当に減少させる結果となると認められるもの」

とは，法人の行為または計算が組織再編税制に係る各規定を租税回避の手段として濫用することにより法人税の負担を減少させるものであることをいうと解すべきである。

(ウ) 濫用の有無の判断にあたっては，当該行為または計算が，
- 組織再編成を利用して税負担を減少させることを意図したものであって（租税回避の意図），
- 組織再編税制に係る各規定の本来の趣旨および目的から逸脱する態様でその適用を受けるものまたは免れるものと認められるか否か（趣旨目的からの逸脱），

という観点から判断するのが相当である。

(エ) 上記(ウ)の租税回避の意図および趣旨目的からの逸脱が認められるか否かは，
- 当該法人の行為または計算が，通常は想定されない組織再編成の手順や方法に基づいたり，実態とは乖離した形式を作出したりするなど，不自然なものであるかどうか，
- 税負担の減少以外にそのような行為または計算を行うことの合理的な理由となる事業目的その他の事由が存在するかどうか，

等の事情を考慮したうえで，判断される。

(ii) **あてはめ**

最高裁判決は，以下のとおり判示して，A氏の本件副社長就任につき，租税回避の意図，および未処理欠損金額の引継ぎ等に関する諸規定の趣旨目的からの逸脱を認め，組織再編税制に係る規定を租税回避の手段として濫用することにより法人税の負担を減少させるものとして，法人税法132条の2にいう「法人税の負担を不当に減少させる結果となると認められるもの」にあたると判断した。

(ア) 租税回避の意図
- 本件の事実関係等によれば，一連の組織再編成に係る行為は，I社の未処理欠損金額の全額を活用することを意図し，ごく短期間に計画的に実行されたものである。

- X₁社がⅠ社の未処理欠損金を引き継ぐためには，特定役員引継要件を満たさなければならない状況にあった。Ａ氏の本件副社長就任は，このような状況下で，法人税の負担の軽減を目的として，特定役員引継要件を満たすことを意図して行われたものである。このことは，一連の経緯のほか，X₁社とＳ社の担当者間でやりとりされた電子メールの記載に照らしても明らかである。

(ｲ) 趣旨目的からの逸脱
- 法人税法57条３項および同法施行令112条７項５号が，みなし共同事業の要件として，同項２号から４号までの要件が満たされない場合であっても特定役員引継要件で足りるとしているのは，同要件が満たされる場合には，双方の法人の経営の中枢を継続的かつ実質的に担ってきた者が共同して合併後の事業に参画することになり，経営面からみて，合併後も共同で事業が営まれているとみることができるためである。
- 以下の各事情に鑑みると，Ａ氏はⅠ社において「経営の中枢を継続的かつ実質的に担ってきた者」という特定役員としての実質を備えていたとはいえず，本件副社長就任は，実態とは乖離した特定役員引継要件の形式を作出する明らかに不自然なものである。
  - ＊Ⅰ社およびX₁社において事前に本件副社長就任の事業上の目的や必要性が具体的に協議された形跡がないこと
  - ＊本件副社長就任や本件買収等の行為は，その直後に本件合併を行うとの方針の下でごく短期間に行われており，Ａ氏の副社長就任期間は僅かであること
  - ＊Ａ氏の業務内容は概ね本件合併等に向けた準備やその後の事業計画に関するものにとどまること
  - ＊Ａ氏はⅠ社において代表権のない非常勤の取締役であり，具体的な権限を伴う専任の担当業務を有しておらず，役員報酬も受領していなかったこと
- また，上記の各事情によれば，一連の組織再編成が提案される以前に本件副社長就任の事業上の目的や必要性が認識されていたとは考え難

第3章　租税回避行為の否認が争点となる事案

いうえ，税負担の減少以外にその合理的な理由といえるような事業目的等があったとはいい難い。

(ウ) まとめ
- 以上を総合すると，本件副社長就任は，組織再編成を利用して税負担を減少させることを意図したものであって，適格合併における未処理欠損金額の引継ぎを定める法57条2項，みなし共同事業要件に該当しない適格合併につき同項の例外を定める同条3項および特定役員引継要件を定める施行令112条7項5号の本来の趣旨および目的を逸脱する態様でその適用を受けるものまたは免れるものと認められる。

② IDCF事件（納税者敗訴）
(a) 事案の概要

基本的な事実関係はヤフー事件と共通しているが，IDCF事件においては，I社が本件分割（①(a)(iv)）によってX_2社を設立した際に，X_2社がI社の未処理欠損金額の一部を実質的に引き継ぐことができるかが問題となった。

すなわち，本件分割が非適格分割である場合には，X_2社は，本件分割によりI社に交付されるX_2社の株式の評価額と，X_2社が本件分割によりI社から移転を受ける資産等の時価純資産価額との差額について，資産調整勘定の金額

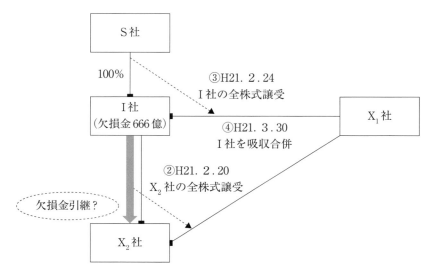

170

として，損金算入することができる（法人税法62条の8）。そして，本件分割のように，分割会社が新設会社の発行済株式全部を直接または間接に保有することとなる場合でも，分割後にそのような当事者間の完全支配関係が継続することが見込まれていないときには，その新設分割は非適格分割となる（法人税法2条12号の11イ，同法施行令4条の3第6項1号）。

本件で，X_2社は，本件分割後，I 社が X_2 社の発行済株式全部を X_1 社に売却することが予定されていたことから，上記の完全支配関係の継続が見込まれておらず，本件分割は非適格分割であることを前提に，資産調整勘定金額の損金算入を行った。

これに対し，税務当局は，本件分割を非適格分割とすることを容認した場合には，法人税の負担を不当に減少させる結果になると認められるとして，法人税法132条の2に基づき，資金調整勘定金額が生じていないことを前提とする課税処分を行った。X_2社は，この課税処分の取消しを求めて本訴訟を提起した。

　(b)　主な争点

本訴訟の争点は，本件分割が，法人税法132条の2にいう「その法人の行為又は計算で，これを容認した場合には……法人税の負担を不当に減少させる結果となると認められるもの」に該当するか否かである。

　(c)　裁判所の判断

IDCF 事件においても，第1審判決および控訴審判決が趣旨・目的基準を採用して本件分割の「不当」性を認め，X_2社が上告受理申立てを行うという，ヤフー事件と同様の経過をたどった。そして，最高裁判決は，法人税法132条の2の「不当」の判断基準につき，ヤフー事件と同様の判断基準（濫用基準）を示したうえで，そのあてはめについて，以下のとおり判示して，結論において本件分割の「不当」性を認めた。

　(ア)　租税回避の意図
- 本件の一連の組織再編成に係る行為は，I 社の未処理欠損金額を X_2 社の資産調整勘定に転化させ，以後60カ月にわたり償却し得るものとするため，ごく短期間に計画的に実行されたものである。
- X_2社に資産調整勘定の金額を発生させるためには，本件分割が非適

格分割である必要があった。Ｉ社からX₁社に対するX₂社株式の譲渡は，本件分割をあえて非適格分割とするため，法人税法施行令4条の3（平成22年改正前における4条の2）第6項1号の要件を満たさないこととなるように，Ｉ社とX₂社の完全支配関係を一時的に断ち切るものとして計画され，実行されたものである。

(イ) 趣旨目的からの逸脱

- 法人税法施行令4条の3第6項が，同法2条12号の11イに規定する適格分割の要件として，分割後に分割当事者間の完全支配関係等が継続することが見込まれていることを必要としているのは，移転資産等に対する分割会社の支配が分割後も継続すると認められることによるものである。
- 本件の一連の組織再編成を全体としてみれば，Ｉ社による移転資産等の支配は本件分割後も継続しており，本件分割は，適格分割としての実質を有すると評価し得る。本件分割は，実態とは乖離した非適格分割の形式を作出するものであって，明らかに不自然なものである。
- Ｉ社からX₁社に対するX₂社株式の譲渡を行わなくとも，その4日後の本件買収および約1か月後の本件合併によってX₁社によるＩ社の吸収合併とX₂社の完全子会社化は実現されたのであるから，そのような株式譲渡を行う事業上の必要性は希薄であった。また，その株式譲渡対価である115億円は，本件買収および本件合併によりいずれX₁社に戻ることが予定されていた。これらの事情に鑑みると，Ｉ社からX₁社に対するX₂社株式の譲渡につき，税負担の減少以外に事業目的等があったとは考え難く，このような株式譲渡の計画を前提とする本件分割についても，税負担の減少以外にその合理的な理由となる事業目的等を見いだすことはできない。

(ウ) まとめ

- 以上を総合すると，本件分割は，組織再編成を利用して税負担を減少させることを意図したものであって，適格分割の要件を定める法2条12号の11イおよび施行令4条の3第6項1号，適格分社型分割につき譲渡損益の計上の繰延べを定める法62条の3ならびに資産調整勘定の

> 金額の損金算入等について定める法62条の8の本来の趣旨および目的を逸脱する態様でその適用を受けるものまたは免れるものと認められる。

③ 分析・検討
(a) 法人税法132条の2の「不当」の判断基準について

　以上の両事件の第1審判決および控訴審判決が採用した趣旨・目的基準は，組織再編成を構成する行為に事業目的がある場合であっても，その税負担減少効果が組織再編税制または個別規定の趣旨・目的に明らかに反すると判断された場合には，その行為は否認されるとするものであった。これによれば，税務当局および裁判所による「個別規定の趣旨・目的」の解釈次第で，実質的にフリーハンドで否認を認めることになりかねない。このため，両事件の第1審判決および控訴審判決に対しては，租税法律主義（憲法84条）を大幅に後退させ，組織再編成の実務に萎縮効果を及ぼすものであるとの批判が多数に上った[88]。

　これに対し，両事件の最高裁判決は，法人税法132条の2の「不当」にあたるのは「組織再編税制に係る各規定を租税回避の手段として濫用する」場合であり，その「濫用」の有無については，「組織再編成を利用して税負担を減少させることを意図したもの」であって「各規定の本来の趣旨及び目的から逸脱する態様でその適用を受け又は免れるもの」かどうか，という観点から判断すべきとしている。そして，最高裁判決は，その判断に際して考慮する事情として，(i)当該行為または計算の不自然性の有無のほか，(ii)税負担の減少以外にそのような行為または計算を行うことの合理的な理由となる事業目的その他の事由の有無を挙げている。

　最高裁判決が挙げる考慮事情のうち(ii)に関しては，最高裁判決が単に「合理的な事業目的」ではなく，あえて「そのような行為又は計算を行うことの合理的な理由となる事業目的」と述べていることからすれば，最高裁は，単に事業

---

[88] たとえば，谷口勢津夫「ヤフー事件東京地裁判決と税法の解釈適用方法論―租税回避アプローチと制度（権利）濫用アプローチを踏まえて―」税研177号20頁，大淵博義「『法人税法132条の2』の射程範囲と租税回避行為概念～ヤフー事件判決の検証を通じて～」税経通信2014年8月号17頁以下，水野忠恒「東京地裁平成26年3月18日判決（ヤフー事件）の検討―組織再編成と租税回避―」国際税務2014年8月号102頁等。

目的が存在すればよいとするのではなく，当該行為・計算の不自然性（上記(i)の考慮事情）の程度との比較等に鑑みて，そのような行為・計算を行うことの合理性を説明するに足るだけの事業目的等が存在するかどうかを問題にしている，との指摘がある[89]。また，この見解は，最高裁判決が上記(i)および(ii)等の事情を「考慮した上で」判断すべき，と述べていることからすれば，濫用の有無の判断にあたっては上記(i)および(ii)の事情を必ず考慮すべきとの趣旨を含意しており，その趣旨をさらに推し進めると，(i)当該行為または計算の不自然性，および(ii)そのような行為または計算を行うことの合理的な理由となる事業目的等の不存在という２つの要素は，法人税法132条の２の「不当」を肯定するために必須であるとみることができる，と指摘している。

　いずれにせよ，最高裁判決によれば，行為・計算の「不当」を主張する税務当局は，いわゆる規範的要件である「不当」の評価根拠事実として，当該行為または計算が「組織再編成を利用して税負担を減少させることを意図したもの」であって「各規定の本来の趣旨及び目的から逸脱する態様でその適用を受け又は免れるもの」であることを基礎付ける具体的事実を主張立証する必要がある。これに対し，納税者側は，上記のような評価を妨げる事実（評価障害事実）を主張立証する責任を負うことになる。そして，裁判所は，税務当局が主張立証した評価根拠事実と納税者が主張立証した評価障害事実の総合判断によって，「不当」といえるかどうかを判断することになる。その判断においては，(i)当該行為または計算が不自然なものであり，かつ(ii)税負担の減少以外にそのような行為または計算を行うことの合理的な理由となる事業目的その他の事由が存在しない，とまで認められるか否かが重要となる（上記の見解によれば，この２点が「不当」の必須の要素となる）。

　最高裁判決は，濫用基準の内容として，個別規定の趣旨目的からの逸脱のみならず，租税回避の意図が必要であることを明確にしており，また濫用の有無の判断において考慮すべき事情を挙示していることから，第１審判決および控訴審判決が採用した趣旨・目的基準と比較すると，税務当局および裁判所のフ

---

[89] 判タ1424号68頁以下のヤフー事件最高裁判決の解説文。

リーハンドに一定の歯止めをかけているとの評価は可能である。租税法律主義との兼ね合いの観点からも，租税回避を意図して個別規定の趣旨目的から逸脱する態様でその適用を受けるような場合には，そのような行為または計算が否認されるべきことは関係当事者において十分に予測可能であり，納税者の予測可能性および法的安定性を害さないから，租税法律主義違反とはならないと評する見解[90]がある。

　もっとも，最高裁判決の濫用基準においても，個別規定の趣旨目的がどのように解釈されるかという点については，第1審判決および控訴審判決と同様，納税者にとって不明確さが残ることに注意が必要である[91]。

　なお，両事件の最高裁判決が示した法人税法132条の2の「不当」の判断基準が，同法132条1項の「不当」の判断基準として確立している純粋経済人基準といかなる関係に立つものであるかは，必ずしも明らかでない。最高裁判決は「濫用」の有無の考慮要素として，当該行為・計算の不自然性や，当該行為・計算を行うことの合理的な理由となる事業目的等の有無を挙げており，この点は純粋経済人基準の考慮要素とも共通する部分がある。最高裁は，両事件の最高裁判決の直前に，法人税法132条1項に関するIBM事件について上告不受理（納税者勝訴）を決定しており，同項の「不当」については具体的な判断過程を示さなかったが，今後は，同項の「不当」（純粋経済人基準）の判断においても，濫用基準と同様の考慮要素が取り込まれると見る向きもある（たとえば，租税法律主義の観点から，純粋経済人基準においても租税回避の意図が必須とされることも考えられる）。もっとも，組織再編税制に係る個別の規定の「濫用」が問題となる法人税法132条の2とは異なり，同族会社等の行為・計算一般を対象とする同法132条1項については，そのような意味での「濫用」を観念し難い等の相違がある。法人税法132条1項の純粋経済人基準における具体的な考慮要素については，今後の事例を引き続き注視する必要がある。

90　判タ1424号68頁以下のヤフー事件最高裁判決の解説文。
91　岡村忠生「租税回避否認への柔らかな対応～ヤフー事件最高裁判決～」WLJ判例コラム臨時号77号参照。

(b) あてはめについて

　ヤフー事件最高裁判決は，A氏の本件副社長就任が不自然であり，合理的な理由といえるような事業目的等がないと判断するにあたって，A氏の副社長就任期間がごく短期間に留まり，かつそうなることが事前に計画されていたことを重視している。IDCF事件最高裁判決も，非適格分割として実施された本件分割が不自然であり，合理的な理由といえるような事業目的等がないと判断するにあたって，I社からX_1社に対するX_2社株式の譲渡後，短期間のうちにその意義を失わしめるような本件買収および本件合併が実施され，かつそれが事前に計画されていたことを重視している。

　また，ヤフー事件の最高裁判決は，租税回避の意図の認定において，当時の電子メールのやりとりを重要な証拠として挙げている。他方，A社の副社長就任に関する事業上の目的や必要性については，具体的に協議されていたことを示す記録が存在しないことを指摘している。このように，租税回避の意図の有無や，当該行為・計算を行うことの合理的な理由の主張立証においては，当時作成された議事録や電子メール等の記録が，特に重要な意味を持つことになる。

3　まとめ―判例による「不当」の判断基準を踏まえた戦略

(1)　「不当」の判断基準のまとめ

　以上のとおり，最高裁は，同族会社等の行為・計算の否認規定（法人税法132条1項）における「不当」の判断基準については，純粋経済人基準（もっぱら経済的，実質的見地において当該行為・計算が純粋経済人の行為として不合理，不自然なものと認められるか否か）を採用している。また，組織再編成に係る行為・計算の否認規定（同法132条の2）における「不当」の判断基準については，組織再編税制に係る各規定を租税回避の手段として「濫用」するものか否かという基準を採用している。連結法人に係る行為・計算の否認規定（同法132条の3）については，現時点で判例は存在しないものの，同規定の立法経緯（連結納税制度の仕組を利用した租税回避への対応を念頭に，同法132条の2の規定に続いて設けられた）を踏まえると，連結納税制度に係る各規定を租税回避の手段として「濫用」するものか否かという基準が採用される可能性が

あろう。

　なお，上記のとおり，最高裁は，法人税法132条の2について，一定範囲の租税法規の「濫用」を否認する権限を税務当局側に与えた規定であると解している。このことは，裏を返せば，このような規定がない限りは，安易に租税法規の「濫用」を理由とする租税回避行為の否認が認められないことを前提にするものといえる[92]。このような視点から，第4節における法解釈による否認（とりわけ「濫用」を理由とする否認）の適用範囲について再検討が必要であると考えられる[93]。

(2) 「不当」の判断基準を踏まえた主張・立証のポイント

① 純粋経済人基準（法人税法132条1項の「不当」について）

　純粋経済人基準によれば，その行為・計算が「異常ないし変則的で租税回避以外に正当な理由ないし事業目的が存在しないと認められる場合」には，純粋経済人の行為として不合理，不自然なものとして「不当」であると判断される。そして，第一次的には，その行為・計算が「不当」であることを主張する税務当局側が，このような「不当」の評価を根拠付ける事実について主張立証すべき責任を負っていると解される。

　そこで，納税者としては，まずは税務当局側に「不当」の評価根拠事実として何を主張するのかを具体的に明らかにさせ，それを踏まえて，納税者としての反論・反証を検討していく，という戦略も十分に検討に値する。この場合，納税者としては，税務当局の主張する評価根拠事実の具体的内容を踏まえつつ，当該行為・計算が正当な理由ないし事業目的に基づくものであって，「不当」

---

[92] 酒井克彦「我が国における租税回避否認の議論」フィナンシャル・レビュー通巻126号150頁参照。

[93] 岡村忠生「租税回避否認への柔らかな対応～ヤフー事件最高裁判決～」WLJ 判例コラム臨時号77号は，外国税額控除事件最高裁判決（第4節2(1)）のように，行為・計算の否認規定という明文規定によることなく，「濫用」を理由として法解釈による否認をすることが認められるのは，「税負担の公平を著しく害する」という悪質さがある場合であって，ヤフー事件最高裁判決が法人税法132条の2の判断基準とする「濫用」よりもさらに著しい濫用がある場合であるとされる（そのうえで，ヤフー事件の事案は，そのような悪質な事案ではなく，したがって行為・計算の否認規定なしに否認することはできなかったとされる）。

の評価にはあたらないことを主張していくこととなる。

その際，正当な理由ないし事業目的は，主として納税者の主観面に関する事情であることから，その行為・計算に至る意思決定の過程を，議事録等の証拠によって立証することが有効である。また，問題となっている行為・計算そのものに限らず，納税者の一連の行動が，一貫してその正当な理由や事業目的に基づいていること（全体のストーリーの合理性）について，広い視点から事情を拾い上げて丁寧に説明し，裁判所の理解を得ることが重要である。

なお，納税者が実行した行為・計算が独立当事者間で通常行われる取引とは異なっている場合においては，そのことをもってただちに「不当」であるとする見解と，そのことは「不当」の判断における一事情として考慮されるに留まるとする見解（通説）がある。いずれにせよ，納税者の立場としては，税務当局側がこの点を「不当」の要素として主張する場合には，この点についてもあわせて反論・反証を行うべきである。

② 濫用基準（法人税法132条の2の「不当」について）

濫用の有無は，その行為または計算が，「組織再編成を利用して税負担を減少させることを意図したもの」であって，「組織再編税制に係る各規定の本来の趣旨及び目的から逸脱する態様でその適用を受けるもの又は免れるもの」と認められるか否かという観点から判断される。その判断においては，当該法人の行為または計算が，(i)通常は想定されない組織再編成の手順や方法に基づいたり，実態とは乖離した形式を作出したりするなど，不自然なものであるかどうかや，(ii)税負担の減少以外にそのような行為または計算を行うことの合理的な理由となる事業目的その他の事由が存在するかどうかといった事情が考慮される。

そして，第一次的には，その行為・計算が「不当」であることを主張する税務当局側が，「不当」の評価根拠事実として，濫用の根拠となる上記のような事情を主張立証すべき責任を負っていると解される。そこで，納税者としては，①と同様，まずは税務当局側に「不当」の評価根拠事実として何を主張するのかを具体的に明らかにさせ，それを踏まえて，納税者としての反論・反証を検討していく，という戦略も十分に検討に値する。

そのうえで，納税者としては，当該行為・計算が不自然でないこと（上記(i)）

や，これを行うことの合理的な理由（上記(ii)）を主張していくにあたり，やはり①と同様に，その行為・計算に至る意思決定の過程を議事録等の証拠によってこれらを立証することが有効である。また，納税者の一連の行動が一貫して事業目的等の合理的な理由に基づく自然なものであることを主張し，裁判所の理解を得ることが重要である。

加えて，組織再編税制に係る個別規定の趣旨目的からの逸脱の有無に関しては，そもそも当該規定の趣旨目的が何であるかが問題となる。納税者としては，当該規定の立法時における国会での議論や，立案担当者の解説等を参照し，組織再編税制に係る規定の趣旨目的を検討したうえで，当該行為・計算に従って当該規定を適用することが，当該規定の趣旨目的から逸脱する結果をもたらすものでないことを主張していくこととなる。

> **コラム　BEPS プロジェクト最終報告書と包括的否認規定等の動向**
>
> OECD 租税委員会が 2015 年 9 月に公表した BEPS（税源浸食と利益移転）プロジェクト最終報告書行動 12 においては，新たに出現する租税回避スキームに対処するため，プロモーターないし納税者に対して一定のタックス・プランニングを開示する義務を課す制度について検討および提案がなされており，これを受けた日本の財務省は，その導入について検討するとしている。このようなタックス・プランニング開示義務制度は，開示によって把握された租税回避スキームを広く否認の対象となし得る包括的否認規定と相互補完関係にあるものとされている。
>
> また，BEPS プロジェクト最終報告書行動 6 においては，租税条約の濫用防止として，租税条約において主要目的テスト（取引の目的が租税条約の特典を受けることを主たる目的の 1 つとしている場合には，特典を与えないとのルール）等の濫用防止規定の採用が勧告されているが，日本の租税条約にはすでに主要目的テストが採用されている。これは，恩恵的な税制を利用した租税回避に対する包括的な否認の制度の 1 つであると言える。このような租税回避への対処に関する国際的な動向の中で，今後，日本国内法においても，諸外国と同様の包括的否認規定の導入が検討されることも考えられ，議論を注視していく必要がある。
>
> なお，BEPS プロジェクト最終報告書行動 6 においては，租税条約の濫用防止として，特典制限条項（LOB）の導入についても勧告されている。特典制限条項とは，租税条約における特典を享受できる者を条約相手国の適格な居住者に

限定し，第三国の居住者に支配されているような者を特典の対象から排除する条項である。日本においても，平成 16 年に発効した改正日米租税条約以降，特典制限条項が設けられており，近時ではスイス，オランダ等との間の改正租税条約において特典制限条項が追加された。BEPS プロジェクト最終報告書の勧告により，このような動きが今後加速していく可能性があり，やはり動向を注視する必要がある。

第6節

租税回避行為の否認が争点となる事案における戦略の総括

1 判例を踏まえた「租税回避行為の否認」の再整理

　本章においては、個別否認規定による否認、事実認定による否認、法解釈による否認、一般的否認規定による否認という4つの分類を前提として、それぞれいかなる場合に否認されるかを判例に基づいて分析し、それに基づく納税者側の戦略を検討した。ここで、それぞれの分類における裁判例（とりわけ最高裁判例）の分析結果を踏まえ、税務当局が「租税回避行為の否認」を主張しようとする場合にいかなる検討順序となるかを検討すると、【図表3-2】のフローチャートのように整理することができると考えられる。

　「事実認定による否認」（第3節）は、このフローチャートの①に位置付けられる。

　「法解釈による否認」（第4節）は、主として上記フローチャートの⑦の問題として論じられてきたが、②③④の検討過程も、広い意味での「法解釈による否認」の問題と捉えることができる。映画フィルムリース事件（第3節②(1)②、第4節②(2)①）においては、第1審判決および控訴審判決が、真実の法形式は売買ではなく融資であるとの事実認定（上記①）により減価償却費の損金算入を否認したのに対し、最高裁判決は、売買による所有権取得を前提としてもなお、当該資産が「減価償却資産」にあたらないとの解釈（上記②④）により減価償却費の損金算入を否認した。同最高裁判決の法解釈があくまでも文理解釈の範囲内で行われたものであったのに対し、上記⑦は、文理解釈によっては否認できず、かつ一般的否認規定の適用がない場合でも、なお法解釈に基づいて否認が認められる場面が存在することを前提としている。しかし、そのような

第3章　租税回避行為の否認が争点となる事案

【図表3－2】　判例を踏まえた「租税回避行為の否認」の検討順序

① 事実認定の結果，課税要件を満たすこと（／減免要件を満たさないこと）に争いのない事実が認定されるか？
［肯定例］ヴァージンシネマズ事件
［否定例］航空機リース事件，ガイダント事件，船舶リース事件，ファイナイト事件

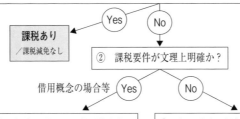

② 課税要件が文理上明確か？

借用概念の場合等　Yes　　　　No

③ 厳格な文理解釈の結果，課税要件を満たす（／減免要件を満たさない）か？
［否定例］ガーンジー島事件，ホステス報酬源泉徴収事件，武富士事件

④ 文理に加えて規定の趣旨目的をも考慮した解釈の結果，課税要件を満たす（／減免要件を満たさない）か？
［肯定例］デンソー事件控訴審，来料加工事件
［否定例］デンソー事件第1審，映画フィルムリース事件上告審

⑤ 同族会社等／組織再編成／連結法人に係る行為・計算の問題か？

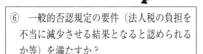

⑥ 一般的否認規定の要件（法人税の負担を不当に減少させる結果となると認められるか等）を満たすか？
［肯定例］ヤフー事件，IDCF事件
［否定例］IBM事件第1審・控訴審

⑦ 制度濫用による限定解釈等が可能か？（政策目的に基づく租税減免規定の趣旨・目的を著しく逸脱する態様で納税を逃れる事案等）
［肯定例］外国税額控除事件上告審

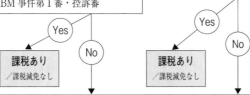

否認が認められる場面は，極めて限定的であると解すべきである（外国税額控除事件（第4節②(1)）のように，政策目的に基づく租税減免規定の趣旨・目的を著しく逸脱する態様で納税を免れるような事案等に限られると解すべきである）。

他方，「一般的否認規定による否認」（第5節）は，事実認定（上記①）および個別の課税要件規定（課税減免規定）の解釈（②③④）によれば否認できない場合でも，明文の規定により，一定の類型に属する行為・計算について，それを容認した場合に税負担を不当に減少させる結果となると認められるときには否認が認められるというもので，上記フローチャートの⑤⑥において検討される（IBM事件（第5節②(2)），ヤフー事件（第5節②(3)①），IDCF事件（第5節②(3)②））。

なお，「個別否認規定による否認」（第2節）は，租税回避行為を否認する目的で設けられた個別の課税要件規定の解釈適用の問題であるから，上記フローチャートの②③④の問題として位置付けられる（デンソー事件（第2節②(3)②））。

② 納税者としての戦略の総括

(1) 事実認定を争う（第3節③参照）

租税回避行為が問題となる事案の多くで，税務当局は，まずは，納税者側が選択した法形式を否認し，私法上の真実の法形式は課税要件を満たす（または課税減免要件を満たさない）法形式であるとして，「事実認定による否認」を試みる。そこでは，私法上の法形式が何であるかという，純粋な私法レベルにおける事実認定やあてはめが問題となることから，税務当局側の主張の背景にある「租税負担の公平」等の抽象的な価値判断は，必ずしも重視されない傾向にある（航空機リース事件（第3節②(1)②(b)），ガイダント事件（第3節②(1)②(d)），船舶リース事件（第3節②(1)②(d)），ファイナイト事件（第3節②(2)②(b)））。納税者側としては，私法レベルにおける事実認定およびあてはめについて，丁寧な主張立証を展開することで，税務調査段階において課税処分を避け，あるいは訴訟において有利な結論に至る可能性を高めることができる。

具体的には，納税者側としては，自らが選択した法形式が明記された契約書

を立証の中心に据えたうえで，その契約書に表示された法律行為の存在を否定すべき特段の事情が認められないことを，(ア)契約書作成に至るまでの事情（検討・交渉の経過等），(イ)契約書の内容（契約内容の合理性，当事者の動機・目的との整合等），および(ウ)契約書作成後の事情（契約上の義務の履行等，契約内容に沿った行動をしているか等）という，3つのポイントから主張立証していくことになる。これらの主張立証を充実させるためには，各過程において適切に記録が作成・保管される必要があり，また契約内容そのものについても，事後に無用な疑義を持たれないよう，慎重な検討を要する。事前のプランニングの段階から，税務の観点を踏まえた準備をしておくことが有益である。

(2) **租税法の法解釈を争う**（第4節③参照）

　租税法の定める課税要件の解釈が問題となる場面において，その解釈は原則として文理解釈によるべきであり，規定の趣旨目的を理由としてみだりに文理から離れた拡張解釈や類推解釈を行うことは許されない。特に，問題となっている租税法の規定の文言について，文理解釈によってその意義を明確にすることができる場合には，納税者側としては，その文理解釈が厳格に適用されるべきことを主張することができる（ガーンジー島事件（第4節②(2)②），ホステス報酬源泉徴収事件（第4節②(2)③），武富士事件（第4節②(2)④））。したがって，納税者側としては，まずは，問題となっている租税法の規定の文言について，判例，租税法の他の規定，他の法分野における用語法等を徹底的に調査し，当該文言の意義を明確にすることができないかを検討することが有効である。

　もっとも，文理解釈のみでは規定の意味内容を明らかにすることが困難であると判断された場合には，その規定の趣旨目的をも参照して解釈が行われる（映画フィルムリース事件最高裁判決（第3節②(1)②，第4節②(2)①））。また，最高裁は，課税減免規定をその本来の趣旨目的から著しく逸脱する態様で利用して納税を免れようとするような場合について，文理から離れて納税者に不利な解釈を行う余地を残している（外国税額控除事件最高裁判決（第4節②(1)））。したがって，納税者側としては，第一次的には文理解釈に基づく主張を展開しつつも，当該規定の趣旨目的を踏まえた主張も行っておく必要がある。その場合，当該規定の立法時における国会での議論や，立案担当者の解説等をも参照

してその趣旨目的を把握したうえで，納税者の行為が当該規定の趣旨目的に反しないことを説得的に主張する必要がある。その際，納税者の行為が租税回避目的以外の観点からは説明できないようなものなのか，それとも独自の事業上の目的を有するものであるかが分水嶺になることがある。納税者としては，自ら選択した行為が事業上の目的を有する合理的な経済活動であることについて，裏付けをもって主張立証することができるよう，意思決定に至る過程の段階から意識をしておく必要がある（このポイントは(3)の一般的否認規定と共通する）。

(3) 一般的否認規定の適用を争う（第5節③参照）

　一般的否認規定の適用においては，その行為・計算が法人税の負担を「不当」に減少させるものであるか否か，という点が最大の争点となる。そして，判例は，「不当」の判断基準として，同族会社等の行為・計算の否認規定（法人税法132条1項）については純粋経済人基準（もっぱら経済的，実質的見地において当該行為計算が純粋経済人の行為として不合理，不自然なものと認められるか否か）を，また組織再編成に係る行為・計算の否認規定（同法132条の2）については濫用基準（組織再編税制に係る各規定を租税回避の手段として濫用するものか否か）を，それぞれ採用している。

　純粋経済人基準においては，納税者側としては，税務当局が主張する「不当」の評価根拠事実を踏まえつつ，「不当」の評価を否定するために，自らが実行した行為・計算が，正当な理由ないし事業目的に基づくものであって，独立当事者間で通常行われる取引と異なるものではなく，何ら異常ないし変則的なものでないことを主張立証していくこととなる。

　また濫用基準においては，納税者側としては，やはり税務当局が主張する「不当」の評価根拠事実を踏まえつつ，「不当」の評価を否定するために，(i)当該行為・計算が不自然なものではないこと，および(ii)当該行為・計算を行うことの合理的な理由となるような事業目的等が存在することの2点を中心に，濫用を否定する事情を主張立証していくことになる。

　いずれの基準の場合においても，その行為・計算に至る意思決定の過程を，議事録等の証拠によって立証することが有効である。また，問題となっている

行為・計算に限らず，納税者の一連の行動が，一貫してその正当な理由や事業目的に基づいていること（全体のストーリーの合理性）について，広い視点から事情（間接事実）を拾い上げて丁寧に説明し，税務当局や裁判所の理解を得ることが重要である。当然，これらの証拠や間接事実は，税務当局と争いになった後に作り出すことはできない。意思決定に至る過程の段階から，税務の観点を踏まえたプランニングを行うことが有益である。

第4章

グループ内取引が争点となる事案

　本章では，税務訴訟に発展しやすい事案の一つとして，グループ内取引を扱う。グループ会社化が進む一方で，課税関係が複雑になったことや，グループ内取引においては独立の第三者間での取引とは異なる取引形態の選択や価格決定がなされる傾向にあることから，グループ内取引は，税務上の論点を引き起こしやすい。

　グループ会社内で利益移転がなされると，いわゆる寄附金課税（法人税法37条7項・8項）や，クロスボーダー取引であれば移転価格税制の問題が生じうる。また，グループ内取引の中には，株主の立場で行われる出資や分配（剰余金の配当，自己株式の取得等）など，取引の全部または一部が資本等取引（法人税法22条5項）に該当し，特別な考慮を要する類型も存在する。本章では，グループ内取引を通常の事業活動として行われる取引（第2節）と，株主と法人の立場で行われる取引（株主法人間取引，第3節）に分け，検討を加える。

第1節 総論

　本章では、法人課税に関する訴訟において特に問題となる、グループ内取引を扱う。

　法人課税の場面においてグループ内取引が税務訴訟に発展しやすい主な理由としては、次の2点が挙げられる。

---
① 会社法等の整備によりグループ会社化が進む一方で、課税関係が複雑になったこと
② グループ内取引においては、グループの一体的経営等の観点から、独立の第三者間での取引とは異なる取引形態の選択や価格決定がなされる傾向にあること
---

　①について、日本においては、平成10年前後から、国内企業の競争力を高めるために組織再編の要請が強まり、会社法制およびそれを受けた法人税制において、グループ会社化を促進する制度変更が行われた。会社法制においては、平成9年の独占禁止法改正により、いわゆる純粋持株会社が解禁された。これを受け、持株会社の設立を容易にするため、平成11年の商法改正により「完全親会社」の規定が新設され、完全親会社を設立する簡易な方法として株式交換および株式移転の制度が設けられたほか、翌平成12年の商法改正により会社分割（吸収分割、新設分割）の制度が設けられ、柔軟な組織再編が可能となった。

　これらの会社法制の整備に伴い、法人税制においてもグループ会社化に関する税制が整備された。特に、平成13年に組織再編税制が、平成14年に連結納税制度がそれぞれ導入され、さらに平成22年にはグループ法人税制が導入されたことにより、グループ内での組織再編やグループ経営の課税関係が大きく変更

されることになった。これに伴い，グループ内取引に関する法人税制が複雑化し，納税者と税務当局の間で，税法の解釈適用についてしばしば大きな対立が生じるようになった。

また②について，グループ内取引においては，独立の第三者（企業）間における取引と異なり，一方の会社が他方の会社を支配し，または影響力を行使することが可能であること等から，必ずしも交渉原理が働かないことが多い。それゆえ，グループ内取引においては，グループの一体的経営等の観点から柔軟な取引形態の選択や価格決定をなし得る反面，グループ全体としての実効税率を軽減させるような利益移転を容易に行うことができる。典型的には，繰越欠損金のある会社をあえて取引に介在させる方法や，適正な時価以外で取引を行う方法が挙げられる。これらは独立企業間では行われることが少ない取引であり，グループ会社間であるからこそ生じやすい問題である。このようなグループ内取引については，税負担の公平のために設けられた諸税制の適用が問題となるが，これについては，以下で見ていくとおり，これまでに裁判例が積み重なっており，一定の判断基準が明らかとなっている。

本章では，グループ内取引で生じる税務問題を，大きく，売買等の通常の事業活動としてなされる取引に関する問題（**第２節**）と，出資や分配（剰余金の配当や自己株式の取得など）をはじめとする，法人が株主としての地位に基づいてその発行法人との間で行う取引（株主法人間取引）に関する問題（**第３節**）とに分けて，検討する。

なお，以下では，**第３章第５節**で検討した法人税法132条（同族会社の行為又は計算の否認）や132条の２（組織再編成に係る行為又は計算の否認）といった一般的租税回避否認規定が適用されない場合を念頭に置いて検討を進める。

第4章　グループ内取引が争点となる事案

第2節

通常の事業活動としてなされる取引に関する諸問題

1　適正な時価による取引の問題

(1)　無償・低額取引の場合の課税上の取扱い（寄附金課税）

　民法上は，契約自由の原則から，当事者の真の合意があれば，時価と異なる価額で取引しても，ただちに法的問題を生じるわけではない。しかし，税法上，適正な時価以外による取引が行われた場合は，時価取引とみなして課税が行われる場合がある。法人税法22条2項は，法人が，無償による資産の譲渡を行った場合であっても益金が生じ，時価で譲渡した場合と同様に課税する旨規定している。

　法人税法において，なぜ無償譲渡が時価取引と同様に課税されるのかという点については，いくつかの考え方がありうるが，基本的には，かかる無償譲渡を2段階に分けて考えるとわかりやすい。すなわち，無償譲渡を，①譲渡法人が時価で譲受法人に資産を譲渡し，時価相当額の対価を受け取る，②その直後に譲渡法人が譲受法人に対価を寄附する，といった2段階に分けて考えるという方法である。①については，譲渡者が時価相当額の対価を受け取っているため，時価相当額の益金が発生し（法人税法22条2項），②については，寄附金は一定限度を除き，損金に算入されないこととなる（法人税法37条7項・8項）。

　寄附金を損金に算入できない場合には，時価相当額の対価が①の益金の額に加算されるものの，譲受法人への寄附が損金にならないため，譲渡法人においては時価取引を行った場合とほぼ同様の課税関係となる。一方，譲受法人は，無償で資産を取得しているため，資産の時価相当額が益金となる（法人税法22条2項）。

したがって，税務上，譲渡法人には時価相当額の譲渡益が発生し，譲受法人には受贈益が発生する。このように，無償譲渡が行われた場合は，それが時価取引に引き直されたうえで，譲渡法人と譲受法人が二重に課税されることになる。

そして，法人税法22条2項の適用範囲には，無償譲渡のみならず低額譲渡も含まれると解されており，上記の説明は，基本的に低額譲渡にも同じく妥当することになる。

他方，高額譲渡の場合は，譲渡法人は単純に高額で資産を売却したものとして課税されるだけであるので，それが時価取引に引き直されるということはない。一方，譲受法人は，時価を超える部分を譲渡法人に寄附したものとされ，当該部分は取得価額を構成しないことになるため，その後に時価で売却した際にも，当該部分については損金の額に算入されないことになる。

なお，取引当事者間に法人による完全支配関係（一方が他方の発行株式の全部を保有する関係）があり，グループ法人税制が適用される場合には，寄附金に対応する受贈益は益金に算入されないことから（法人税法25条の2第1項），譲渡のタイミングにおいて二重に課税されることはない。

(2) クロスボーダー取引の場合の課税上の取扱い

以上に述べたほか，詳細は別稿に委ねるが，クロスボーダーのグループ会社間における取引の場合は，さらに移転価格税制の適用がありうる。移転価格税制は，内国法人が親子関係など特殊の関係にある海外法人（国外関連者）との間で資産の販売・購入，役務の提供その他の取引（国外関連取引）を行うことを通じて，所得を海外に移転させることに対処するための税制である。

たとえば，内国法人が，国外関連者に対して通常よりも低い価格で資産を譲渡し，あるいは国外関連者から通常よりも高い価格で資産を譲受けたような場合に，当事者間で合意されたとおりの価格で内国法人の益金ないし損金を算入すると，通常の価格で取引が行われた場合と比較して内国法人の所得が低く計算され，結果的に，内国法人の所得が国外関連者に移転する結果となる。そこで，移転価格税制の下では，国外関連取引において内国法人が国外関連者から支払を受ける対価の額が，特殊の関係にない相互に独立した当事者間の取引に

おいて通常設定される対価（独立企業間価格）に満たないとき（低額譲渡等），または，内国法人が国外関連者に支払う対価の額が独立企業間価格を超えるとき（高額譲受等）は，当該内国法人の所得の計算において，その取引が独立企業間価格で行われたものとみなされる（措置法66条の4第1項）。移転価格税制が適用されるか否かは，上記のとおり，国外関連取引における対価の額が，独立企業間価格に満たない（または独立企業間価格を超える）か否かによって決せられるため[1]，裁判例では，個々の取引において，独立企業間価格がどのように算定されるかが争点となっている[2]。

2　寄附金課税に係る裁判例

(1)　労務提供契約—出向負担金事件（納税者敗訴）

　グループ内においては，子会社や関連会社に対して，親会社の社員を出向させる事例が多くみられる。出向とは，元の企業（出向元企業）との間で従業員としての地位（労働契約関係）を維持しながら，他の企業（出向先企業）においてその指揮命令に従って就労させることをいう[3]。グループ内における出向の目的は多様であるが，①子会社に対する経営・技術指導，②従業員の能力開発・キャリア形成，③雇用調整，④中高年齢者の処遇等が挙げられる。出向期間中の法律関係については，基本的な労働契約関係は出向元企業と出向者との

---

[1] 上記(1)のとおり，無償譲渡や低額譲渡のような適正な時価以外の取引の場合に，時価取引とみなして課税を行う規定として，法人税法22条2項および37条7項・8項が存在する。これらの規定は，文言上はクロスボーダー取引を排除するものではないことから，移転価格税制との適用関係が問題となる。これについては，たとえば，無償取引と有償取引（低額取引）とを区別したうえで，無償取引は「国外関連取引」には該当しないことから移転価格税制（措置法66条の4第1項）は適用されず，法人税法37条7項および措置法66条の4第3項に基づいて寄附金の全額が損金不算入とされるのみである一方，有償取引には法人税法37条8項に優先して措置法66条の4第1項が適用され，移転価格税制が適用されるとする見解がある（伊藤雄二「無償取引と移転価格税制—無償取引をめぐる移転価格税制と寄附金規定の関係について—」税大ジャーナル2号69頁以下）。

[2] アドビ事件（東京地判平19・12・7訟月54巻8号1652頁，東京高判平20・10・30税資258号順号11061，確定），ホンダ事件（東京地判平26・8・28税資264号順号12520，東京高判平27・5・13ウエストロー2015WLJPCA05136001，確定）等。

[3] 菅野和夫『労働法（第11版）』（弘文堂，2016年）690頁。

間で維持されるが，労働契約上の権利義務の一部は出向元企業から出向先企業に譲渡されることになる。近時は，日本企業の海外進出に伴い，合弁会社や海外の子会社に出向させる例も増加している。

出向に関する税務問題として，主に(i)出向先から出向元に対して支払われる出向負担金の決定方法の問題と，(ii)海外の税制の問題が存在する。このうち，(i)が問題となった裁判例である出向負担金事件を取り上げる（東京地判平23・1・28税資261号順号11603，東京高判平23・10・27税資261号順号11802，上告不受理（最決平24・6・26税資262号順号11976））。

なお，(ii)については，たとえば出向先の法人の所在国によっては，日本で支払う出向負担金についてもその所在国で納税しなければならない場合や，出向者がPE認定される事例もあるため，出向を検討する際には，専門家のアドバイスを踏まえ，日本のみならず海外の税制にも注意する必要がある[4]。

① 事案の概要

X社は，平成15年から平成18年にかけて，その100％子会社であるS社に対して自社の社員を出向させて，S社がX社に出向負担金を支払うという出向に係る協定書を締結した。協定書において，出向負担金は，出向社員のX社における給与の50％とされていた。かかる協定書に基づき，S社は，X社に対し，出向期間中の出向社員の給与総額（10億円）のうち50％分を支払い（出向負担金），残りの50％分は，X社が，S社から支払を受けた分と併せて出向社

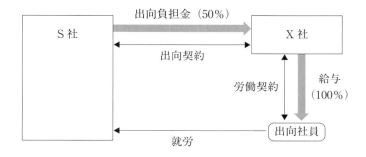

---

[4] 経済産業省貿易経済協力局貿易振興課「新興国における課税問題の事例と対策（詳細版）」（平成25年9月）参照。http://www.meti.go.jp/publication/downloadfiles/shinkoukoku_syosai.pdf

員に支払った。X社は，自らが負担した50％分（以下，この部分を「給与負担差額」という）を損金の額に算入した。これに対し，税務当局は，X社が負担した給与負担差額はX社のS社に対する寄附金であると認定し，損金の額に算入することを否認し，課税処分を行った。

② 主な争点

本件では，出向社員は出向先であるS社に対してのみ労務を提供しているのに対し，その出向社員に対する給与の50％を出向元であるX社が負担している。そこで，X社が負担した50％相当額（給与負担差額）について，それがS社に対する「寄附金」（法人税法37条）に該当するかどうかが争点となった。

③ 裁判所の判断

結論としては，第1審，控訴審ともにX社が敗訴し，最高裁は上告を受理しなかった。

まず，裁判所は，法人税法37条の「寄附金」についての一般論として，「民法上の贈与に限らず，経済的に見て贈与と同視し得る資産の譲渡又は利益の供与であれば足りるというべきである」と判示した。そして，「ここにいう『経済的に見て贈与と同視し得る資産の譲渡又は利益の供与』とは，資産又は経済的利益を対価なく他に移転する場合であって，その行為について通常の経済取引として是認できる合理的理由が存在しないものを指す」と判示した。

そのうえで，X社が負担した給与負担差額の寄附金該当性について，「出向者に対する給与は，労務の提供を受ける出向先法人において負担するのが原則である」から，「出向元法人が出向者に対する給与の全部又は一部を負担している場合には，このような負担をすることについて通常の経済取引として是認できる合理的な理由がなければ，出向元法人が負担した金額は，出向先法人に対して経済的利益を供与したものということになり，法人税法37条の寄附金に該当する」との解釈を示した。そして，「合理的な理由」に関し，出向元法人の給与条件と出向先法人の給与条件とに較差（給与較差）がある場合に，その補填のために出向元法人が出向社員に対して支給する金額については，「本来の雇用契約に基づくものであり，また，その出向は出向元法人の業務の遂行に関連して行われるのが通常であって，出向元法人が給与の較差部分に相当する金額を負担することには合理的な理由があるということができ，その負担部分

に係る金額は，法人税37条の寄附金には該当せず，出向元法人において損金の額に算入できるものとすることが相当である（基本通達9－2－47は，その旨を定めている。）」と判示した。

　以上のような解釈を前提に，裁判所は，以下の諸点を挙げて，本件においてＸ社が給与負担差額を負担したことについて，給与較差を補塡するためであったとはいえ，「合理的な理由」はないと判断した。

> (i) 出向社員の給与の一部をＸ社が負担すること，およびその負担額を給与の50％相当額とすることが決定された時点で，Ｓ社にプロパー従業員は存在せず，プロパー従業員に係る賃金表も作成されていなかったものであり，Ｘ社とＳ社との間に具体的な給与較差が存在したものと認めることはできない。
> (ii) Ｓ社がＸ社の子会社であり，Ｘ社の他の子会社の給与ベースがＸ社よりも低いことからすれば，Ｓ社の給与ベースも同様にＸ社より低いものとされることが自然であるということができ，このことをもって，Ｘ社とＳ社との間に給与較差が存在したと見る余地があるとしても，その給与較差は，いまだ抽象的な，または一般的なものにとどまっていたものというほかない。
> (iii) Ｘ社は，Ｘ社とＳ社との間には41.1％から46.0％の給与較差が存在した旨主張するが，上記の数値は事後的に算出されたものにすぎず，Ｘ社の負担額（50％）が決定された時点で，Ｘ社において，上記のような給与較差の存在および程度が認識されていたものではない。
> (iv) 給与較差を補塡するために出向社員に係る給与の一部を負担するのであれば，各出向社員の個別の給与較差を具体的に算出したうえでその負担額を決定すべきものと解されるところ，本件においては，各出向社員につき一律に，Ｘ社が主張する上記の給与較差をも上回る50％の割合でその給与の一部をＸ社が負担していたものであり，その具体的な根拠は明らかでない。
> (v) Ｘ社の負担額の決定にあたって，本件の出向がＸ社の都合で行われるものであることや，Ｓ社に出向社員の給与全額を負担させることは困

> 難であることなど，X社とS社との間の給与較差の存在および程度とは直接に関係のない事情が強く考慮された。

　以上のとおり，裁判所は，X社が給与負担差額を負担することに「合理的な理由」はなく，給与負担差額は寄附金に該当するとして，これを前提とする課税処分を是認した。

④　分析・検討

　一般に，寄附金該当性の要件として，(a)資産または経済的利益を対価なく他に移転する場合であって（対価要件），かつ(b)その行為について通常の経済取引として是認できる合理的理由が存在しないもの（合理性要件）である必要があるとされており[5]，本件においても，裁判所はこの考え方を採用している。そして，裁判所は，出向社員の給与は出向先法人が負担するのが原則であるから，出向元法人がこれを負担することは(a)資産または経済的利益を対価なく他に移転する場合に該当すると判断したものと位置付けることが可能である。このため，本件では，(b)の合理性要件が主たる争点となったといえる。

　合理性要件は，単なる事実の存否だけの問題ではなく，「合理的な理由が存在しない」という評価が成立することを要件とする，いわゆる規範的要件である。そこで，税務当局において，出向元法人が給与負担差額を負担することが経済的行動として不合理であるという評価を基礎付ける事実（評価根拠事実）を主張立証し，出向元法人において，そのような評価を妨げる事実（評価障害事実）を主張立証すべきこととなる。裁判所は，その主張立証の状況を総合判断し，出向元法人が給与負担差額を負担したことについて，「合理的な理由が存在しない」と評価できるかを判断することになる[6]（もとより，税務当局が主張する評価根拠事実がそもそも認定できない場合や，それらの事実だけでは「合理的な理由が存在しない」とは評価できない場合には，税務当局の主張は成り立たないこととなり，納税者が主張立証した評価障害事実を考慮するまでもないこととなる）。

---

[5]　金子373頁，東京高判平4・9・24税資192号546頁，名古屋高金沢支判平14・5・15税資252号順号9121，東京地判平26・1・24判時2247号7頁等。

[6]　寄附金の要件について，このように解釈するものとして，今村隆『課税訴訟における要件事実論（改訂版）』（日本租税研究協会，2013年）106頁〜109頁参照。

第2節　通常の事業活動としてなされる取引に関する諸問題

　本件において，税務当局は，一般論として給与較差の補塡のために出向元法人が較差部分を負担する場合には，「合理的な理由」が認められることを前提としつつ，本件では，X社の社内資料等によれば具体的な根拠なくX社の負担額が50％と決定されたことから，X社が給与負担差額を負担したのは給与較差の補塡のためではなかったこと等（「合理的な理由が存在しない」ことの評価根拠事実）を主張した。これに対し，X社は，遅くとも平成17年12月までに完成したS社の賃金表によれば41.1％から46.0％の給与較差が存在していたこと，本件の出向が専らX社の利益（X社の経営環境悪化に伴う組織のスリム化と低コスト型外注体制の構築）のために行われるものであること，S社が出向社員の給与全額を負担した場合にはただちに倒産の危機に瀕する状況にあったこと等を主張していた。

　裁判所は，税務当局の主張を容れて，X社による給与負担差額の負担について，給与較差の補塡のためにされたものではないと認定し，「合理的な理由が存在しない」と評価した。このような評価を基礎付ける事情として裁判所が認定した諸点のうち，実務上は特に以下の点が重要である。

> (i)　X社は，X社とS社との間には41.1％から46.0％の給与較差が存在した旨主張するが，上記の数値は事後的に算出されたものにすぎず，出向社員の給与に係るX社の負担額が決定された時点で，X社において，上記のような給与較差の存在および程度が認識されていたものではないこと
> (ii)　給与較差の補塡のための負担であれば，各出向者の個別の給与較差を具体的に算出したうえでその負担額を決するべきであり，本件のように41.1％から46.0％の個別の給与較差を上回る50％の割合でX社が給与の一部を負担していた具体的な根拠が明らかではないこと
> (iii)　本件の出向がX社の都合で行われるものであることや，S社に出向社員の給与全額を負担させることが困難であることは，それだけでは「合理的な理由」にならない（評価障害事実にならない）とされたこと

　(i)および(ii)は，納税者として「合理的な理由」の存在を裏付けるために作成しておくべき資料に関して，重要な示唆を含んでいる。まず，(i)に関し，実務

上，取引当時には資料が存在しておらず，事後に資料を作成することもあるが，そのような資料の証拠力（証拠が，立証命題である事実の存否について，裁判官の心証に与える影響）は低く評価されることが多い。本件では，取引後に作成された給与較差に関する資料（Ｓ社の賃金表）が証拠として提出されている。このような資料は，取引当時に作成された資料と比較すると，取引当時に給与較差が存在したという事実や，給与負担差額の負担がその給与較差の補塡のためにされたという事実の立証との関係では，証拠力は高くない。

　また，(ii)について，裁判所は，「合理的な理由」との関係で，個別の取引ごとに具体的な根拠が必要であり，一般的抽象的な根拠では足りないことを示している。

　したがって，納税者側としては，取引に「合理的な理由」があることを裏付けるため，(i)取引時に適時に，(ii)個別の取引の合理性を示す具体的な根拠となるような資料を作成しておくことが有益である。

　(iii)は，寄附金該当性の要件との関係で，納税者としていかなる事実を主張立証するかを適切に検討する必要があることを示している。出向負担金に関していえば，実務上は，グループ経営上の観点や，子会社を設立したばかりで当該子会社に出向社員の給与全額を負担させることができない等の事情から，出向元法人が差額を負担する必要性が存在することもある。しかし，このような必要性も，上記(iii)によれば，「合理的な理由が存在しない」との評価を妨げる事情ではないとされる可能性がある。したがって，出向元法人における給与の負担が寄附金に該当するかどうかが争点となる場合には，出向元法人として，いかなる事実および証拠が，給与の負担が給与較差の補塡のためであることの主張立証に資するのか（合理性要件の評価障害）を裁判例に照らして十分検討する必要がある。また，出向元法人が給与の一部を負担している場合において，出向元法人が社員を出向させることによって得られる経済的利益を主張立証し，「資産又は経済的利益を対価なく他に移転」したものではないと主張する（対価性要件）ことも，裁判例上は否定されていないと考えられるため，検討する余地がある[7]。

　7　戸島利夫『出向・転籍の税務（四訂版）』（税務研究会出版局，2014年）47頁は，「出向者に対して支給する給与の額の一部を出向元法人が負担している場合であっても，そ

(2) 資産譲渡契約―岡三証券グループ事件（第1審：納税者敗訴，控訴審：納税者勝訴）

次に，グループ内における知的財産（ソフトウェア）の譲渡が問題となった岡三証券グループ事件を検討する（東京地判平21・2・5税資259号順号11138，知財高判平22・5・25税資260号順号11443，確定）。グループ内においては，子会社や関連会社が，親会社等において利用されるソフトウェアを開発し，親会社等から開発の対価として一定の金銭が支払われることがあるが，そのような対価の支払が正当化されるか（グループ会社間での寄附金に該当しないか）が問題となることがある。

① 事案の概要

X社は，昭和55年に100％子会社であるS社にソフトウェア（以下「旧ソフトウェア」という）を譲渡した。その後，S社が譲り受けた旧ソフトウェアに新たな機能を追加すべく改変を加えるなど，ソフトウェアの開発を行った（以下「新ソフトウェア」という）。当該開発に要する費用約32億円は，X社が負担した。

その後，第三者であるA社が，新ソフトウェアを譲り受けることを望み，A社とS社との間でソフトウェアの譲渡契約の交渉が行われたが，A社から，

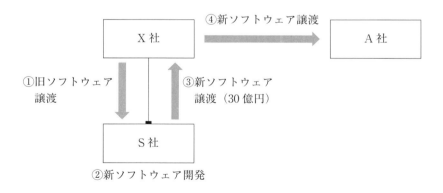

の負担額に相当する額だけ出向元法人が出向先法人に対して支払う手数料や外注費を安くするなどにより，実質的に相互に経済的利益の供与関係が生じないように調整されていることが明らかなとき」には，寄附金の問題は生じないとしている。ただし，この点については裁判例は明確に述べていない。

S社の信用力が不足しているため，まず上場企業であるX社がS社から新ソフトウェアを譲り受けたうえ，X社がA社に対して転売するよう要望が出された。X社はA社の要望を受け入れ，平成15年10月，まずX社がS社から新ソフトウェアを30億円で譲り受け，さらにX社がAに対してこれを譲渡した。

　連結親法人であるX社は，平成15年度における連結事業年度の法人税について，S社に支払った30億円を損金の額に算入して連結納税の申告を行った。これに対し，税務当局は，新ソフトウェアの著作権はX社にあり，S社に対して支払った30億円は，譲渡対価ではなく，寄附金（法人税法81条の6第2項）に該当するとして，X社に対して更正処分を行った。

② 主な争点

　本件の主な争点は，X社からS社に対して支払われた30億円が寄附金に該当するか否かである。すなわち，新ソフトウェアの著作権の帰属について，著作権法15条の規定（職務著作）に基づき，新ソフトウェアの著作権はいったん原始的に子会社に帰属したことについては当事者に争いがなかった。

　その上で，税務当局は，新ソフトウェアはX社の業務上必要不可欠であるのに対してS社にはその必要性がないことや，開発費もX社が負担したものであることから，完成の都度，その開発による著作権はX社に移転するとの（黙示の）合意があったとみることが自然であって，新ソフトウェアの著作権は，平成15年10月にS社からX社への譲渡契約が締結される以前に，すでにX社に帰属していたものであると主張した。そして，これを前提に，税務当局は，X社がS社に対して支払った30億円は，新ソフトウェアの著作権の対価であるとはいえず，むしろS社が当時抱えていた77億円もの含み損を処理するためにS社へのソフトウェア対価支払という外形が作られたものであるとして，寄附金に該当すると主張した。

　これに対してX社は，新ソフトウェア開発をS社が担ったのは，証券業務関連のソフトウェアはS社に集約するというX社グループの戦略に基づくものである等として，新ソフトウェアの著作権は平成15年10月に至るまでS社に帰属しており，X社に黙示的にも譲渡されたことはないと主張した。

③ 裁判所の判断
(a) 第1審判決
　第1審は納税者敗訴の判決を下した。すなわち，職務著作として新ソフトウェアの著作権はいったん原始的にS社に帰属したうえで，X社とS社との間で，開発費の支払のたびに新ソフトウェアをS社からX社に移転させる黙示の譲渡の合意が存在したと認定した。そして，黙示の譲渡の合意に基づき，新ソフトウェアの著作権はX社に帰属していた以上，開発費とは別にX社がS社に対して支払った30億円はソフトウェアの著作権の対価ではなく，全額が損金算入されない寄附金に該当するとした。

　なお，第1審では，別件の支出が交際費に該当するか否かについても争点となっており，これについても納税者敗訴とされた。

(b) 控訴審（知財高裁）判決
　X社は第1審判決に対して控訴したが，交際費の争点については控訴しなかったため，控訴審では，X社がS社に対して支払った30億円の「寄附金」該当性のみが争点となった。

　控訴審である知財高裁は，税務当局が主張するようなS社のX社に対する黙示の譲渡の合意は認められず，平成15年10月時点に至るまで新ソフトウェアの著作権はS社に帰属していたので，同月にX社がS社に対して支払った30億円は寄附金に該当しないと結論付け，第1審判決を取り消し，納税者勝訴の判決を下した。

　まず，知財高裁は，ソフトウェアの著作権の帰属に関する一般的な法解釈として，「一般的に，著作権は，不動産の所有者や預金の権利者が権利発生等についての出捐等によって客観的に判断されるのと異なり，著作物を創作した者に原始的に帰属するものであるから（著作権法2条1項2号・17条），ソフトウェアの著作権の帰属は，原則として，それを創作した著作者に帰属するものであって，開発費の負担によって決せられるものではなく，システム開発委託契約に基づき受託会社によって開発されたプログラムの著作権は，原始的には受託会社に帰属するものと解される。」と判示した。これを前提に，知財高裁は，本件の場合について，「明示の特約があるか，又はそれと等価値といえるような黙示の合意があるなどの特段の事情がない限り，X社が本件ソフトウェア

(注：新ソフトウェア)の開発費を負担していたという事実があったとしても，そのことをもって，直ちに，その開発費を負担した部分のソフトウェアの著作権が，その都度，委託者であるＸ社に移転することはないというべきである。」と判断した。

そして，知財高裁は，「黙示の合意があるなどの特段の事情」の有無に関し，「本件ソフトウェア(注：新ソフトウェア)の著作権が，……黙示の合意に基づき，開発若しくは改良の都度，Ｘ社に移転していたとすると，本件旧ソフトウェア(注：旧ソフトウェア)の著作権はＳ社に残ったままで，それを改良若しくは開発した部分の著作権のみが少しずつ移転していたことになる」(注は筆者)が，Ｘ社とＳ社との間にそのような認識があったことを示す証拠は存在せず，また，そのようなソフトウェア著作権の分属状態は決して正常なものとはいえないから，明示の契約がない状態で，当事者間にそのような著作権の分属状態を容認する意思があったと推認することはできない，と判断した(その他の税務当局の主張も排斥した)。

第１審が「黙示の合意」を認定する根拠として挙げた事実と，それらに関する知財高裁の評価等を対比すると，次の【図表４－１】のように整理することができる。

【図表４－１】　第１審および知財高裁による判断の対比

第１審による「黙示の合意」の根拠事実	知財高裁の認定・評価
(ⅰ) Ｘ社は，昭和55年以降，Ｓ社が開発した新ソフトウェアを，Ｘ社の証券業務等を行うために，Ｘ社に置かれた端末を通じて日常的に利用しており，新ソフトウェアを利用するうえでの不具合や機能追加の必要性があればＳ社に伝え，Ｓ社においてＸ社の利用上の便宜に応えるために，システムの開発・改善が加えられていたこと	(ⅰ)' 【評価】ソフトウェアの改良等の指示を誰が行ったかということとそのソフトウェアを創作した者が誰であるかは別問題であるから，Ｘ社が新ソフトウェアの具体的な改良指示をしていたことは，新ソフトウェアの著作権の帰属を左右する事実ではない

(ii) X社とS社との間で, S社が新ソフトウェアの利用をX社に許諾する旨の契約が締結されていないこと	(ii)' 【他の認定事実】X社とS社の間で, X社がS社に対して情報処理を委託する旨の契約が締結されていたこと ⇒【評価】情報処理委託契約に利用許諾契約的要素を含まないのは当然であり, 著作権がX社に移転されたことの根拠とならない
(iii) X社は, 各事業年度において, 一貫して, 新ソフトウェアを, X社の減価償却資産である無形固定資産として資産計上していたこと	(iii)' 【他の認定事実】X社が新ソフトウェアを無形固定資産に計上した経緯は, 税務当局から, S社へ支出した事務委託費中のSEサービス料のうち, システム開発・研究に要したと考えられる部分の費用については当期中の損金とせず, 繰延資産に計上するよう求められたためであること ⇒【評価】X社が新ソフトウェアを無形固定資産に計上していたからといって, 新ソフトウェアの著作権がX社に帰属しているという認識を有していたことの根拠にはならない
(iv) 本件ソフトウェアは, X社のコンピュータ運用部門が開発し, X社自身の証券業務のために用いられていた汎用性のない旧ソフトウェアを, X社の指示に従って改変したものであり, X社の証券業務目的以外には経済的価値を見出し難いこと	(iv)' 【他の認定事実】S社は, X社のみならず, 他の証券各社からもデータ処理業務の委託を受けており, このうち少なくとも3社は直接S社と業務委託契約を締結してデータ処理業務を委託し, その事務委託料を直接支払っていたこと ⇒【評価】新ソフトウェアは, 他の証券会社の業務にも用いることのできる汎用性のあるものと認められ, X社の証券業務に用いることのみに特化していると認めることはできない

④ 分析・検討

本件では, X社からS社に対する30億円の支払が, 資産または経済的利益を対価なく他に移転する場合に該当し（対価要件を充足し）,「寄附金」に該当

するかどうかが問題となっている。具体的には，本件ソフトウェアの著作権が開発・改良の都度S社からX社に移転していたか，それともS社に留まっていたかが争点となった。すなわち，平成15年10月にS社からXへの譲渡契約が締結されるまでの間に，すでに本件ソフトウェアの著作権がX社に移転していたとすれば，当該譲渡契約に基づく30億円の支払には対価性は認められず（対価要件），そのような支払に合理的な理由は認め難いであろうから（合理性要件），30億円の支払は寄附金に該当することになる。逆に，本件ソフトウェアの著作権がS社に留まっていたとすれば，X社がS社に支払った30億円は，本件ソフトウェアの対価であり（対価要件），寄附金に該当しないことになる。

　この点につき，知財高裁は，まず著作権法の解釈上，ソフトウェア開発契約におけるソフトウェアの著作権は，委託者が受託者に対して開発費を支払っていたとしても，原則として受託者に帰属することを明らかにし，委託者に当該ソフトウェアの著作権が帰属するのは，明示の特約があるか，それと等価値といえるような黙示の合意があるなどの特段の事情がある場合に限られるとした。そこで，税務当局は，対価要件を充足するとの主張の前提として，特段の事情を主張立証する必要があることになる。本件では，当該特段の事情が認められるに足りる証拠はないことから，著作権はS社に帰属しており，上記30億円の支払は対価要件を充足せず，「寄附金」に該当しないと判断された。

　このように，知財高裁の判断は，法人税法上の寄附金該当性との関係で著作権の帰属が問題となる場面においても，租税法独自の観点から著作権の帰属を判断するのではなく，あくまでも私法である著作権法上の解釈に基づいて著作権の帰属を判断している。また，知財高裁は，「黙示の合意があるなどの特段の事情」に該当する具体的な事実の認定においても，税務当局が主張する黙示の合意によれば著作権の分属という不合理な事態が生じることを指摘し，明示の契約がない中で当事者に著作権の分属状態を容認する意思があったと推認することはできないとした。知財高裁は，課税要件の前提となる私法上の法律関係については，租税法独自の観点を持ち込んで判断するのではなく，あくまでも純粋な私法レベルにおける解釈論に基づいて判断すべきとの立場を前提にしているものといえる（**第3章第3節**参照）。

　本件は，「寄附金」該当性という典型的な税務訴訟の論点が問題となった事

案であるが，真の争点は，ソフトウェアの著作権の帰属という，著作権法の解釈適用の問題であった。X社側が著作権法の理解に基づいた主張立証を行ったことが，本件の勝敗を分けるポイントになったように思われる。

　なお，本件のように，知的財産にかかわる争点が重要な事案において，第1審で敗訴した場合には，知財高裁への控訴という選択肢を検討すべきである。本件における著作権の帰属のように，知的財産特有の解釈論が真の争点となる場合，知的財産に関する事件を日常的に取り扱う知財高裁の方が，結果として納税者の主張をよく理解してもえる可能性がある。ただし，知財高裁に控訴する場合には，「主要な争点の審理に知的財産に関する専門的な知見を要する事件」である必要がある（知的財産高等裁判所設置法2条3号）。本件においても，仮にX社が知的財産と無関係な交際費該当性の争点についても控訴していた場合には，知財高裁への控訴が認められないことも考えられたという点に注意を要する。

第3節

株主法人間取引に関する諸問題

1 株主法人間取引の特殊性[8]

　以下では，株主が株主たる地位に基づいてその発行法人と行う取引を，「株主法人間取引」と呼び，検討を加える。株主法人間取引の典型は，株主の法人に対する出資（Contribution）と，その反対である法人の株主に対する分配（Distribution）である。出資には新株の発行や自己株式の交付等が，分配には剰余金の配当や自己株式の取得等が該当する。

　株主法人間取引は，**第2節**の通常の事業活動としてなされる取引とは，主として以下の点において異なる性質を有している。

> ① 法人側では，原則として，資本等取引[9]となるため，法人の益金・損金の額に影響を与えない（法人税法22条2項・3項）。
> ② 他の株主との間で権利関係（持分割合・経済的利益）が変化する。

　まず，①の性質に関して，株主法人間取引は，法人側においては資本等取引に該当し，課税関係は生じないのが原則であるが，中には，損益取引としての性質をも含んだ取引（いわゆる混合取引）の類型が存在しており（典型的には，現物配当）[10]，法人側における課税関係が複雑になる場合がある。

　8　岡村忠生『法人税法講義（第3版）』（成文堂，2007年）316頁以下参照。
　9　資本等取引とは，法人の資本金等の額の増加または減少を生ずる取引，ならびに法人が行う利益又は剰余金の分配および残余財産の分配または引渡しをいう（法人税法22条5項）。
　10　金子宏「法人税における資本等取引と損益取引―『混合取引の法理』の提案」租税研究723号7頁以下参照。

次に、②の性質に関して、株主法人間取引においては、法人と取引を行う株主のみならず、他の株主との関係においても課税関係が生じないかが問題となることが多い。

このように、株主法人間取引については、法人税法上、通常の事業活動としてなされる取引（第2節）とは異なる考慮が必要である。

以下では、株主法人間取引を、出資（Contribution）の場面と分配（Distribution）の場面とに分けて、それぞれ課税関係および裁判例を検討する。

2 出資（Contribution）に関する税務訴訟—有利発行

(1) リーディング・ケース
　　—オウブンシャホールディング事件（納税者敗訴）

　第三者割当増資に関するリーディング・ケースとなる最高裁判例として、オウブンシャホールディング事件（東京地判平13・11・9訟月49巻8号2411頁、東京高判平16・1・28訟月50巻8号2512頁、最判平18・1・24集民219号285頁）が存在する。同事件は、グループ会社に対する第三者割当増資が有利発行として行われた場合、既存株主に対して課税が生じるか否かが争点となった。第三者割当増資の当事者は、あくまで発行法人と引受人であるが、それが有利発行である場合には、経済的価値（株式の資産価値）が、既存株主から引受人へと移転することになる。このため、既存株主と引受人が同一グループに属しているような場合には、両者が計画してこのような有利発行を行うことで、実質的に、グループ会社間で資産を無償譲渡するのと同等の効果を生じさせることができる。そこで、このような有利発行の場合に、既存株主から引受人に対し「無償による資産の譲渡」（法人税法22条2項）があった場合と同様に、既存株主に益金が生じるかどうかが問題となる。

　　① 事案の概要

　本件は、内国法人X社の完全子会社であるオランダ法人A社が、その発行済株式総数の15倍の新株を、X社の関連会社であるオランダ法人B社に著しく有利な価額で発行した事案である。税務当局は、X社の有するA社株式の資産価値のうち上記新株発行によってB社に移転したものを、X社のB社に

対する「無償による資産の譲渡」(法人税法22条2項)と認定し、X社に益金が生じたとしたうえで、同額の寄附金が生じたとして課税処分を行った。具体的な事実の経緯は以下のとおりである。

まず、X社は、平成3年9月、オランダにおいてA社を設立し、同社の株式200株の発行を受けた。A社は、持株会社としての活動、融資、投資等を目的としていたが、事業所や従業員を有しない、いわゆるペーパーカンパニーである。

また、財団法人Eは、平成7年2月当時、X社の発行済株式の49.6％を保有する筆頭株主であり、同月13日、オランダにおいて100％出資の子会社であるB社を設立した。当時、X社の取締役相談役が、財団法人Eの理事長、A社の代表取締役およびB社の取締役を兼任し、またX社の代表取締役が、財団法人Eの評議員、A社の代表取締役およびB社の取締役を兼任していた。

A社は、同日（平成7年2月13日）、株主総会において、B社に対する第三者割当増資を決議し、B社から払込みを受けて同社に3000株を発行した。これは、A社の発行済株式総数（200株）の15倍の株（3000株）を、A社資産の帳簿価額の約12％、時価相当額の約1％相当額という著しく有利な価額で割り当てるものであった。これにより、B社はA社の発行済株式の93.75％を保有するに至り、一方、X社のA社に対する持株割合は100％から6.25％に減少した。この持株割合の変化は、X社、A社、B社および財団法人Eが意思を相通じた結果であると裁判所に認定されている（後述）。

これにより、A社の増資前の資産価値の100％と増資後の資産価値の6.25％との差に相当する価値が、X社からB社に移転したが、その移転について、X

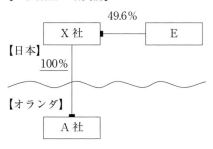

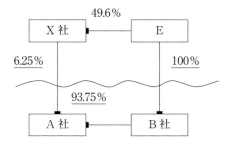

社がB社から対価を得ることはなかった。

② 主な争点

本件における有利発行により，既存株主であるX社から，引受人であるB社に対して，A社の資産価値が対価なしに移転していることから，X社に益金が生じるかが争点となった。具体的には，既存株主であるX社は，本件における有利発行の当事者ではないことから，上記のようなX社とB社の間の資産価値の移転が，法人税法22条2項にいう「取引」に係る収益に該当するかどうか問題となった。

③ 裁判所の判断

最高裁は，以下の事実を挙げて，X社からB社に対する資産価値の移転は，X社の支配の及ばない外的要因によって生じたものではなく，X社において意図し，かつ，B社において了解したところが実現したものということができるから，法人税法22条2項にいう「取引」にあたると判断した。

(i) X社は，A社の唯一の株主であったから，第三者割当増資を行うかどうか，だれに対してどのような条件で行うかを自由に決定することができる立場にあり，著しく有利な価額による第三者割当増資をA社に行わせることによって，その保有するA社株式に表章されたA社の資産価値を，同株式から切り離して，対価を得ることなく第三者に移転させることができたこと。

(ii) X社が，A社の唯一の株主の立場において，同社に発行済株式総数の15倍の新株を著しく有利な価額で発行させたのは，X社のA社に対する持株割合を100％から6.25％に減少させ，B社の持株割合を93.75％とすることによって，A社株式200株に表章されていた同社の資産価値の相当部分を対価を得ることなくB社に移転させることを意図したものということができること。

(iii) 本件の第三者割当増資は，X社，A社，B社および財団法人Eが意思を相通じて行ったものであり，B社においても，上記の事情を十分に了解したうえで，X社から上記の資産価値の移転を受けたものということができること。

(iv) 以上によれば，X社は，A社株式に表章されていた同社の資産価値を，B社との合意に基づいてB社に移転したといえること。

④ 分析・検討

本最高裁判決は，法人税法22条2項の「取引」について，一般的な解釈を展開することなく，①資産価値の移転が，X社の支配の及ばない外的要因によって生じたものではないこと，②当該資産価値の移転が，X社において意図し，かつ，B社において了解したところが実現したものであること，という2つの事実を挙げて，「取引」に該当すると判断した。

法人税法22条2項の「取引」については，私法上の取引（契約のように，法律行為によって法律効果を生じさせる取引）を意味しているとの見解が有力である[11]。この見解によれば，本件では，X社からB社への資産価値の移転は，あくまでもB社がA社の第三者割当増資を引き受けた結果として事実上生じたものであって，法律行為（たとえばX社とB社の間の贈与契約）により生じた法律効果ではないから，「取引」には該当しないとも考えられる。この点につき，本最高裁判決は，資産価値の移転について上記①②の事実があれば「取引」に該当すると判断しており，少なくとも本件に関しては「取引」を私法上の取引よりも広く解釈したように読むこともできる。もっとも，本最高裁判決は，本件において上記①②の事実が存在するとの判断をするにあたって，X社とB社の間に合意が存在したことを重視している。このことからすれば，本最高裁判決はむやみに「取引」の範囲を広げる趣旨ではなく，むしろ「取引」を私法上の取引に限定する見解と実際には大きく異なるものではないとも評価できる[12]。

また，本最高裁判決の判示から，上記①②に該当する事実については税務当局が主張立証責任を負っていることが明らかである。納税者は，上記①②に関する税務当局の具体的な主張内容を踏まえて，反論を検討することになる。

---

11 たとえば，金子313頁。
12 谷口勢津夫『税法基本講義（第5版）』（弘文堂，2016年）374頁，大石篤史「税務上の否認」神田秀樹ほか編『実務に効く M&A・組織再編判例精選』（有斐閣，2013年）245頁～246頁参照。

(2) 引受人の課税関係1―タイ子会社有利発行事件（納税者敗訴）

タイ子会社有利発行事件（東京地判平22・3・5税資260号順号11392，東京高判平22・12・15税資260号順号11571，上告不受理（最決平24・5・8税資262号順号11945））および後記(3)の神鋼商事事件は，海外の関連法人から第三者割当増資により新株を引き受けたところ，当該第三者割当増資が有利発行に該当し，引受人が所得を得たとして，引受人に対して課税処分がなされた事案である。前記(1)のオウブンシャホールディング事件が，既存株主に対する課税が問題となったのに対し，以下の2事件は，引受人に対する課税が問題となった。

① 事案の概要

総合商社である内国法人X社は，(a) X社自らその発行済株式総数の100％を保有するタイ子会社 Y_1 社と，(b) X社がその発行済株式総数の約2％，Y_1 社が約74％を保有（その余は第三者が保有）するタイ子会社 Y_2 社を有していた。その後，X社は，Y_2 社から新株を額面価額で引き受け，Y_2 社の発行済株式総数の約47％を保有するに至った。これに対し，税務当局が，この新株発行は有利発行に該当するとして，引受人であるX社に対して受贈益課税を行った（なお，解説のため資本関係等の事実関係を一部簡略化している）。

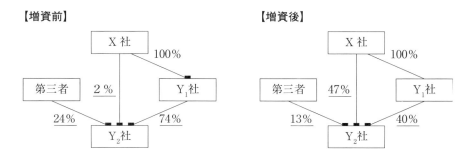

② 主な争点

本件の主たる争点は，以下のとおりである。

> (i) 新株発行における株式の時価と払込価額との差額が，引受人にとって法人税法22条2項にいう「取引」に係る収益の額に該当するか
> (ii) 本件の新株発行が有利発行に該当するか

> (ア) 株式の時価を，いつを基準日として，どの資料を用いて算定するか
> (イ) 有利な発行価額であるか否かの判断において，希薄化損失を考慮すべきか
> (ⅲ) （X社に益金が発生するとして）益金の算定において，希薄化損失を考慮すべきか

　上記(ⅰ)について，法人税法22条2項は，「取引」に係る収益の額をもって益金の額としている。この点，オウブンシャホールディング事件判決は，既存株主に対する課税の場面において，既存株主と引受人との間に「取引」があるとして，既存株主における益金の発生を認めた。これを前提に，本件では，引受人に対する課税の場面において，引受人における益金の発生を認めるために，引受人と既存株主との間に「取引」が必要であるのか，それとも，引受人と発行法人の間に「取引」（新株の引受）が存在する以上，それで足りるのかが問題となった。

　また，本件では，上記(ⅱ)のとおり，本件の新株発行がそもそも有利発行に該当するかが争点となった。

　具体的には，(ア)法人税法基本通達上，新株の発行が有利発行にあたるか否かについては，「当該新株の発行価額を決定する日の現況における当該発行法人の株式の価額」，すなわち時価と比べて，社会通念上相当と認められる価額を下回る価額で発行されているか否かによって判定するものとされている（法人税基本通達（平成17年課法2－14による改正前のもの）2－3－7）。そこで，Y_2社の株式の時価を算定するにあたって，その基準日となる「発行価額を決定する日」とは具体的にいつで，どの資料を用いて算定するかが問題となった。

　さらに，(イ)本件の場合，既存株主であるY_1社は引受人X社の100％子会社であるから，X社に対して時価を下回る価額で新株が発行された場合には，既存株主のY_1社が保有するY_2社株式について希薄化損失（価値の下落）が生じるだけでなく，その結果としてX社の保有するY_1社株式にも希薄化損失が生じる。有利発行に該当するか否かの判断にあたって，このようなX社の希薄化損失を考慮すべきかが問題となった。このような希薄化損失は，(ⅲ)益金の算定においても考慮すべきかどうかが問題となっている。

③ 裁判所の判断

第1審および控訴審は，以下のとおり，X社の主張を退けて，税務当局の主張を認めた。最高裁は，X社の上告を不受理としている。

(a) 争点(i)について

まず，法人税法22条2項の「取引」に関し，裁判所は，次のように判示し，引受人と既存株主との間の「取引」を認定するまでもなく，有利発行により引受人に益金が生じると判断した。

- 本件のような新株の発行においては，そもそもX社による現金の払込みと，その金額を超える時価の新株の取得という「取引」が存在している。
- 法人税法22条2項が，「取引<u>に係る</u>収益の額」（下線部筆者。以下同じ）と規定し，「取引<u>による</u>収益の額」としていないのは，取引自体から生ずる収益だけでなく，取引に関係した基因から生ずる収益を含む意味である。したがって，「取引」（有利発行）の当事者である発行会社（Y_2社）と引受人（X社）との間に経済的利益の移転がない場合であっても，有利発行によりX社が経済的利益を得ていれば，当該収益がX社の益金を構成することになる。
- X社がY_2社の株式を取得する取引によって，X社に対し当該取引に関係した基因から収益が生じていれば，当該収益はX社の益金の額を構成することになる。

(b) 争点(ii)について

(ア) 株式の時価の基準日となる「発行価額を決定する日」について，X社は，Y_2社の社長室会が額面価額で新株発行を行うことを決定した日がこれにあたると主張した。これに対し，裁判所は，タイ法およびY_2社の付属定款上，株主総会の特別決議を経なければ株式を発行できず，実際にも新株発行がY_2社の臨時株主総会の決議を経て行われている以上，新株発行を決議した臨時株主総会の日が「発行価額を決定する日」であると判示した。

また，X社は，時価の算定にあたっては，未だ確定していない中間決算や四半期決算の数値を用いるべきではなく，期末に作成された確定決算書の数値を

用いるべきであると主張した。これに対し，裁判所は，「発行価額を決定する日」にできるだけ近接した日を基準日とする資料を，その信頼性を吟味しながら用いるのが合理的であるとしたうえで，四半期ごとに作成される財務諸表も正確性は担保されているとして，直近の四半期決算書等の数値に基づいて時価を算定するのが相当とした。

次に，(イ)有利発行に該当するか否かの判断において希薄化損失を考慮すべきか否かという点について，X社は，控訴審において，Y_1社が保有するY_2社株式に希薄化損失が生じ，ひいてはX社が保有するY_1社株式に希薄化損失が生じることを，有利発行に該当するか否かの判断において考慮すべきであると主張した。しかし，控訴審判決は，有利な発行価額であるか否かは，新たに発行される新株自体について検討されるべきものであり，すでに発行済みの株式の価値を考慮する必要はないとして，X社の主張を排斥した。

(c) 争点(iii)について

益金の算定において希薄化損失を考慮すべきか否かの点についても，裁判所は，法人税法上，実現主義に照らして含み益および含み損は課税上考慮できない（25条1項，33条1項）という理由により，これを考慮する必要はないと判断した。

なお，X社は，「希薄化損失」の内容として，あくまでも，Y_1社が保有するY_2社株式の価値が下落することを通じて，X社が保有するY_1社株式の価値が下落することを主張しており，X社が自ら保有するY_2社株式（約2％分）についての価値の下落については主張していなかった。しかし，裁判所は，X社が保有するY_2社株式の価値の下落をも希薄化損失に含めたうえで，上記の理由により，このような希薄化損失は益金の算定において考慮されないと判示した。

④ 分析・検討

(a) 有利発行における引受人に対する課税の根拠

本判決は，有利発行を受けた引受人に対しては，原則として，引受人が払込みを行った金銭の額と，引受人が取得する株式に係る適正な価額との差額が，「無償による資産の譲受け」に係るものとして，「収益の額」（法人税法22条2項）を構成することを明らかにした。しかし，有利発行を受けた引受人に生じる経

済的利益の移転はどこから生じたものであるのか。この点について，従前，2つの考え方が示されてきた。

> （i）有利発行により，引受人が適正な対価を支払うことなく発行会社から移転を受けた経済的利益が，「無償による資産の譲受け」に係る「収益の額」を構成し，益金の額に算入される（発行会社説）
> （ii）有利発行により，引受人が適正な対価を支払うことなく既存株主から移転を受けた経済的利益が，「無償による資産の譲受け」に係る「収益の額」を構成し，益金の額に算入される（既存株主説）

この点については，以下のとおり，上記(ii)の解釈（既存株主説）が立法趣旨に沿った解釈であり，かつ，本判決が採用する解釈である。

まず，法人税法の立案担当者が執筆した文献において，有利発行が行われた場合には，既存株主が保有する株式の経済的価値が引受人に交付される株式に移転することを根拠として，その移転する経済的価値が，引受人の収益の額（益金）を構成すると解説されている[13, 14]。

さらに，本判決も，上記のとおり，法人税法22条2項の「取引に係る収益の額」には，取引自体から生ずる収益だけでなく，取引に関係した基因から生ずる収益を含むから，発行会社と引受人との間に経済的利益の移転がない場合であっても，引受人が有利発行により経済的利益を得ていれば，その収益が益金を構成すると判示している。これは，引受人が発行会社から経済的利益の移転を受けているわけではなく，既存株主から経済的利益の移転を受けていることを前提に，そのような場合でもその経済的利益が「収益の額」を構成すると判断したものであると評価できる[15]。学説上も，有利発行により株主間で経済的

13　武田昌輔＝後藤喜一編『DHC会社税務釈義4』（第一法規，2015年）2939の3頁参照。同書においては，株式の「含み益」との表現が用いられているが，正確には，株式の経済的価値を意味すると考えられる。

14　占部裕典教授は，有利発行において引受人が課税される趣旨として，旧株の経済的利益が未実現のまま増資者に移ることを防ぐことにある旨を指摘している（『租税法における文理解釈と限界』（慈学社出版，2013年）537頁・538頁）。

15　太田洋「タイ子会社有利発行事件東京高裁判決の検討」国際税務34巻6号21頁，辻富久「外国関連会社の額面発行株式の引き受けに伴う受贈益課税」ジュリ1431号170頁。

利益の移転があることをもって，引受人に課税が生じると解釈されている[16]。

この解釈（既存株主説）によれば，法人税法上，引受人が有利発行により既存株主から移転を受けた経済的利益が「収益の額」（法人税法22条2項）を構成し，差額が益金の額に算入されることになる。この解釈を前提とした場合に，本件において，X社が有利発行を受けた時点においてY$_2$社株式を2％保有していた（X社自身が既存株主でもあった）という事実は，どのように評価されるべきか。すなわち，X社が有利発行によって移転を受けた経済的利益のうちには，X社以外の株主が保有していたY$_2$社株式から移転を受けた経済的利益と，X社自身が保有していたY$_2$社株式から移転を受けた経済的利益の2つがあることとなり，後者については，自ら保有する資産間での経済的価値の移転にすぎず，益金を発生させる「無償による資産の譲受け」（法人税法22条2項）には該当しないのではないか，との疑問が生じる[17]。

(b) **希薄化損失の考慮**

本判決は，Y$_1$社株式の希薄化損失のみならず，X社が有利発行以前から保有していたY$_2$社株式（2％分）の希薄化損失も含め，実現主義の観点から，益金の算定において考慮されないと判断した。この点の判断には，大いに疑問がある。

まず，そもそもX社は自ら保有するY$_1$社株式の希薄化損失のみを主張していたのであり，上記③(c)のとおり，当事者が主張していない点であるY$_2$社株式の希薄化損失も含めて裁判所が判断したこと自体に疑問がある。

また，判断の内容も相当ではなく，後の裁判例とも齟齬している。すなわち，有利発行に該当する場合について定めた法人税法施行令119条1項4号は，その括弧書きにおいて，株主として割当てを受け，他の株主等に損害を及ぼすおそれがないと認められる場合には，同号は適用されない（有利発行による益金は生じない）と規定している。この括弧書きの趣旨について，下記(3)の神鋼商事事件判決は，「他の株主に対しても株式が平等に与えられている場合には，株主間の経済的な衡平が図られており，そのような場合，時価と払込価額の差

16　岡村忠生編『新しい法人税法』（有斐閣，2007年）262頁～264頁。
17　岡村忠生「＜租税法：複雑系＞有利発行による経済的利益と希薄化損失」税研32巻7号95頁。

額による利益と既存保有株式の希薄化による損失が等しいと考えられる」と判示しており、有利発行が株主割当てにより行われた場合に関して、引受人である株主が元々保有する株式の希薄化損失が課税上考慮されることを前提としているのである。有利発行が第三者割当増資により行われる場合でも、引受人が既存株主であれば、引受人自身が保有する株式に希薄化損失が生じるという点で、株主割当てと異ならないのであるから、この場合に希薄化損失を課税上考慮しない理由はないと思われる[18]。したがって、控訴審判決の判断は、裁判例でも述べられている法人税法施行令119条1項4号括弧書きの趣旨と整合しておらず、そもそも当事者が主張していない点に関する判断であることも踏まえると、先例として評価することはできないと考えるべきである。

(3) 引受人の課税関係2―神鋼商事事件（納税者敗訴）

神鋼商事事件（東京地判平27・9・29ウエストロー2015WLJPCA09298033、東京高判平28・3・23LEX/DB25543864、上告中）も、タイ子会社有利発行事件と同様、有利発行における引受人に対する課税関係が問題となった事案である。本件では、主として、有利発行に該当するか否かが争われた。

① 事案の概要

商社である内国法人X社は、タイ法人A社の発行済株式総数の29％を保有していた。その後、A社の増資において、X社は、A社の新株（以下「本件

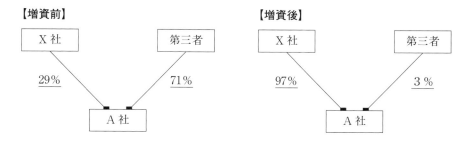

---

18 岡村忠生「＜租税法：複雑系＞有利発行による経済的利益と希薄化損失」税研32巻7号95頁は、有利発行の引受人がすでに発行会社の株式を保有している場合には、「有利発行によって得られる経済的利益が、最初から希薄化の分だけ生じていない（当該株主に流入していない）」と指摘する。

株式」という）を1株当たり250バーツで引き受け、A社の発行済株式総数の97％を保有するに至った。このA社の増資においては、各株主が保有する株式数に応じて新株が割り当てられたが、X社以外の株主は、引受けをしなかった。

これに対し、税務当局は、本件株式の時価が1株当たり3万2461バーツであるから、1株当たり250バーツでの新株発行は有利発行に該当するとして、X社に受贈益課税を行った。

本件では、下記のような事情があり、X社が保有する株式とそれ以外の株式との間に契約に基づく差異が設けられていたこと等から、下記のとおり、X社側はこれらの事情をも根拠として、低い払込価格が正当化されるとして、上記受贈益課税の適法性を争った。

- X社は、X社以外のA社の株主との間で株主間契約を締結していた。X社は、この株主間契約に基づき、A社が清算手続に入った場合など一定の場合には、各株主からA社株式を取得価額で買い取る義務を負っていた。
- X社以外の株主は、上記株主間契約に基づき、A社の業績に関係なくX社から一定の支払を受けるものとされ、その代わり配当受領権を放棄していた。
- A社の株式には付属約款において譲渡制限が付されていたため、X社以外の株主は、A社の実質的な親会社であるX社の意向に反してA社株式を第三者に譲渡することはできなかった。

② 主な争点

法人税法施行令119条1項4号は、有価証券の取得価額について、払込金額が当該有価証券の「取得のために通常要する価額に比して有利な金額」である場合には、「取得のために通常要する価額」をもって取得価額とするものとしている。これは、有価証券の有利発行として益金が発生する場合およびその金額を裏側から定めたものとしても解釈・運用されている。本件では、タイにおける非上場会社において、株主間契約で拘束された株式の発行について、同号との関係が問題となった。

具体的には、(a)税務当局による「取得のために通常要する価額」の算定方法

の当否，および(b)本件株式の払込金額が「取得のために通常要する価額に比して有利な金額」に該当したとしても，法人税法施行令119条1項4号の適用除外を定めた同号括弧書きにおける「他の株主等に損害を及ぼすおそれがないと認められる場合」に該当し，受贈益が発生しないのではないかが争点となった。

③　裁判所の判断

(a)　「取得のために通常要する価額」の算定方法

裁判所は，次のとおり，税務当局が算定した本件株式の「取得のために通常要する価額」に誤りはないと判示した。

- 税務当局は，法人税基本通達2-3-9(3)で準用される4-1-5(4)に準じ，本件株式の発行価額決定日に最も近接した時期に作成された財務諸表の数値を用いて「取得のために通常要する価額」を算定した。
- 法人税基本通達4-1-5(4)は，非上場株式のうち，売買実例もなく，類似法人も存在しない株式の価額の算定方法について定めたものであり[19]，税務当局は，本件株式がこれらと同様の特徴を有することから，本件株式の「取得のために通常要する価額」を算定するにあたっても，この算定方法を用いたものである。
- 上記の算定に用いた通達の内容は合理的なものであり，その他算定の前提となる法令の適用や事実関係の認定についても誤りはない。

(b)　「他の株主等に損害を及ぼすおそれがないと認められる場合」

前提として，有利発行に該当する場合について定めた法人税法施行令119条1項4号は，その括弧書きにおいて，株主割当てによる新株発行において「当該法人の他の株主等に損害を及ぼすおそれがないと認められる場合」等を除外している。すなわち，この括弧書きに該当する場合には，新株発行における払込金額が「取得のために通常要する価額に比して有利な金額」であっても，同号は適用されず，有利発行として益金が発生しないと解されている。そして，「当該法人の他の株主等に損害を及ぼすおそれがないと認められる場合」とは，通達上，株主が有する株式の内容および数に応じて株式が平等に与えられ，か

---

[19]　ただし同通達4-1-5(4)自体は，民事再生時における有価証券の評価益の算定方法について定めたものである。

つ，その株主とその内容の異なる株式を有する株主との間においても経済的な衡平が維持される場合をいうとされている（法人税基本通達2－3－8）。

X社は，X社以外の株主が有する株式は，株主間契約等によって本件株式とは異なる取扱いを受けることから，X社以外の株主が有する株式とX社が引き受けた本件株式は，上記通達にいう「内容の異なる株式」であると主張した。また，X社以外の株主においては，配当の代わりにX社から受け取る金額が一定であること等からすれば，本件株式の払込価額がいくらであったとしても，X社とそれ以外の株主との間の経済的衡平が損なわれるものではなく，「当該法人の他の株主等に損害を及ぼすおそれがないと認められる場合」に該当すると主張した。

これに対して裁判所は，次のとおりX社以外の株主が有する株式と本件株式は「内容の異なる株式」にはあたらない旨判示した。

- 上記通達にいう「内容の異なる株式」とは，種類株式のことを指すものであり，したがってX社以外の株主が有する株式は「内容の異なる株式」にあたらない。
- 仮にX社が主張するように同種株式であっても事情のいかんによれば「内容の異なる株式」にあたる余地があるとの見解に立ったとしても，X社が挙げる株主間契約による差異は，株式の内容とは直接関係しない株主同士の個別契約によるものであって，それにより生じる差異は事実上のものであって，かつ流動的なものであり，株式の内容となっていると解することはできないから，これらの事情があることをもって「内容の異なる株式」にあたるということはできない。

なお，裁判所は次の2点において，本件株式とX社以外の株主が有する株式が，上記通達における「内容の異なる株式」に該当するか否かを論じるまでもなく，本件増資は，法人税法施行令119条1項4号の「当該法人の他の株主等に損害を及ぼすおそれがないと認められる場合」にあたらないとしている。

- 「他の株主等に損害を及ぼすおそれがないと認められる場合」は，株主間の経済的な衡平が維持されているか否かに着目して解釈されるべきと

ころ，本件増資によって，X社が得る株主としての権利は増資前に比して格段に大きなものになるという利益を得るのに対し，X社以外の株主はかかる利益を何ら得るところがないのであるから，本件増資は「他の株主等に損害を及ぼすおそれがないと認められる場合」にあたらない。
- 本件では，株主割当てにより，すべての株主に等しい割合で新株を引き受ける権利が付与されているが，結果的にX社以外の株主は新株を引き受けず，経済的な衡平も維持されなかったものであることから，「他の株主等に損害を及ぼすおそれがないと認められる場合」にあたらない。

④ 分析・検討
(a) 法人税法施行令119条1項4号括弧書きの適用対象

本判決によれば，会社法上異なる種類の株式のみが通達における「内容の異なる株式」であり，会社法上同一の種類の株式であれば，株主間契約によって異なる内容が定められていたとしても，「内容の異なる株式」には該当せず，増資の際に株主に平等に割り当てられなければ，法人税法施行令119条1項4号括弧書きの「当該法人の他の株主等に損害を及ぼすおそれがないと認められる場合」には該当しないことになる。実務上は，会社法における種類株式の定めが必ずしも柔軟な設計を許容していないことから，株主間契約（株主全員，発行会社およびその役員が当事者となることが多い）により株主に対して柔軟な権利を与えることが多い。特に海外法人が株式を発行する際には，現地法制上の制約等の理由により，一層株主間契約の重要性が増すが，本判決を前提とすれば，「当該法人の他の株主等に損害を及ぼすおそれがないと認められる場合」に該当するか否かの判断において，株主間契約は重視されないことになると思われる。

さらに，裁判所が，法人税法施行令119条1項4号括弧書きの適用を否定する理由づけとして，「X社が得る株主としての権利は，本件増資前に比して格段に大きいのに対し，X社以外の株主はかかる利益をなんら得ることがない」と述べていることからすれば，仮に他の株主の経済的利益が積極的には毀損されなくとも，引受人が従前に比して大きな株主としての権利を得る場合があれば，「他の株主等に損害を及ぼすおそれがないと認められる場合」には該当し

ないように読めることに注意する必要がある。

(b) 既保有株式の考慮

X社は，有利発行の時点において，発行会社であるA社株式の29％をすでに保有していた。この点については，前記(2)で述べたタイ子会社有利発行事件判決で指摘したとおり，元々保有していた株式から有利発行株式へと移転した経済的価値の部分については，自ら保有する資産間での経済的価値の移転にすぎず，益金を発生させる「無償の資産の譲受け」（法人税法22条2項）に該当しないのではないかとの疑問があるが，この点は本件では争われていない。タイ子会社有利発行事件判決の事案では，納税者は有利発行の時点においては発行会社株式をわずか約2％分しか直接保有していなかったが，本件では29％であったことからすれば，その影響額は無視できず，上記のような主張を予備的に行うこともあり得たのではないかと思われる。

3 分配（Distribution）に関する税務訴訟

株主法人間取引において，2で検討した出資（Contribution）と同様に税務上の問題が生じるのは，分配（Distribution）の局面である。「分配」とは，法人から株主に対して，株主たる地位に基づいて金銭や金銭以外の資産が交付される取引を指すが，このような取引には，剰余金の配当や，自己株式の取得がある[20]。分配については，利益の分配と，資本の払戻し（原資の回収）が区別されており，その他利益剰余金を原資とする剰余金の配当は，利益の分配とされているが，他方で，資本剰余金を原資とする剰余金の配当や自己株式の取得等については，一部が利益の分配，残りが資本の払戻しとなる[21]。これらの利益の分配や資本の払戻しは，法人税法上は資本等取引に該当するため（22条5

---

20 岡村忠生『法人税法講義（第3版）』（成文堂，2007年）317頁。法人の解散に伴う残余財産の分配等も考えられる。

21 たとえば自己株式の取得においては，自己株式取得により交付した対価の額を，(a)資本金等の額に対応する部分と，(b)それを超過する部分に分け，(a)に対応する金額だけ資本金等の額が減少し（資本の払戻し），(b)に対応する金額だけ利益積立金が減少することとされている（利益の分配）（法人税法2条16・18号，法人税法施行令8条1項18号・9条1項13号）。

項),法人の益金・損金の額に影響を与えないのが原則であるが(上記①)[22],以下のとおり,株主たる地位を有する者について課税関係が生じるかどうかが争われた事案が存在する。

これらの分配の局面の課税関係,特に自己株式の取得や自己株式に対する割当てが争点となった裁判例を以下で検討する。

(1) 自己株式の取得——日産事件(納税者敗訴)

分配の課税関係に関する代表的な裁判例として,日産事件(東京地判平24・11・28訟月59巻11号2895頁,東京高判平26・6・12訟月61巻2号394頁,上告不受理(最決平27・9・24LEX/DB25541901))が挙げられる。同事件では,旧商法上の株式の消却による減資[23]が行われた場合に,実際の払戻額ではなく,旧商法上において規定されていた払戻限度額を超えた株式の時価を基準に法人税法22条2項に基づき収入の額を計算し,実際の払戻額との差額を寄附金として課税することが許されるか否かが問題となった。

① 事案の概要

自動車の開発,製造等の事業を目的とする株式会社であるX社は,連結子会社である株式会社51社(以下「本件各子会社」という)について,不動産管理事業を分離して連結子会社C社に集約するとともに,販売事業を新会社へ整理統合して販売体制を再構築するため,平成18年4月から同年7月にかけて,旧商法(平成17年法律第87号による改正前の商法)の規定に基づき,(i)会社の分割,(ii)新株の発行,(iii)減資および減準備金・株式消却,(iv)会社の合併という一連の事業再編をした(以下「本件事業再編」という)。

具体的には,(i)まず本件各子会社は,不動産を本件各子会社に残しつつ,販売事業を新会社に分割して承継させた。(ii)次いで,本件各子会社のうち債務超過の状態にあった30社は,後の吸収合併に備えて,X社を引受人とする総額約

---

[22] 利益の分配と資本の払戻しで,株主の側では異なる課税を受ける。詳細については岡村忠生『法人税法講義(第3版)』(成文堂,2007年)365頁参照。

[23] 旧商法上は,発行済株式を直接消却することが可能であった(旧商法213条)。現行会社法上は,発行済株式をただちに消却することはできず,すでに保有する自己株式を消却する場合を除き,会社以外の株主の保有する株式については,一旦自己株式の取得をしてから消却する必要がある(会社法178条)。

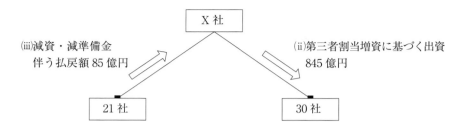

　845億円の第三者割当増資をし，債務超過状態を解消した（旧商法上，債務超過の状態にある会社を消滅会社とする吸収合併は許されないと解されていた）。(iii)そのうえで，本件各子会社は，資本金および準備金の額を減少させ，旧商法213条に基づく株式の強制消却（以下「本件株式消却」という）を行い，(iv) C社を存続会社とし，本件各子会社を消滅会社とする吸収合併を実施した。

　(iii)の本件株式消却に際して，本件各子会社のうち増資をしなかった21社は，減少させた資本金および準備金の合計額である約85億円をX社に払い戻したが，他方で増資をした30社は，払戻しをすると再び債務超過の状態となる可能性があったことから，X社への払戻しをしなかった。(ii)の増資と(iii)の払戻しにおける金銭の移動は，上記の図のとおりとなる。

　X社が，21社に対する払戻額を減資・減準備金の合計額としたのは，次のような旧商法の規定が存在したためである。すなわち，当時の旧商法の規定（289条3項・375条1項）によれば，減資・減準備金を行う際，株主に払戻す金額，株式の消却額および欠損填補額の合計額は，減少する資本・準備金の金額を超えてはならないとされていた。

　X社は，このような旧商法の規定に則って行った払戻しおよび本件株式消却について，法人税の申告にあたり，次のような処理により譲渡損失額[24]を損金に算入した[25]。

　(ア)　21社に対して現実に支払った払戻額約85億円から，みなし配当額（法人

---

[24] 株式の消却は，旧商法および法人税法上，株式の譲渡の一種と解されていた。
[25] 仕訳の図は，理解の便宜のため，譲渡（消却）収入と譲渡（消却）原価をネットではなく，分けて記載している。朝長英樹「検証　日産自動車事件」T&A master 2015年11月9日号8頁参照。

税法24条1項）の約44億円を控除した約41億円を，消却株式にかかる「その有価証券の譲渡に係る対価の額」（譲渡対価の額，同法61条の2第1項1号）とする。

(ｲ) 消却株式の帳簿価額である約1432億円を「その有価証券の譲渡に係る原価の額」（譲渡原価の額，法人税法61条の2第1項2号）とする。

(ｳ) 上記(ｱ)と(ｲ)の差額である1391億円を，株式の譲渡損失額（法人税法61条の2第1項）として損金に算入する。

```
現 預 金        約44億円  ／ みなし配当       約44億円
現 預 金        約41億円  ／ 譲渡(消却)収入   約41億円
譲渡(消却)原価  約1432億円 ／ 子会社株式      約1432億円
＊譲渡(消却)損失　約1391億円
＝譲渡(消却)収入（約41億円）－譲渡(消却)原価（約1432億円）
```

これに対して税務当局は，平成22年6月29日，以下のとおり，譲渡対価の額を現実の払戻額（約85億円）ではなく株式の時価（約715億円，旧商法上の払戻限度額を超過している）を基準に算定し，譲渡損失（損金）をＸ社の申告よりも少なく取り扱うとともに，さらに現実の払戻額（約85億円）と時価を基準とした対価（約715億円）との差額を寄附金として扱い，損金不算入とすることにより，Ｘ社の所得金額を増額する更正処分を行った。

(i) 本件株式消却時における消却株式の時価総額約715億円から，みなし配当額の約36億円を控除した約678億円[26]が法人税法61条の2第1項1号の譲渡対価の額となる。

(ii) 消却株式の時価総額約715億円から，Ｘ社が現実に払戻しを受けた約85億円を控除した残額である約629億円は，寄附金（法人税法37条）にあたるから，このうち同条1項所定の額を超える部分（約619億円）については損金の額に算入しないものとして所得に加算する。

26　この他，資本金等の額の超過分（本件各子会社の時価純資産額のうち未消却株式に係る部分が減資後の資本金等の額に満たない場合における，両者の差額）の約1億円が寄附金の額の算定において控除されているが，簡潔にするため，除外している。以下同じ。

第4章　グループ内取引が争点となる事案

```
現 預 金          約36億円   /  みなし配当         約36億円
現 預 金          約49億円   /  譲渡(消却)収入     約678億円
寄 附 金          約629億円  /
譲渡(消却)原価    約1432億円 /  子会社株式         約1432億円
```
＊譲渡（消却）収入の額　約678億円
　＝消却株式時価（約715億円）－みなし配当額（約36億円）
＊寄附金の額約629億円＝消却株式時価　（約715億円）－現実の払戻額（約85億円）

② **主な争点**

　本件における主な争点は，旧商法上認められていない払戻限度超過額を譲渡対価に含めることより，譲渡損益の額および寄附金の額を算定することが許されるかどうかという点である。

　(a)まず，譲渡損益については，上記のとおり，本件事業再編時の旧商法の規定（289条3項，375条1項）によれば，減資を行う際には，株主に払い戻す金額，株式の消却額および欠損填補額の合計額は，減少すべき資本の金額を超えてはならないとされていた。X社は，旧商法を遵守して行われた払戻しについて，現実に支払われた払戻額約85億円からみなし配当額約44億円を控除した約41億円を本件株式消却における譲渡対価として計上した。

　このような処理にもかかわらず，税務当局が更正処分を行ったように，本件の払戻額を対価として行われた本件株式消却が低額譲渡にあたるとして，現実の払戻額よりも高額な，消却株式の時価総額約715億円（からみなし配当額約36億円を控除した金額）を譲渡対価として計上すべきか否かが問題となる。すなわち，結果として，商法においては認められない払戻限度超過額が譲渡対価の額に含まれ，譲渡損益が計算される（本件では譲渡損失の額が圧縮される）ことになるが，そのような扱いが許されるか否かが争点となった。

　この際，X社は，実現主義に基づき，払戻限度超過額について，その収入実現の蓋然性がないから，「収益」とみなすことはできないという点も主張していた。

　(b)また寄附金について，上記のとおり，旧商法の規定上，本件株式消却の際に株主への払戻しをする場合において，そもそもX社は旧商法の規定上払戻

第3節　株主法人間取引に関する諸問題

限度超過額の払戻しを受ける法的地位になかった。そのため，払戻限度超過額は「寄附金」には該当しないのではないかが問題となった。

③　裁判所の判断

控訴審判決は，次のとおり，払戻限度超過額を含めた消却株式の時価約715億円を基準に譲渡対価を算定し，当該譲渡対価に基づいて譲渡損益を算定するとともに，払戻限度超過額は寄附金にも該当し，損金算入が制限されるとし，納税者敗訴とした（上告不受理）。

(a)　譲渡損益の額

裁判所（控訴審判決）は，次のように述べ，旧商法上払戻しを受けることのできない払戻限度超過額についても，収益性が否定されないとした。

- 法人税法22条2項が「無償による資産の譲渡」に係る収益を益金の額に算入しているのは，法人が資産を他に譲渡する場合には，その譲渡が代金の受入れその他資産の増加をもたらす反対給付を伴わないものであっても，譲渡時における資産の適正な価額に相当する収益があるものとすべきことを明らかにしたものである。
- 法人税が企業の経済活動によって稼得された成果（企業利益）を課税物件とするものであることに照らすと，法人税法22条2項にいう「収益」とは，経済的な実態に即して実質的に理解するのが相当であり，また，このように解するのが同項の趣旨でもある租税の公平な負担の観念に合致することになる。
- 法人税法においては，法人が保有する資産の評価換えによりその帳簿価額が増額した場合でも，原則として，その増額した部分（評価益）は「益金の額」に算入せず（同法25条1項），保有している段階では課税しないとする一方，資産の売却等によりその支配を離脱したときには，収益としてこれに課税するという仕組みが採用されている（同法22条2項・3項）。
- 以上に照らすと，X社においては，本件株式消却による株式の譲渡に伴い，その時価である約678億円（払戻限度超過額を含む）を「収益」として計上すべきである。X社が払戻限度超過額を収受することが旧商法

の規定により許されないとしても，そのことをもって，ただちにその収益性を否定することはできない。

控訴審判決は，払戻限度超過額については収入実現の蓋然性がないから「収益」とみなすことはできない旨のX社の主張に対しても，次のとおり，これを排斥している。

- 株式消却は，法人税法上，株式の譲渡の一種と解されるところ，本件株式消却に伴う減資の手続が行われた時点において，無償譲渡または低額譲渡が完了したものと解することができ，その後の対価の支払をそもそも予定していない。
- また，本件における一連の事業再編はX社が主導して実行されたものであるから，その一環である本件株式消却に伴う経済的利益も，X社がすでに管理支配する状態にあったと評することができる。したがって，収入実現の蓋然性を理由に，収益性を否定するX社の主張は採用することができない。

(b) **損金の額**（寄附金）

控訴審判決は，まず，寄附金該当性の要件について，従前の裁判例と同様，(i)金銭その他の資産または経済的な利益を対価なく他に移転する場合であって，(ii)その行為について通常の経済取引として是認することのできる合理的な理由が存在しないものが，寄附金にあたると判示した（第2節②(1)④参照）。

そのうえで，本件について，次のように述べ，払戻限度超過額を含めて，寄附金該当性を認めた。

- 消却株式の時価総額が約715億円であるのに対し，払戻額は約85億円であり，著しい対価的不均衡があることに照らすと，X社は，その差額に相当する経済的利益を本件各子会社に対価なく移転したものといえる。
- X社が営利を目的とする法人であること，本件において採用されたもの以外の事業再編手続を選択することが妨げられていたと見るべき事情等は見当たらないこと，本件株式消却を伴う減資は直接には本件各子会社の税金対策を主たる目的とするものであること等からすれば，

> 上記のような対価なき経済的利益の移転について，通常の経済取引として是認することができる合理的な理由は認められない。

　なお，X社は，本件株式消却によって残存する子会社の株式の価値が増大することになるにもかかわらず，増額調整（株式の簿価のステップ・アップ（付け替え））の規定がないことから，仮に払戻限度超過額相当額が「寄附金」として損金に算入されないことを前提とすると，X社が残存する子会社の株式を譲渡した場合には，消却株式の時価と払戻額との差額相当額が再びキャピタル・ゲインとして課税され，実質的に同一利益に対して二重に課税されることになってしまい不当であると主張していた。

　これに対して控訴審判決は，X社の指摘する点は，法人税法が一定の金額を超える寄附金を損金の額に算入しないとする制度を採っていることや，税法上，株式の消却が消却株式の株主から発行会社への譲渡として取り扱われることからの帰結であって，もとより法の予定するところというほかないから，増額調整の規定がないことをもって違法な二重課税ということはできないとしている。

④　分析・検討
　(a)　**譲渡損益の額と二重課税**

　本件は，旧商法上の規制のもとで決定された払戻額によって行われた株式消却が，資産の低額譲渡に該当するものとして，「適正」譲渡対価（時価）により譲渡損失額が算定された上，その大部分につき寄附金として損金の額に算入することが否定された事案である。判決が示した譲渡対価の解釈に対しては，払戻限度超過額は収受すれば違法であり，かつ現実に収受されてもいない以上，払戻限度超過額を含む「適正」譲渡対価により譲渡損益を算定して課税することは許されないという批判が存在する[27]。しかし，裁判所は，譲渡対価（払戻額）に対する私法上の制限とは関係なく譲渡損益を算定することを認めた。

　また，株主法人間取引の特殊性という観点からすると，二重課税の問題は深刻である。すなわち，本判決も認めているとおり，親会社が保有する子会社株式の一部について，子会社が時価よりも低額で自己株式の取得を行うような場

27　岡村忠生「子会社の減資に伴う株式消却と譲渡損益(1)～(3)」税研169号73頁以下，170号58頁以下，171号63頁以下。

合には，親会社の手元に残存する株式に，その差額分の経済的価値が移転することになる。この場合，本判決のような考え方によれば，当該親会社は，子会社による自己株式の取得の際と，残りの株式を譲渡する際の二度にわたって，上記差額分の経済的利益に対する課税がされることになる。このような事態は，法人の含み益が株式に反映されるという法人特有の性質から生じるものである。現行の法人税法は，完全支配関係にある会社間において適正な時価以外の取引があった場合には，子会社株式の帳簿価額を修正することにより，二重課税を排除しているが（法人税法施行令9条1項7号・119条の3第6項・119条の4第1項），このような二重課税の排除規定の適用がない場合にはなお二重課税が残る。今後，立法論としては，株主法人間取引の性質から，二重課税を排除するための措置を検討する必要があろう。

  (b) **寄附金における合理性要件と私法上の行為の選択**

さらに，本判決は，寄附金該当性要件のうち合理性要件を検討する際に，他の事業再編手続を選択することが妨げられていたという事情等は見当たらないことをもって，合理性が存在しないことの評価根拠事実（第2節2(1)④参照）として捉えているかのように見える。しかし，事業の再編において，納税者が私法上どのような形式で行うかはまさに納税者の自由に委ねられているのであり，税負担も考慮したうえで，私法上の法形式を選択することは，経済合理性のある行為である。仮に，このような私法上の法形式の選択を税法上も問題であると考えるのであれば，それは行為・計算否認規定（法人税法132条，132条の2等）の適用の可否を問題とすべきである[28]。寄附金の合理性要件の評価根拠事実として，より税負担の重い他の私法上の行為を選択できたことを挙げるのは，誤りであると思われる。

---

[28] 岡村忠生「子会社の減資に伴う株式消却と譲渡損益(2)」税研170号62頁～63頁は，納税者が減資をする際には，併せて株式を消却するかどうか，するとして何株消却するかを選択することができ，この選択によって株式譲渡損益（資本金等の額と株式取得価額の差額，法人税法61条の2第1項）を課税の対象とするかどうか，また当該差額をどの程度出すかを調節することができることから，税務当局がこのような法形式の選択に疑念を持ち課税処分を行ったと分析している。同文献は，本判決に対し，納税者としては，複数の私法上の法形式が選択できるときに税負担が大きいものを選択すべき義務までは負っておらず，株式の消却を自由にすることができるはずである，との反論を行う余地があると指摘して，本判決を批判する。

(2) 自己株式に対する割当て―特種東海製紙事件（納税者敗訴）

次に，会社法上の株式移転が行われ，株式移転完全子法人が保有する自己株式に株式移転完全親法人株式が割り当てられた場合において，株式移転後，子法人が親法人株式を譲渡する際に，当該株式の帳簿価額がいかなるものとして扱われるかが争点になった事件を取り上げる（東京地判平23・10・11訟月59巻4号1095頁，東京高判平24・6・20訟月59巻4号1119頁，上告不受理（最決平26・5・26税資264号順号12475））。組織再編により株式に対価が割り当てられる場合は，典型的な分配とは若干異なるものの，保有する株式に係る利益が実現する一局面であることから，ここで取り上げることとしたい。

① 事案の概要

（ⅰ）A 社は，自己株式を保有し，会計上は貸借対照表の純資産の部の控除項目として27億円（取得原価）を計上していた。(ⅱ)そのような状況下で，A 社と B 社は，共同株式移転により X 社を設立した。株式移転においては，A 社（株式移転完全子会社）の株主には X 社（株式移転完全親会社）の株式が割り当てられることになるから，本件では，株式移転により，A 社が保有している A 社自己株式にも X 社株式が割り当てられた。

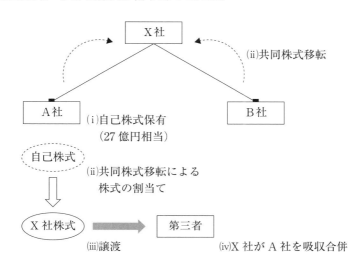

（ⅲ）株式移転後，A 社は，上記の株式移転により割り当てられた X 社株式を，

第三者に譲渡した。Aは，会計上，株式移転により割り当てられたX社株式の取得価額を，株式移転のあった日のX社株式の時価により算出した約29億円として処理しており，売却に際しても，約29億円の帳簿価額の資産を売却したものとしている。

しかし，A社は，当初の法人税の申告においては，会計処理とは異なり，株式移転により割り当てられたX社株式の税務上の取得価額をゼロとして譲渡益の申告をした（根拠については下記②）。その後，A社は，X社株式の取得価額はA社自己株式の取得価額を引き継ぐべきであり，X社株式の取得価額をゼロとした申告は誤りであったとして更正の請求をした。税務当局は，むしろA社の当初の申告を妥当なものとし，更正すべき理由がない旨の通知処分を行った。A社の異議申立および審査請求はいずれも棄却されたことから，その後A社を吸収合併したX社が主体となり，取消訴訟を提起した。

② 主な争点

法人税法上，株式移転により交付を受けた株式移転完全親法人（X社）の株式の取得価額は，「当該株式移転完全子法人の株式の当該株式移転の直前の帳簿価額に相当する金額」とされている（法人税法61条の2第23項，法人税法施行令119条1項10号）。ここから，A社において，X社株式を売却した場合の譲渡益の算定基準となる取得価額は，株式移転直前における株式（本件では，自己株式であるA社株式）の「帳簿価額」を引き継ぐことになる。

この「帳簿価額」について，法人税法上は自己株式を取得した場合，各事業年度の自己株式の取得資本金額だけ資本金等の額が減少し，また，自己株式の取得により交付した金銭等が取得資本金額を超える部分については，利益積立金の金額が減算される旨定められている（現行の法人税法施行令8条1項18号・9条1項13号）。このような処理により，自己株式は資産として計上しない以上，自己株式の帳簿価額は，税務上，消滅してゼロとなるように読める。これによれば，A社が保有していた自己株式（A社株式）の「帳簿価額」はゼロとなり，株式移転により割り当てられるX社株式にもその「帳簿価額」が引き継がれると考えられる。もっとも，本件では，このような取扱いをすることが会計との差異をもたらし，譲渡益課税による大きな税負担をもたらすことから，自己株式およびそれに割り当てられた株式の「帳簿価額」をどのようにとらえるべ

きかが争点となった。

③　裁判所の判断

裁判所は，以下のように述べ，上記②で述べたとおり，法人税法の解釈としてはA社が保有していた自己株式の株式移転直前の「帳簿価額」はゼロであり，かつ株式移転によって当該帳簿価額が引き継がれるものとした。

> - 法人が自己の株式を取得した場合には，法人税法上，資本金等の額が減少することになる反面，資産としては計上されないことになるから，当該自己株式については，消却したのと同様に扱われることとなっているものと解される。
> - 法人税法上資産としての価値がないものとして扱われている自己株式については，その帳簿価額は，法人税法上は存在せず，ゼロになる。
> - したがって，A社自己株式の本件株式移転の直前の帳簿価額も，ゼロであると解するのが相当である。

X社は，このような解釈に対して，以下のとおりさまざまな主張を行っていたが，裁判所は，それらの主張を以下のとおりすべて排斥している。

(i) まず，X社は，A社が一定の対価を支払ってA社自己株式を取得しているにもかかわらず，A社自己株式の帳簿価額をゼロとし，当該帳簿価額を引き継いでX社株式の取得価額もゼロとしてX社株式の譲渡所得を計算することは，キャピタル・ゲイン課税の原則に反すると主張する。この点について，裁判所は，法人税法上，A社自己株式取得の対価に相当する金額は，取得と同時にA社の資本金等の額および利益積立金の額から減算され，A社自己株式は資産として計上されていないことを理由に，そのようなA社自己株式に対して株式移転で割り当てられたX社株式の取得価額もゼロであり，X社株式を譲渡した場合には譲渡対価全額が譲渡益となることは，何らキャピタル・ゲイン課税の原則に反しないと判示した。

(ii) また，X社は，仮にA社株式の帳簿価額がゼロであったとしても，自己株式は「有価証券」（法人税法2条21号）に該当しないことを理由に，有価証券の譲渡益の算定における取得価額に関する規定である法人税法施行令119条1項10号は自己株式に対しては適用されない（A社自己株式の税務上の帳簿価

額はX社株式に引き継がれない）旨の主張を行ったが，裁判所は自己株式も有価証券に該当するとして当該主張を退けた。

(ⅲ)さらに，X社は，A社自己株式の帳簿価額を引き継いだX社株式の帳簿価額をゼロであるとすることは，企業会計と異なる処理をすることとなるため（下記④参照）法人の所得の金額の計算上，収益の額および損金の額に算入すべき金額は，一般に公正妥当と認められる会計処理の基準に従って計算されるとする法人税法22条4項の規定に違反する旨主張した。この点について，裁判所は，法人税法22条4項は，法人税法がその租税政策上の観点から，会計処理基準とは異なる定め（別段の定め）を設けることを一切排除する趣旨ではなく，「別段の定め」である法人税法119条1項10号の存在から，A社自己株式の帳簿価額を引き継いだX社株式の帳簿価額はゼロであることが法人税法22条4項の規定には反しない旨判示した。

④　分析・検討
　(a)　法人税法における「別段の定め」と資本等取引・損益取引
　企業会計上は，株式移転において自己株式と引換えに受け入れた完全親会社株式の取得原価は，親会社が付した子会社株式の取得原価を基礎として算定するとされており，ゼロとはならない（企業会計基準委員会　企業会計基準適用指針第10号「企業結合会計基準及び事業分離等会計基準に関する適用指針」238-3）。

　一方，法人税法上，株式移転により交付を受けた株式移転完全親法人の株式の取得価額は，株式移転完全子法人の株式の，当該株式移転の直前の帳簿価額に相当する金額とする旨が定められている（法人税法施行令119条1項10号）。また，株式移転完全子法人の株式の帳簿価額は，自己株式の帳簿価額として，ゼロとなっている（法人税法施行令8条1項18号・9条1項13号）。本判決は，これらの条項が架橋され，自己株式の帳簿価額が引き継がれることを明示した。このように，法人税法の文言に素直に従うと，会計と税務の乖離により，多額の納税負担が生じうることになる。

　このような帰結を避けるためにX社は，「自己株式の取得価額を考慮しないのはキャピタル・ゲイン課税の原則に反する」「自己株式は『有価証券』に該当しない」「法人税法22条4項に基づき（法人税法119条1項10号は適用されず）A社株式ないしX社株式の帳簿価額は会計上の金額で算定すべき」等の主張

を行ったが，これらの主張はすべて排斥されている。法人税法および同法施行令の規定からすれば，判決の結論が導かれることに疑問はない。すなわち通常は，自己株式の処分は資本等取引として扱われ，資本金等の額を増加させる（法人税法22条5項，法人税法施行令8条1項1号柱書）。これに対して，株式移転のうち，本件のように株主に株式移転完全親会社（X社）の株式以外の資産が交付されない場合という形で自己株式の処分が行われた場合，明文で資本金等の額の増加が否定されている（同号へ）。つまり，株式移転による自己株式の処分は，明文上資本等取引とされておらず[29]，単なる自己株式の処分とは明確に区別されている。本判決はそのような差異に依拠して判断を行っている。

しかし，法人が保有している自己株式を処分した場合には資本等取引として課税関係が生じないにもかかわらず，株式移転により自己株式から株式移転完全親会社株式となった後に処分した場合には損益取引として課税されることに整合性があるのか，立法論としては，若干の疑問は残る。本件に限らず，企業会計とは異なる法人税法上の独自の処理を行うことを明示するものとして設けられた「別段の定め」（第5章参照）は厳格な文言解釈が行われるべきであり（第5章第3節参照），納税者は現行法の文言に従った処理を粛々と行うべきであるということになろう。

(b) 組織再編と租税負担の軽減目的

なお，第1審判決は，傍論ではあるものの，次のように述べて，私企業が組織再編の際に租税負担への影響をも考慮することは，経済的合理性に適う行動であることを，正面から認めている。

> 原告は，被告の解釈は，企業再編を促進しようとする会社法等の趣旨と相容れない旨の主張をするが，組織再編をすることでより効率的な経済的利益の獲得方法を模索する私企業において，その租税負担への影響をも考慮しながら組織再編をするか否か，するとしてどのような方法を採るかの選択をすることは珍しいことではなく，むしろそのような考慮をすることが経済的合理性に適っているといえるのであるし，経済政策の一環として，ある一定の組織再編を推進するために租税負担の軽減政策を採るようなこ

29　渡辺徹也「判批」ジュリ1453号203頁。

> とはあり得るとしても，そのような租税軽減政策が採られていないにもかかわらず，税務当局において，租税負担の軽減を図るような独自の租税法規の解釈論を展開することは，かえって租税法律主義に反しかねないものであり，そのような解釈をすべきであるという主張にはおよそ与することはできない。（下線は筆者）

　上記の判示内容は，租税回避否認規定における法人税法132条の2の法人税の負担を「不当に減少」させるという規定の意味（**第3章第5節**）を考察するうえでも参考になるといえよう。

第 5 章

会計と税務の取扱いが交錯する事案

　近時，企業会計制度および法人税法が拡充・改正を重ねていることにより，法人税法の明文上あるいは解釈上，企業会計と法人税法上の所得計算が必ずしも一致していないことが，主に2つの点で問題となっている。
　1つは，企業会計が精緻化されていることにより，伝統的に企業会計と法人税の所得計算を結びつける原則であった法人税法上の「公正処理基準」（法人税法22条4項）が，そもそも企業会計から乖離しているのではないか，という点である。
　もう1つは，法人税法上の「別段の定め」の規定を解釈するに際し，企業会計との関係をどのように考えるべきか，という点である。
　本章では，近時訴訟で争われた事案をもとに，この2つの問題について検討を加える。

第1節 総論

近時,法人税法の明文上あるいは解釈上,企業会計と法人税法上の所得計算が必ずしも一致していないことを理由に,納税者が企業会計上の処理に従って行った税務処理が税務当局により否定され,裁判で争われる例が多くみられる。本章では,このように企業会計と法人税法上の所得計算との間に乖離が存在していることに伴って生じる問題について,検討を加える。

1 企業会計と法人税法の関係に関する伝統的な議論

法人税法は,従前から会社法制(商法,会社法)および企業会計と「三位一体」として位置付けられ,それらの制度を土台として設けられているものであり,原則として会社法制および企業会計を前提に解釈適用されるべきであるとされてきた。法人税法の条文上も,所得計算に用いられる益金および損金の計算は「一般に公正妥当と認められる会計処理の基準に従って計算される」(22条4項,公正処理基準)と規定される。この法人税法22条4項の公正処理基準は,昭和42年に法人税の簡素化の一環として設けられた規定であるが,法人の所得の計算が原則として(合理的で慣行となっている)企業会計に準拠して行われるという従前からの前提を,確認的に規定したものであると解されている[1]。

このような公正処理基準により,企業会計と法人税の所得計算が結びつけら

---

[1] 中里実「企業会計における課税所得算定の法的構造(五・完)」法学協会雑誌100巻9号1565頁,原省三「公正処理基準に関する一考察―最近の我が国の企業会計制度の変容を踏まえて―」税大論叢58号256頁,角田享介「法人税法22条4項に関する一考察―企業利益概念の変革と公正処理基準の解釈の観点から―」税大論叢79号29頁(各論文において引用される文献を含む)等。

第1節 総　　論

れている。すなわち，法人税法は，法人税の課税標準を各事業年度の「所得の金額」としたうえで（21条），当該「所得の金額」は，上記のとおり公正処理基準によって計算される益金の額から，同じく公正処理基準によって計算される損金の額を控除した金額と定めている（22条1項）。その際，益金は「収益」，損金は「原価」「費用」「損失」について，それぞれ確定した決算を基準に算定される（確定決算主義）。

　もっとも，「別段の定め」が存在する場合には，益金および損金の額は，企業会計と乖離することがあり得る（22条2項～5項）。

　以上のような法人税法における所得計算の基本的な構造を図示すると，【図表5－1】のとおりである。

【図表5－1】　所得計算の基本的な構造

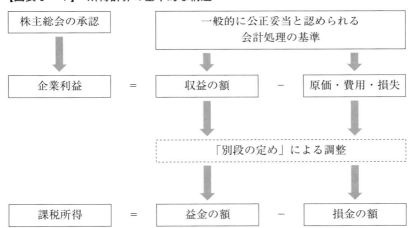

出典：日本公認会計士協会　租税調査会研究報告第20号「会計基準のコンバージェンスと確定決算主義」6頁

2　近時の議論

　このように，伝統的に，企業会計と法人税法の所得計算が，確定決算主義と公正処理基準を通じて結びついてきたのに対し，近時は新たな会計基準の制定

や税制改正による「別段の定め」の精緻化により、企業会計と法人税法の乖離が進展している。

すなわち、(i)企業会計の領域においては、いわゆる会計ビックバンのもと、平成10年3月に企業会計審議会が公表した「研究開発費等に係る会計基準」「退職給付に係る会計基準」等を皮切りに、「金融商品に係る会計基準」「ストックオプション等に関する会計基準」等の新たな会計基準が企業会計審議会および企業会計基準委員会（ASBJ）から発出され、また会計基準を実務に適用する場合の具体的な指針を示した報告書や実務指針が日本公認会計士協会・会計制度委員会から発出されるなど、取引の複雑化に対応して企業会計の精緻化が図られてきた（このような企業会計の体系については、【コラム】「会計基準および実務指針等の体系」（265頁）を参照）。新たな会計基準や指針等は、上記のような法人税の所得計算に影響を与えうる基準や、「連結キャッシュ・フロー計算書等の作成基準」のように直接的には法人税の所得計算に影響を与えない基準等、多岐にわたるが、いずれにせよ会計基準や指針等を設定するに際し、必ずしも法人税法への影響が考慮されていたわけではない。

また、(ii)法人税法の側でも、平成10年度税制改正以降、「別段の定め」が詳細に設けられることで、企業会計からの乖離が進むこととなった。すなわち、平成8年に税制調査会・法人課税小委員会「法人課税小委員会報告」において「課税ベースを拡大しつつ税率を引き下げる」という基本的方向が示された。課税ベースの拡大にあたって、同報告は次のように述べ、企業会計とは一線を画し、税制の公正・中立等を実現するために、課税所得を的確に把握することの重要性が強調された。

> 「法人税の課税所得は、今後とも、商法・企業会計原則に則った会計処理に基づいて算定することを基本としつつも、適正な課税を行う観点から、必要に応じ、商法・企業会計原則における会計処理と異なった取扱いとすることが適切と考える。」（平成8年11月付政府税制調査会・法人課税小委員会「法人課税小委員会報告」[2] 24頁）

---

[2] http://www.soken.or.jp/p_document/zeiseishousakai_pdf/h0811_houjinkazeisyou-inkai.pdf

このような基本的方向により,「別段の定め」が詳細に設けられ,法人税法独自の観点から定められる所得計算の方法が拡充されるとともに,企業会計との乖離が顕著なものとなった。

このような企業会計制度および法人税法の展開により,企業会計と法人税法の乖離が2つの場面で問題となっている。

1つは,企業会計の精緻化(上記(i))により,伝統的に企業会計と法人税の所得計算を結びつける原則であった「公正処理基準」(法人税法22条4項)が,そもそも企業会計における基準から乖離しているのではないかという点である(第2節)。

もう1つは,「別段の定め」の拡充(上記(ii))により拡充された個々の規定を解釈するに際し,企業会計との関係をどのように踏まえるべきか,という点である(第3節)。

以下では近時訴訟で争われた事案をもとに,この2つの問題について検討を加える。

第2節

企業会計と公正処理基準

　まず，納税者が企業会計に基づいて行った税務上の処理について，そのような処理はそもそも法人税法22条4項の公正処理基準に該当しないという理由で税務当局がこれを争った例が存在する。

　法人税法22条4項は，益金および損金が「一般に公正妥当と認められる会計処理の基準に従って計算される」という広い文言を用いて公正処理基準を規定している。また，法人税の申告実務上は，企業会計に従って計算された利益（損益計算書の当期純利益）に「別段の定め」による調整を加えて所得の金額を計算する（別表4）こととされている。そのため，仮に，納税者が税務上の処理を行うに際して依拠した企業会計上の処理が，事後的に税務当局によって「公正処理基準に従ってなされた処理とはいえない」と主張され，裁判所によってそのような主張が是認されることになれば，納税者にとって予見可能性・法的安定性が著しく害されることになる。

　そのため，予測可能性・法的安定性という観点からも企業会計と公正処理基準は原則として一致するべきであるが，下記で検討するように，近時の裁判例は，実務指針等により明文化された会計処理であっても，公正処理基準に該当しない場合がある旨を述べている。

　これらの近時の裁判例は，ともに大竹貿易事件最高裁判決（最判平5・11・25民集47巻9号5278頁）を引用し，判断を行っている。同最高裁判決は，法人税法上の考慮に基づき，納税者が採用した会計処理が公正処理基準に該当しない場合があることを判示したリーディングケースである。そこで，まずはこの大竹貿易事件最高裁判決について概観し，その後に近時の裁判例について分析を加えたい。

第2節　企業会計と公正処理基準

1　基本となる判例—大竹貿易事件（納税者敗訴）

　法人税法22条2項および4項の解釈上，法人が収益を計上すべきタイミングは当該収益が実現した時であり（実現主義），具体的には，原則として当該収益の原因となった権利が確定した時であるとする権利確定主義（権利確定基準）が，現在では確立している。

　大竹貿易事件最高裁判決は，納税者の採用した会計処理基準（荷為替取組日基準）が，すでに売買代金請求権が確定しているにもかかわらずその時点で収益に計上しない処理であって，権利確定主義に反することを理由に，公正処理基準に該当しないと判断した判決である。

(1)　事案の概要

　X社は，ビデオデッキ，カラーテレビ等の輸出取引を業とする内国法人である。X社と海外の顧客との間の輸出取引は，(i) X社において輸出商品を船積みし，運送人から船荷証券の発行を受けたうえ，(ii) 商品代金取立てのための為替手形を振り出して，これに船荷証券その他の船積書類を添付し，いわゆる荷為替手形として，これをX社の取引銀行で買い取ってもらうというものであった。このような取引については，以下のとおり2つの会計処理があり得た。

- 実務上一般に採用されていた会計処理基準＝「船積日基準」
  輸出取引による収益の計上において，(i)船積時を基準として収益を計上する処理
  （今日の輸出取引においては，信用状の授受や輸出保険制度の利用により，売主は商品の船積みを完了すれば，取引銀行において為替手形を買い取ってもらうことにより売買代金の回収を図り得る実情にあったことに基づく）
- X社の採用した会計処理基準＝「荷為替取組日基準」
  荷為替手形を取引銀行で買い取ってもらう際に船荷証券を取引銀行に交付することによって商品の引渡しをしたものとして，(ii)取引銀行による

> 荷為替手形の買取りの時点において，その輸出取引による収益を計上する処理

　X社の採用した荷為替取組日基準の方が，船積日基準よりも，収益を計上する時期が遅くなる。そのため，(i)船積みと(ii)取引銀行による荷為替手形の買取りが異なる事業年度にまたがる場合には，どちらの基準を採用するかによって，各事業年度における所得金額，ひいては法人税額が異なることになる。本件でも，事業年度をまたぐ取引が行われていた。

　X社は，昭和55年3月期および同56年3月期において，輸出取引による収益を荷為替取組日基準によって計上して所得金額を計算し，法人税の申告を行った。これに対し，税務当局は，輸出取引による収益を船積日基準によって計上すべきものとして，X社の昭和55年3月期および同56年3月期の所得金額および法人税額の更正を行ったことから，X社がその処分の取消しを求めた。

(2) 争　　点

　X社が採用していた荷為替取組日基準による収益の計上が，公正処理基準に従った処理といえるかどうかが争点となった。

(3) 裁判所の判断

　最高裁は，次のように判示し，荷為替取組日基準に従ったX社の処理を，公正処理基準に従った処理であるとは認めなかった。

① 規　　範

　最高裁は，「ある収益をどの事業年度に計上すべきかは，一般に公正妥当と認められる会計処理の基準に従うべきであり，これによれば，収益は，その実現があった時，すなわち，その収入すべき権利が確定したときの属する年度の益金に計上すべきものと考えられる。」として，公正処理基準の内容として，権利確定基準が妥当する旨を述べる。

　そのうえで，法人税法22条4項は「現に法人のした利益計算が法人税法の企図する公平な所得計算という要請に反するものでない限り，課税所得の計算上もこれを是認するのが相当であるとの見地から，収益を一般に公正妥当と認め

られる会計処理の基準に従って計上すべきものと定めたものと解される」から，「右の権利の確定時期に関する会計処理を，法律上どの時点で権利の行使が可能となるかという基準を唯一の基準としてしなければならないとするのは相当でなく，<u>取引の経済的実態からみて合理的なものとみられる収益計上の基準の中から，当該法人が特定の基準を選択し，継続してその基準によって収益を計上している場合には，法人税法上も右会計処理を正当なものとして是認すべきである</u>」とする（下線部筆者，以下同じ）。

　他方で，「<u>その権利の実現が未確定であるにもかかわらずこれを収益に計上したり，既に確定した収入すべき権利を現金の回収を待って収益に計上するなどの会計処理は，一般に公正妥当と認められる会計処理の基準に適合するものとは認め難いものというべきである</u>」とする。

② 船積日基準および荷為替取組日基準に対する判断

　最高裁は，そのうえで，実務上一般に採用されていた会計処理基準である船積日基準は，一般に公正妥当と認められる会計処理の基準に適合するものということができるとする。すなわち，今日の輸出取引においては，すでに商品の船積時点で，売買契約に基づく売主の引渡義務の履行は，実質的に完了したものとみられるとともに，売主は，商品の船積みを完了すれば，その時点以降はいつでも，取引銀行に為替手形を買い取ってもらうことにより，売買代金相当額の回収を図り得るという実情にある。したがって，船積時点において，売買契約による代金請求権が確定したものとみることができるから，船荷証券が発行されている場合でも，商品の船積時点において，その取引によって収入すべき権利がすでに確定したものとして，これを収益に計上するという会計処理も，合理的なものであるとする。

　これに対して最高裁は，X社が採用している荷為替取組日基準は，一般に公正妥当と認められる会計処理の基準に適合しないと判断した。すなわち，船荷証券の交付は，売買契約に基づく引渡義務の履行としてされるものではなく，為替手形を買い取ってもらうための担保として，これを取引銀行に提供するものであるから，交付の時点をもって売買契約上の商品の引渡しがあったとすることはできない。そうすると，X社が採用している荷為替取組日基準は，商品の船積みによってすでに確定したものとみられる売買代金請求権を，為替手形

を取引銀行に買い取ってもらうことにより現実に売買代金相当額を回収する時点まで待って、収益に計上するものであって、その収益計上時期を人為的に操作する余地を生じさせる点において、一般に公正妥当と認められる会計処理の基準に適合するものとはいえないとする。また、このような処理による企業の利益計算は、「法人税法の企図する公平な所得計算の要請」という観点からも是認し難いとする。

(4) 分析・検討
① 荷為替取組日基準の企業会計上の意義

最高裁は、X社が採用していた荷為替取組日基準が、企業会計上の観点から妥当であったか否かについては明確に述べていない。もっとも、最高裁調査官解説においては、荷為替取組日基準は、企業会計の実務においても「発生主義（実現主義）の観点から採用には問題が残るとされている会計処理基準である」と指摘されている[3]。

すなわち、企業会計原則においても、「すべての費用及び収益は、その支出及び収入に基づいて計上し、その発生した期間に正しく割当てられるように処理しなければならない」（企業会計原則第2－A）とされており（「中小企業の会計に関する指針」も同内容）、企業会計上、いわゆる発生主義が妥当すると解されている。荷為替取組日基準は、このような「発生した期間に正しく割当てられる」かどうかという点において、問題が残るということになる。

そのため、荷為替取組日基準に従った処理は、端的に企業会計上妥当でない基準に基づく会計処理であり、そのような会計処理に従った税務処理は当然法人税法上も妥当ではない、と判断する余地もあった。

もっとも最高裁はそのような態度をとらず、法人税法22条4項の趣旨が「現に法人のした利益計算が法人税法の企図する公平な所得計算という要請に反するものでない限り、課税所得の計算上もこれを是認するのが相当である」とする一般論を述べたうえで、具体的な荷為替取組日基準への適用においても、収益計上時期を人為的に操作する余地を生じさせ、「法人税法の企図する公平な

---

[3] 『最高裁判所判例解説民事篇平成5年度（下）』（法曹会、1996年）1011頁。

所得計算の要請という観点からも是認し難い」として，直接的に法人税法上の考慮を行う。

大竹貿易事件最高裁判決は，少なくとも収益の計上時期の場面（権利確定基準）において，最高裁が，企業会計上の観点からではなく，「法人税法の企図する公平な所得計算の要請という観点」から法人税法22条4項の公正処理基準該当性を判断することを明確にした点において，重要な意義を有する。

② 主張立証責任

最高裁は，「現に法人のした利益計算が法人税法の企図する公平な所得計算という要請に反するものでない限り」，現に法人のした利益計算が是認されるとしている。このような判示，および税務訴訟の主張立証責任の考え方（第2章第3節④）からすれば，税務当局側が，「現に法人のした利益計算が法人税法の企図する公平な所得計算という要請に反する」ことについての主張立証責任を負うと考えられる。

2 近時の裁判例①—ビックカメラ事件（納税者敗訴）

ビックカメラ事件（東京地判平25・2・25訟月60巻5号1103頁，東京高判平25・7・19税資245号991頁（納税者敗訴，確定））は，企業会計上は合理的な会計処理と解される基準が，法人税法独自の観点から22条4項の公正処理基準に該当しないことがありうるということを正面から述べている裁判例であり，実務に対する影響が大きい。

(1) 事案の概要

家庭用電気製品の売買等を目的とする内国法人であるX社は，平成14年に，資金の調達等の目的で，その所有する土地および建物等を信託財産とする信託契約（以下「本件信託契約」といい，これに係る信託財産を，以下「本件信託財産」という）を締結したうえで，それに基づく受益権（以下「本件信託受益権」という）を総額290億円でSPC（特別目的会社）に譲渡すること等を内容とする，いわゆる不動産の流動化を行った。

X社およびA社（以下のとおり，X社の子会社と認定された）は，本件不

第5章　会計と税務の取扱いが交錯する事案

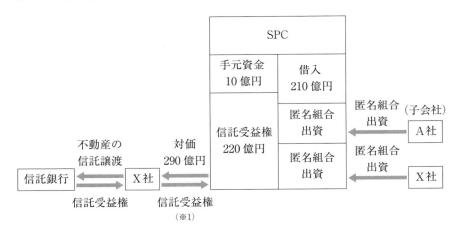

動産流動化取引において，SPCに対して14億5000万円の匿名組合出資を行った。

X社は，本件不動産流動化取引の会計処理について，本件信託受益権のSPCへの譲渡（上図※1）を本件信託財産の譲渡として取り扱い，本件信託財産である不動産を貸借対照表上の資産の部に計上しないものとするオフバランス化処理（このような取扱いを，以下「売却取引処理」という）を行っていた。これは，日本公認会計士協会の設定した不動産流動化実務指針[4]が，大要，以下のとおり定めていたことによる処理であった（鍵括弧および下線は筆者。特別目的会社を「SPC」と置き換えている）。

> （3．）　不動産の売却の認識は，不動産が法的に譲渡されていること及び資金が譲渡人に流入していることを前提に，<u>譲渡不動産のリスクと経済価値のほとんど全てが他の者に移転した場合に当該譲渡不動産の消滅を認識する方法</u>，すなわち，<u>リスク・経済価値アプローチ</u>によって判断することが妥当である。
>
> （5．）　不動産がSPCに適正な価額で譲渡されており，かつ，<u>当該不動産に係るリスクと経済価値のほとんど全てが，譲受人であるSPCを通じて他の者に移転していると認められる場合</u>には，譲渡人は不動産の譲渡

---

[4] 日本公認会計士協会・会計制度委員会報告第15号「特別目的会社を活用した不動産の流動化に係る譲渡人の会計処理に関する実務指針」。

248

取引を売却取引として会計処理する。

　不動産がSPCに適正な価額で譲渡されているが，当該不動産に係るリスクと経済価値のほとんど全てが譲受人であるSPCを通じて他の者に移転しているとは認められない場合には，譲渡人は不動産の譲渡取引を金融取引として会計処理する。

(13.)　流動化された不動産のリスクと経済価値のほとんど全てが，譲受人であるSPCを通じて他の者に移転していることを売却の認識の要件としたが，流動化スキームの構成上重要でない一部のリスクが譲渡人に残ることが避けられない場合にまで，売却取引として会計処理することを妨げることは実務上適切ではない。

　リスクと経済価値の移転についての判断に当たっては，リスク負担を「流動化する不動産がその価値の全てを失った場合に生ずる損失」であるとして，<u>流動化する不動産の譲渡時の適正な価額（時価）に対するリスク負担の金額の割合がおおむね5％の範囲内であれば，リスクと経済価値のほとんど全てが他の者に移転している</u>ものとして取り扱う。

$$リスク負担割合 = \frac{リスク負担の金額}{流動化する不動産の譲渡時の適正な価額（時価）}$$

　X社は，平成20年6月，発行株式を東京証券取引所市場第一部に上場した。同年12月，証券取引等監視委員会は，売却取引処理は不適切であり，本件信託受益権のSPCに対する譲渡を金融取引として処理し，本件信託財産である不動産をオフバランス化せずに貸借対照表上の資産の部に計上すること（このような取扱いを，以下「金融取引処理」という）が適切であるとの判断をし，X社に対して，その旨の行政指導（以下「本件行政指導」という）をした。これは，不動産流動化実務指針が，不動産の流動化主体に子会社が存在する場合について，大要以下のとおり定めていたことに基づく。

(16.)　不動産の流動化スキームにおいて譲渡人の子会社又は関連会社がSPCに出資を行っていること等により，当該子会社又は関連会社が当該不動産に関する何らかのリスクを負っている場合には，当該子会社又は関連会社が負担するリスクを譲渡人が負担するリスクに加えてリスク

負担割合を算定する。

　X社は，本件行政指導を踏まえ，A社については，A社の実質株主は名義人ではなく，当時の代表取締役社長であることや，A社の資金調達に代表取締役社長の担保提供があることを理由に，財務諸表等の用語，様式作成方法に関する規則8条に基づき子会社に認定すべきであったもので，これを前提として不動産流動化実務指針に従うと，X社と合わせたリスク負担割合が5％を超過することとなる等として，同指針に従い，平成14年8月期にさかのぼって本件不動産流動化取引に係る会計処理を金融取引処理に改め，平成21年2月20日，関東財務局長に対し，平成14年8月期から平成20年8月期までの有価証券報告書の訂正届出書等を提出した。

　X社は，これに先立つ平成19年9月1日から平成20年8月31日までの事業年度において，売却取引処理を行っていたことを前提に，本件信託受益権をSPCから買戻し，これを財務諸表上資産の部に計上する会計処理をするとともに，SPCとの間の匿名組合契約の終了に伴う配当金を収益に計上し，確定申告をしていた。しかし，上記のとおり前提となる売却取引処理を金融取引処理へと訂正したことにより，売却取引処理のもとで買戻し・匿名組合契約終了の事業年度に収益を一度に計上するのではなく，金融取引処理のもとで各期の収益とすることで，当該最後の事業年度における確定申告により納付すべき法人税額が過大となったとして，更正の請求をした。これに対し，税務当局は更正をすべき理由がない旨をX社に通知したため，X社がその取消しを求めた。

(2) 争　点

　争点は，本件信託受益権の譲渡について，本件行政指導および不動産流動化実務指針に従った金融取引処理（譲渡およびオフバランス化を行わない処理）が，法人税法上公正処理基準に従った処理といえるか否かという点である。

(3) 裁判所の判断

　第1審は，大竹貿易事件最高裁判決（最判平5・11・25民集47巻9号5278頁，前記①および後記(4)①参照）を引用したうえで，法人税法22条4項は法人税法に

おける所得の金額の計算に係る規定および制度を簡素なものとすることを旨として設けられた規定であり，法人が採った会計処理の基準が「一般に公正妥当と認められる会計処理の基準」（第1審および控訴審は「税会計処理基準」という文言を用いる）に該当するといえるか否かについては，「適正な課税及び納税義務の履行の確保」を目的とする法人税法固有の観点から判断されるものであって，企業会計上の公正妥当な会計処理の基準（公正会計基準）とされるものと常に一致することを規定するものではないとした。

　そのうえで，不動産流動化実務指針は，法人税法の公平な所得計算という要請とは別の観点に立って定められたものであるとして，公正処理基準（税会計処理基準）に合致するものではないとした。控訴審判決は，このような第1審の判断を是認した。

　裁判所が，具体的にいかなる考慮に基づき，不動産流動化実務指針が「法人税法の公平な所得計算という要請とは別の観点に立って定められた」と判断したのかについては，次の(4)でまとめて検討する。

(4) 分析・検討

　本判決は，収益の計上するタイミングの判断が問題となる場面において，法人税法上の公正処理基準が「企業会計上の公正妥当な会計処理の基準（公正会計基準）とされるものと常に一致することを規定するものではない」としたうえで，法人税法上の考慮から不動産流動化実務指針が法人税法22条4項の公正処理基準（前記(3)のとおり本判決は「税会計処理基準」という文言を用いる）に該当しないと判断している。つまり，本判決は，不動産流動化実務指針が企業会計上は合理的であり慣行となっていることを前提としつつ，本件において同指針に従うことが公正処理基準（税会計処理基準）には該当しない，と判断しているものといえる。

　大竹貿易事件最高裁判決においては，納税者が採用した「荷為替取組日基準」が企業会計上合理的であり慣行となっているか否かについては必ずしも明確に判示されていたわけではなかったが，本判決は，権利確定基準の適用場面において，会計上は妥当と考えられる明文の指針（実務指針）に基づく会計処理（特に本件は，納税者は監督当局の行政指導に従った会計処理を行った事案である）

について，法人税法上の考慮によって公正処理基準に従った処理とはいえないことがあるということを明示した裁判例として意義を有する。

本判決により，納税者は，明文の実務指針等に即した会計処理が公正処理基準に従った処理といえるかどうかについて判断しなければいけないリスクとコストを負うことになる。これは，納税者の立場からすると許容しがたいものであり，疑問が残るところであるが，本判決は「法人税法の公平な所得計算という要請」という法人税法上の考慮がなされるメルクマールについても一定の示唆を示していることから，納税者としては，裁判所がどのような要因によって企業会計と公正処理基準の乖離が生じると考えているのかを判断する際に，一定の参考になる。これに関して，本判決は，主に次の2点を指摘している（裁判例，学説等を通じた要素に係る検討は，下記3(2)）。

① リスク・経済価値アプローチが否定され得る点

本判決は，不動産流動化指針がリスク，経済価値といった用語で説明される考え方（リスク・経済価値アプローチ）に基づいて作成されており，「財貨の移転」等と「対価の成立」の2つの要件によって具体化される企業会計における一般的な実現主義の考え方とは異なることを指摘している。

すなわち，不動産流動化実務指針においては，上記(1)のとおり，「リスク・経済価値アプローチ」（不動産が法的に譲渡されていることおよび資金が譲渡人に流入していることを前提に，譲渡不動産のリスクと経済価値のほとんどすべてが他の者に移転した場合に，当該譲渡不動産の消滅を認識する方法）がとられている。

これは，不動産流動化の場面で，不動産等が法的に譲渡され，かつ，その対価を譲渡人が収入しているときであっても，なお，譲渡人（および子会社等）に残された不動産のリスクの程度を考慮して，これを金融取引として取り扱い，信託譲渡された不動産をオフバランス化せずに貸借対照表上の資産の部に計上されたままとして取り扱うことがあるとする方法である。そのため，譲渡により収入すべき権利が確定した場合においても一定の場合に譲渡がなかったものと扱われることから，大竹貿易事件最高裁判決にいう「既に確定した収入すべき権利を現金の回収を待って収益に計上するなどの会計処理」に該当し，「一般に公正妥当と認められる会計処理の基準に適合するものとは認め難い」と判

断される可能性がある。

②　会計処理において他の法人との関係を考慮する点

　また本判決は，資産の譲渡があった場合に，法人税法において他の法人との関係を考慮することができると定められたときにもあたらないにもかかわらず，不動産流動化実務指針16.が他の法人（子会社や関係会社）との関係を考慮していることも，不動産流動化実務指針に従ったX社の処理が，公正処理基準（税会計処理基準）に従った処理とはいえない理由として指摘している。すなわち，不動産流動化実務指針は，上記①のとおり，不動産に係るリスクと経済価値のほとんどすべてがSPCを通じて他の者に移転していると認められるか否かによって，売却取引処理と金融取引処理とを区分けしている。そのうえで同指針16.は，譲渡人の子会社または関連会社が譲受人であるSPCに出資を行っていること等により，当該子会社または関連会社が当該不動産に関する何らかのリスクを負っている場合には，当該子会社または関連会社が負担するリスクを譲渡人が負担するリスクに加えてリスク負担割合を算定するものとしている。すなわち，親会社である譲渡人において適用される会計処理を決定する「リスク」の判断要素として，子会社の負う「リスク」をも考慮するものとしている。

　税務当局は，企業会計が子会社を含めた企業グループ全体の経営成績や財政状況に関する情報を開示することを基本的な目的としているのに対し，法人税法が連結納税制度の適用される場合を除けば法人単位での課税を原則としていることから，「子会社を考慮する会計処理を前提として所得の金額の計算をすることは，同法の予定しないところといわざるを得ない」と主張していた。本判決は，実質的にこのような税務当局の主張を認め，不動産流動化実務指針の規定が，法人税法において他の法人との関係を考慮することができると定められたときにもあたらないにもかかわらず，他の法人との関係をも考慮している規定であるとして，これも一要素として「同法（法人税法）の公平な所得計算という要請とは別の観点に立って定められたものとして，税会計処理基準に該当するものとはいえない」と判示している。

　本判決においては，これら①②の指摘に基づいて，不動産流動化実務指針は，信託受益権が法的に譲渡されたにもかかわらず，そのような収入の原因となっ

た法律関係を離れ，かつ他の法人との関係を考慮して，その収益の実現を否定するものであり，法人税法の公平な所得計算という要請とは別の観点に立って定められたものであるとして，公正処理基準（税会計処理基準）に該当しないとされている。

③ 近時の裁判例②―オリックス事件（納税者勝訴）

オリックス事件（東京地判平24・11・2税資262号順号12088（納税者敗訴），東京高判平26・8・29ウエストロー2014WLJPCA08299007（納税者勝訴））は，資産の流動化が行われ，日本公認会計士協会・会計制度委員会の公表物（実務指針という名称）のうちの1つに依拠した処理が公正処理基準に従った処理といえるかどうかが問題となったという点で，ビックカメラ事件に類似するものである。

本判決は，ビックカメラ事件とは異なり，本件で問題となった実務指針に従った処理が公正処理基準に従った処理に該当するとの判断を下した（ただし，本判決は実務指針の類推適用という構成を用いた）。

(1) 事案の概要

銀行業務や信託業務等を目的とするＸ社は，資金調達を行う取引として，その保有する住宅ローン債権につき，Ｘ社を委託者，Ａ信託銀行を受託者とする信託契約を締結して信託譲渡し，優先的に元本が償還される優先受益権（以下「本件優先受益権」という）と優先受益権の元本が全額償還された後に元本が償還される劣後受益権（以下「本件劣後受益権」という）を受領した。Ｘ社は，本件優先受益権を投資家に売却する一方で，本件劣後受益権を継続的に保有することとした。

Ｘ社は，本件劣後受益権の保有につき，日本公認会計士協会・会計制度委員会報告14号「金融商品会計に関する実務指針」（以下「金融商品会計実務指針」という）105項の適用があるとして，本件劣後受益権による収益配当金の一部のみを収益に計上し，残りを計上しなかった。すなわち，金融商品会計実務指針105項は次のように述べ，取得した債権から生じる入金額を，元本の回収と

受取利息とに区分する会計処理（償却原価法）を行うことを定めている。

> 債権の支払日までの金利を反映して債権金額と異なる価額で債権を取得した場合には、取得時に取得価額で貸借対照表に計上し、取得価額と債権金額との差額（以下「取得差額」という。）について償却原価法に基づき処理を行う。この場合、将来キャッシュ・フローの現在価値が取得価額に一致するような割引率（実効利子率）に基づいて、債務者からの入金額を元本の回収と受取利息とに区分する。（後略）

　本件劣後受益権の取得価額は債権金額（住宅ローン債権の元本の本件劣後受益権に対応する部分）よりも高く評価されたが、X社は、これはベースとなっている本件住宅ローン債権の金利が、本件優先受益権に分配される金利よりも高く、差額分が本件劣後受益権の取得価額に割り当てられたものであることが理由であるとして、本件劣後受益権も「債権の支払日までの金利を反映して債権金額と異なる価額で債権を取得した場合」に該当し、同項の適用があるとした。そのうえで、本件劣後受益権の配当として受領した金銭を、同項の「元本の回収」に相当する「買入金銭債権償還額」と同項の「受取利息」に相当する「買入金銭債権利息額」とに区分し、後者の「買入金銭債権利息額」のみを収益に計上する処理を行った（法人税法上の益金の額についても同様の処理を行った）。

　会計仕訳としては、次のようになる。

現　　金	a＋b	受取利息 （買入金銭債権利息額） 債　　権 （買入金銭債権償還額）	a b

　これに対して税務当局は，本件劣後受益権の配当として受領した金銭はすべて益金の額に含まれるとして，更正処分を行った。

現　　金	a＋b	受取利息	a＋b

　税務当局の主張を前提とすれば，受益権について償還がなされる際に，すべて償却を行い損金とすることになると考えられ，取引全体を通じた課税所得はX社による処理と同様のものになるが，税務当局による処理の方が，毎事業年度における課税所得が多く，課税が繰り上げられることになる。

(2)　争　　点

　本件においては，本件劣後受益権をX社が受領し保有したことについて金融商品会計実務指針105項を適用あるいは類推適用すべきか，またそのような適用に基づく会計処理が，法人税法上も公正妥当な処理として是認されるか否かが問題となった。

(3)　裁判所の判断

①　金融商品会計実務指針105項の公正処理基準該当性

　第1審および控訴審はともに，一般に，金融商品会計実務指針105項の要件に該当する場合において，その債権の取得価額と債権金額の差額について同項が定める償却原価法により会計処理することは，法人税法22条4項にいう一般に公正妥当と認められる会計処理の基準（公正処理基準）に従った適法な処理であると解され，そのことは当事者に争いがないと判断している。

②　本件劣後受益権に対する金融商品会計実務指針105項の適用ないし類推適用

　第1審および控訴審はともに，本件劣後受益権の保有は金融商品会計実務指

針105項の適用要件を満たさないとする。すなわち，金融商品会計実務指針100項(2)ただし書，およびその背景事情について説明した同291項が，「企業が自ら保有する金融資産を信託するとともに，信託受益権を優先と劣後に分割し，その劣後受益権を自らが保有して優先受益権を第三者に譲渡する場合，……<u>自らが保有する劣後受益権は，新たな金融資産の購入としてではなく，信託した金融資産の残存部分として評価する必要がある。</u>」（下線は筆者）としていることから，本件劣後受益権の受領および保有は，金融商品会計実務指針105項における「債権を取得した場合」には該当しないと判断した。

そのうえで，第1審は，本件劣後受益権の受領および保有が，このように金融商品会計実務指針105項の要件を満たさないことをもって，ただちに，X社の収益配当金に関する処理は，適法な会計処理ではないと結論付けた[5]。

他方で控訴審は，次のとおり，金融商品会計実務指針105項の類推適用という処理により，X社の行った処理が公正処理基準に則った処理であると判断した。すなわち控訴審は，本件における論点が，ある収益をどの事業年度に計上すべきかという点にあることから，収益の計上時期についての先例である大竹貿易事件最高裁判決（最判平5・11・25民集47巻9号5278頁，前記①(3)①）を引用し，「権利の確定時期に関する会計処理を，法律上どの時点で権利の行使が可能となるかという基準を唯一の基準としてしなければならないとするのは相当でなく，取引の経済的実態からみて合理的なものとみられる収益計上の基準の中から，特定の基準を選択し，継続してその基準によって収益を計上している場合には，法人税法上も右会計処理を正当なものとして是認すべきである」とする。そのうえで，金融商品会計実務指針105項と同様の会計処理を行うことも，それが取引の経済的実態からみて合理的である場合には，金融商品会計実務指針105項を類推適用した場合と同様の会計処理として，法人税法上も正当なものとして是認されると判示する。

そして，本件劣後受益権については，経済的な実態として金融商品会計実務指針105項の「金利を反映して」債権金額と異なる価額で債権を保有している

5　第1審は明示的には述べていないが，X社の処理が適法な会計処理ではないことを理由に，法人税法上の公正処理基準に従った処理にも該当しないと判断したものと考えられる。

ということができ，この点において同項と類似した利益状況となっていることから，取引の経済的実態からみて合理的な処理であるとして同項の類推適用を認め（後述），法人税法上も公正妥当な処理であるとして是認した（具体的な理由付けについては，下記(4)②(a)で言及する）。

(4) 分析・検討
① 会計基準・指針の類推適用と公正処理基準

第1審は，本件でX社が行った会計処理が，金融商品会計実務指針105項の適用要件を満たさないことをもって，ただちに，適法な会計処理ではないと結論付けた。これに対して控訴審は，当該会計処理が同実務指針105項の適用要件を満たさないことは前提としつつも，同項の類推適用という形で，当該会計処理が法人税法上も許容される合理的な処理であると判断している。

そもそも，会計基準やこれを受けた実務指針は，経済活動において生じるあらゆる取引，価値評価を網羅することはできず，企業会計上妥当と認められる会計処理は，明文の会計基準や実務指針に記載されている処理に限られるものではない。

法人税法22条4項も「一般に公正妥当と認められる会計処理の基準」に従って所得が算定されると定めているのであり，明文化された会計基準や実務指針でなくとも法人税法上依拠し得ることを前提としている。このような22条4項の規定を受けて，本判決が引用する大竹貿易事件最高裁判決も，前記①(3)①のとおり「取引の経済的実態からみて合理的なものとみられる収益計上の基準の中から，当該法人が特定の基準を選択し，継続してその基準によって収益を計上している場合には，法人税法上も右会計処理を正当なものとして是認すべきである」として，あくまで取引の経済的実態から見て合理的な基準に従った会計処理を行っているかどうかという基準で判断するものとしている。

控訴審における「類推適用」という理論が法律解釈ではなく会計処理においても妥当すべきかどうかはともかく，控訴審判決は，納税者が取引の経済的実態に応じた合理的な基準に従った会計処理を行っていれば，必ずしも明文の基準に依拠した処理ではない場合（具体的な事案との関係で完全にあてはまる明文の基準ないし指針等が存在しない場合）であっても，当該処理が法人税法上

も認められることを示した。この意味で，控訴審判決は，納税者にとって有利な判断をしたものと評価できる。

② 権利確定基準と本件の償却原価法へのあてはめ

次に，控訴審が，具体的にいかなる理由によってX社が行った会計処理を法人税法上の公正処理基準に従った処理であると判断したのかが，問題となる。特に，本件と同様に資産の流動化が問題となり，会計上の実務指針に従った処理が法人税法上の公正処理基準に従った処理とはいえないと判断したビックカメラ事件との比較が問題となる。

(a) 金融商品会計実務指針と権利確定基準

控訴審は，「収益は，その実現があった時，すなわち，その収入すべき権利が確定した時の属する年度の益金に計上すべき」としたうえで，上記のとおり大竹貿易事件最高裁判決の「権利の確定時期に関する会計処理を，法律上どの時点で権利の行使が可能となるかという基準を唯一の基準としてしなければならないとするのは相当でなく」という判示を引用しており，本件劣後受益権に関する収益配当金に関する処理が，権利確定基準の問題であることを前提としている。

そのうえで控訴審は，本件劣後受益権について金融商品会計実務指針105項と同様の会計処理を行うことが合理的であることを述べる中で，同項の趣旨について解釈を示している。すなわち，債権の支払日が将来の期日であることからすれば，その間の金利を反映して債権の元本金額よりも高い金額（あるいは低い金額）で取得した場合には，その差額をその支払日までの期間にわたって期間配分するものとして，割引率（実効利子率）を定め，それに基づいて算定された額（前記(1)の会計仕訳におけるa）をその債権の受取利息とすることが合理的である。同項は，この方法で算定された受取利息額が，実際に受領した利息額より多いあるいは少ない場合は，その差額分を債権の帳簿価額に減算あるいは加算させたことによって（前記(1)の会計仕訳におけるb），割引率（実効利子率）による利息の計算を会計処理に反映させるように償却原価法による処理を行うこととしたものであると解されると判示している。

このような判示について検討すると，本件における債権（本件劣後受益権）の取得価額と債権金額の差額が金利を反映したものである場合に，償却原価法

に基づく処理を行うことは，権利確定基準の枠内の処理であると考えられる。すなわち，金利は時間の経過によって生じる性質のものであり，「その実現があった時」ないし「収入すべき権利が確定した時」は，当該各年度に期間対応させること（前記(1)の会計仕訳におけるａ）が合理的である[6]。そのため，金銭債権を債権金額と異なる取得価額で取得した場合で，その差額が金利調整により生じているものは，償却原価法に基づく処理を行うことが，権利確定基準，すなわち法人税法22条4項の公正処理基準に従った処理に該当すると考えてよいと思われる[7]。

(b) 金融商品に関する会計基準と権利確定基準

このような金融商品会計実務指針の考え方が権利確定基準に沿う所以は，さかのぼって，具体的な会計処理について述べる金融商品会計実務指針を設定（作成）する根拠（委任元）となった，より一般的・抽象的な基準である会計基準の考え方が権利確定基準に沿うものであることにもあると考えられる（後述のとおり，会計基準において，より具体的な処理についての指針等を定めるよう要請されている場合に，このような会計基準を根拠として設定された具体的な指針等のことを，「会計基準の委任を受けている」指針等という）。

すなわち，金融商品会計実務指針の根拠である企業会計基準第10号「金融商品に関する会計基準」は，金融資産の流動化・証券化が進展すると，リスク・経済価値アプローチでは金融資産譲渡後に回収サービスを引き受ける等の取引を適正に処理することができないことから，金融資産の譲渡に係る消滅の認識は，リスク・経済価値アプローチではなく「財務構成要素アプローチ」による旨を明確に述べている（58項）。

同項によれば，財務構成要素アプローチとは「金融資産を構成する財務的要素（以下『財務構成要素』という。）に対する支配が他に移転した場合に当該

---

[6] 法人税基本通達2－1－34も，「金銭債権をその債権金額に満たない価額で取得した場合又は債権金額を超える価額で取得した場合において，その債権金額とその取得に要した価額との差額に相当する金額……の全部又は一部が金利の調整により生じたものと認められるときは，当該金銭債権に係る支払期日までの期間の経過に応じ，利息法又は定額法に基づき当該取得差額の範囲内において金利の調整により生じた部分の金額……を益金の額又は損金の額に算入する」としている。

[7] 藤曲武美「債権流動化に伴う劣後受益権に係る金融商品実務指針と公正処理基準―東京高裁平成26年8月29日判決」税務弘報63巻1号も参照。

移転した財務構成要素の消滅を認識し，留保される財務構成要素の存続を認識する方法」とされる。これは，金融資産が譲渡された場合においても，買戻権やリコース義務が存在する場合には，それらの要素に分割し，誰に支配が帰属するかを検討する方法である。

　金融商品に関する会計基準上，金融資産の譲渡に係る消滅（オフバランス化）が認識されるのは，「金融資産の契約上の権利に対する支配が他に移転する」場合であるとされ，それは以下の3要件がすべて満たされた場合であるとされる（下線部筆者）。

⑴　譲渡された金融資産に対する譲受人の契約上の権利が譲渡人及びその債権者から<u>法的に保全</u>されていること
⑵　譲受人が譲渡された金融資産の<u>契約上の権利</u>を直接又は間接に通常の方法で享受できること
⑶　譲渡人が譲渡した金融資産を当該金融資産の満期前に買い戻す<u>権利及び義務</u>を実質的に有していないこと

　このような判断を行うためには法的分析が必要であり，「権利」に着目する権利確定基準に整合するものであると評価できる。金融商品会計実務指針が権利確定基準と整合していると評価し得ることは，金融商品会計実務指針の根拠である会計基準における考え方が権利確定基準に整合していると評価し得ることに基づくと考えることもできる（会計基準における委任については，【コラム】「会計基準および実務指針等の体系」（265頁）を参照）。

③　ビックカメラ事件との比較
　(a)　**財務構成要素アプローチとリスク・経済価値アプローチ**
　前記②(b)のとおり，金融商品会計実務指針105項を適用ないし類推適用した会計処理が，財務構成要素アプローチに基づくもので，権利確定基準の枠内に位置付けることができ，オリックス事件において裁判所はそのような解釈を前提としていると考えられるのに対し，ビックカメラ事件においては，不動産流動化実務指針における「リスク・経済価値アプローチ」が，権利確定基準と整合しないことが指摘されている。
　すなわち，前記①(4)①のとおり，リスク・経済価値アプローチは，信託受益

権が法的には譲渡され,「収入すべき権利」が確定していると評価し得るにもかかわらず,「リスクがSPCを通じて他の者に移転しているとは認められない」という事情がある場合に,会計および税務上は譲渡がなかったものと扱うというものであり,「既に確定した収入すべき権利を現金の回収を待って収益に計上するなどの会計処理」に該当するものとして,「一般に公正妥当と認められる会計処理の基準に適合するものとは認め難い」と判断される可能性がある(大竹貿易事件最高裁判決参照)。

　裁判所は,このように,「財務構成要素アプローチ」と「リスク・経済価値アプローチ」に基づいて定められた実務指針(および実務指針に基づく会計処理)について,それぞれの処理において収益を計上するタイミングが,権利確定基準に整合するかどうかの検討を加えている。両事件において,納税者はいずれも明文の実務指針(不動産流動化実務指針および金融商品会計実務指針)に従った会計処理をしていたにもかかわらず,それぞれの処理が法人税法22条4項における公正処理基準に従った処理であるといえるかどうかの判断が分かれたのは,裁判所が明文の実務指針に従った会計処理の内容を実質的に検討した結果,一方の会計処理は権利確定基準という法人税法22条の中核をなす基準(後記4(2)③(a)参照)に整合し,もう一方の会計処理は整合しないと判断されたことに基づくと考えられる。

(b) 金融商品会計実務指針と不動産流動化実務指針の企業会計における体系上の差異

　両事件の実質的な差異は上記(a)のとおりであるが,このような差異をもたらした理由の一つとして,両事件で問題となった同じ「実務指針」という名称の規定が,企業会計の体系において差異があるということにも着目できる。すなわち,上記②(b)のとおり,会計基準にまでさかのぼると,オリックス事件で問題となった金融商品会計実務指針とビックカメラ事件で問題となった不動産流動化実務指針は,そもそも会計基準の委任を受けているか否かという差異が存在する。

　まず,金融商品会計実務指針は,前記②(b)のとおり,「金融商品に関する会計基準」の委任を受け,同基準を根拠に設定されている。日本公認会計士協会は,金融商品会計実務指針のような会計基準の委任を受けて設定している公表

物を,「報告書」として整理している(日本公認会計士協会「日本公認会計士協会が公表する実務指針等の公表物の体系及び名称について」および同「日本公認会計士協会が公表する実務指針等の公表物の体系及び名称(平成28年3月31日現在)」)。

　これに対して,ビックカメラ事件で問題となった不動産流動化実務指針は,根拠となる具体的な会計基準が存在しない,「実務指針」として整理されている(「日本公認会計士協会が公表する実務指針等の公表物の体系及び名称(平成28年3月31日現在)」。会計基準および実務指針の体系については,【コラム】「会計基準および実務指針等の体系」(265頁)参照)。

　このように,同じ「実務指針」という名称が付され,またナンバリングも会計制度委員会報告第14,15号として連続しているにもかかわらず,オリックス事件で問題となった金融商品会計実務指針は,金融商品に関する会計基準の委任を受け,同会計基準を根拠としているのに対し,ビックカメラ事件で問題となった不動産流動化実務指針は,対応する具体的な会計基準が存在せず,委任を受けずに設定された「実務指針」として整理されているという差異が存在する。金子教授は,不動産流動化実務指針が公正処理基準に該当しないとしたビックカメラ事件における裁判所の判断を正当であるとしつつ,その理由の一つとして,不動産流動化実務指針5項等がリスクに着目した指針にとどまること(前記①(4)②(a))に加え,「企業会計原則・同注解よりもランクの低い会計基準であること」を指摘しており,企業会計上の位置付けについても言及している(ただし,この指摘が,上記のような「報告書」と「実務指針」の差異を述べたものか否かについては明示されていない)[8]。

　あくまで法人税法の解釈としては,「一般に公正妥当と認められる会計処理の基準」に該当するか否かを要件として判断されるべきであり,会計基準の委任を受けていない「実務指針」に依拠した会計処理を行ったとしても,当該処理それ自体が,公正妥当と評価できれば,法人税法上も否定する理由はない。

　ただし,会計基準の委任を受けている報告書に基づいて行った会計処理であれば,少なくとも権利確定基準との関係では,公正処理基準に則った処理であると判断される可能性が高いようにも思われる。すなわち,会計基準は,後述

8　金子325頁。

【コラム】「会計基準および実務指針等の体系」のとおり日本の企業会計の大原則である「企業会計原則」を補足するものとして設定されているところ，前記①(4)①のとおり，企業会計原則では「すべての費用及び収益は，その支出及び収入に基づいて計上し，その発生した期間に正しく割当てられるように処理しなければならない」（企業会計原則第2－A）として，発生主義を定めている。このような発生主義は，法人税法においても妥当し，原則として権利確定主義（権利確定基準）と同内容であると解されている[9]。このような会計基準の委任を受けた報告書に基づいた処理であれば，通常は発生主義，ひいては権利確定基準に従った処理であると考えられる。他方，会計基準の委任を受けていない「実務指針」である場合，会計基準に依拠できないという点で，より慎重に検討すべきであるという判断要素になり得る。

④ 小　　括

　ビックカメラ事件およびオリックス事件は，明文化され企業会計上は合理的と考えられている処理が，税務上においては否定される場合があることを明らかにした点で，意義を有する。

　近時の下級審裁判例が，企業会計と税務処理との間に乖離があることを当然のものとしており，かつそのような乖離が，明文化された指針に基づく会計処理ついても生じるとしていることには，納税者が負うべき判断コスト・リスクを考えれば必ずしも賛同はできない。もっとも，これら近時の裁判例も，必ずしも権利確定基準について判示した平成5年の大竹貿易事件最高裁判決を離れた新たな枠組みを示しているわけではなく，権利確定基準について具体的な会計処理の適用が問題となったにすぎない事例である。仮にこのような裁判例の判断を前提とする場合でも，少なくとも近時の下級審裁判例の射程は，収益の計上時期を判断する際には権利確定基準が適用され，明文の実務指針等の考え方が権利確定基準に抵触している場合には，そのような実務指針等に従った処理は法人税法上の公正処理基準に従った処理とはいえないということを述べているということにとどまり，その範囲を超えて，裁判所が広く企業会計と法人税法上の公正処理基準の間に乖離があることを認めているとまで考えるべきで

9　金子327頁。

はないだろう（後記4(1), (2)③）。

> **コラム　会計基準および実務指針等の体系**
>
> 1．会計基準
>
> 　各国の企業会計上，企業が財務諸表を作成する際に経営者による恣意的な会計処理がなされることを防止するために，「一般に公正妥当と認められる企業会計の基準」（GAAP：generally accepted accounting principles）として，明文の会計基準が設定される試みがなされてきた。日本においても，第二次世界大戦後の昭和24年に，当時の政府の経済安定本部・企業会計制度対策調査会（現在の金融庁・企業会計審議会の前身）が，米国の会計基準を参考に「企業会計原則」を設定した（昭和29年にはその注解として「企業会計原則注解」が設定された）。企業会計審議会は，企業会計原則を必要に応じて改正するとともに，これを補足するものとして，その後平成15年の「企業結合に関する会計基準」まで，各種の「会計基準」を設定・改正してきた[10]。
>
> 　このようにかつては政府機関が会計基準を設定していたのに対し，近年の国際的動向として，会計基準は政府機関ではなく民間団体が設定すべきであるとの意見が強くなってきたことから，日本においても平成13年に民間団体として企業会計基準委員会（ASBJ）が設立され，企業会計審議会が行ってきた会計基準の設定・改正作業を引き継ぐこととなった（企業会計基準委員会は，企業会計審議会が設定した会計基準の改正を含め，「企業会計基準第XX号」という名称で各種の会計基準を設定・改正している）。これらがいわゆる「会計基準」である。
>
> 　会計基準の設定主体が企業会計基準委員会に移行されてからは，同委員会が具体的な「適用指針」を定める例が存在する（企業会計基準適用指針第16号「リース取引に関する会計基準の適用指針」等）。
>
> 2．日本公認会計士協会の公表物
>
> 　他方，日本公認会計士協会が公表する報告書，実務指針，通達，研究報告，研究資料等の公表物も存在する。このうち，報告書，実務指針，通達は，日本公認会計士協会会則に則り，会員である公認会計士が遵守すべき基準として定められている（「日本公認会計士協会が公表する実務指針等の公表物の体系及び名称について」）。
>
> 　さらにこのうち，日本公認会計士協会の委員会の一つである会計制度委員会が

10　企業会計原則および企業会計基準の設定に関する経緯については，桜井久勝『財務会計講義（第17版）』（中央経済社，2016年）49頁以下等も参照。

公表する「報告書」[11]は、会計基準を実務に適用するための具体的な指針であり、かつ企業会計審議会の委任を受け、会計基準を根拠に設定されてきたものである。そのため、位置付けとしては会計基準に取り込まれていると評価できる。

ただし、上記のとおり会計基準の設定主体が企業会計基準委員会に移行されてからは、新たに同委員会が日本公認会計士協会に「報告書」の設定を委任することはなくなった。1．のとおり、企業会計基準委員会自身が具体的な「適用指針」を定める例があり、「適用指針」が定められている場合には、日本公認会計士協会は、会計基準の委任を受けていない「実務指針」を策定するようになっている[12]。そのため、このような「実務指針」は、企業会計上は「報告書」ないし「適用指針」と必ずしも同様に扱われていないことから、税務上の取扱いについても注意する必要があると思われる。

4 企業会計と公正処理基準の関係についての検討

(1) 公正処理基準の企業会計との乖離とそれに対する歯止め

以上検討したとおり、最高裁を含めた裁判例においては、企業会計に依拠した税務処理であっても、「法人税法の企図する公平な所得計算という要請に反するものでない限り」法人税法22条4項の公正処理基準に従った処理として許容されるという、法人税法独自の観点からのスクリーニングが行われている。直近の裁判例であるビックカメラ事件において、日本公認会計士協会・会計制度委員会という企業会計上一定の権威を持つ団体の設定した実務指針に基づく

---

11 日本公認会計士協会の公表物が報告書、実務指針、通達、研究報告、研究資料として整理されたのは、平成22年8月からである（上記「日本公認会計士協会が公表する実務指針等の公表物の体系および名称について」）。そのため、日本公認会計士協会・会計制度委員会は「会計制度委員会報告第 XX 号」とナンバリングした公表物を公表しているが、これも平成22年以前の体系が整理されていない状況から公表されてきたものであり、表題として「報告」という文言が用いられていたとしても、必ずしも現在の体系における「報告書」と整理されるわけではなく、「実務指針」として位置付けられるものも存在することには注意が必要である。

12 たとえば、後述のリースの例では、平成19年に企業会計基準適用指針第16号「リース取引に関する会計基準の適用指針」が設定されている。これに伴って企業会計審議会時代から存在した会計基準制度委員会報告第5号「連結財務諸表におけるリース取引の会計処理に関する実務指針」も改正されているが、これは現在の体系上は「報告書」ではなく「実務指針」として位置付けられている。

会計処理が，法人税法上の観点から許容されなかったことから，スクリーニングの存在が明確になっている。

　学説においても，税制調査会・法人課税小委員会「法人課税小委員会報告」が企業会計と法人税法の乖離を強調していることや（第1節2），情報開示という企業会計上の要請と，公平性・明確性という課税上の要請の差異を強調する立場を前提に，公正処理基準においても，法人税法が企業会計に完全に従うべきとすることはできないという見解も唱えられている[13]。

　他方で，同報告を踏まえ，法人税法は，「別段の定め」を詳細に設ける改正を繰り返すことによって，公平性・明確性という課税上の要請を果たそうとしてきた。社会の発展に伴い法人税法の定めに限界が生じるのであれば，租税法律主義・租税明確主義からは，国民代表機関である立法府における法改正によって対応することが要請されるのであり，「法人税法の企図する公平な所得計算という要請」という抽象的な規範を用いて法人税法22条4項の公正処理基準と企業会計の乖離をいたずらに拡大することは許されないはずである（そのような拡大が許されるのであれば，法人税法22条4項が広範な一般的否認規定と化すことにつながる）。「別段の定め」によらない公正処理基準と企業会計との乖離には，一定の歯止めをかける必要があろう。

　この観点から，合理的で慣行となった会計基準が公正処理基準に該当しないと判断された例は，少なくとも最高裁においては，法人税法の根幹を揺るがす場合に限られている，との指摘がある[14]。最高裁判例のうち，納税者が採用した処理が法人税法上の考慮から公正処理基準に該当しないと判断したものとしては，大竹貿易事件とエス・ヴイ・シー事件（後記(2)③(f)）が存在する。上記の指摘によれば，大竹貿易事件最高裁判決では，法人税法の根底に流れると解される権利確定主義を堅持し，エス・ヴイ・シー事件最高裁判決では脱税のための費用の損金を算入させないことで適切な課税所得計算を維持したものとさ

13　金子323頁，増井良啓『租税法入門』（有斐閣，2014年）204頁，武田昌輔「公正処理基準と税法」租税法学会編『企業課税の諸問題租税法研究第4号』（有斐閣，1977年）88頁，酒井克彦「法人税法22条4項にいう『公正処理基準』該当性に係る判断アプローチ」商学論纂57巻1・2号113頁およびそこに挙げられた各文献等。

14　酒井克彦「法人税法22条4項にいう『公正処理基準』該当性に係る判断アプローチ」商学論纂57巻1・2号135頁。

第5章　会計と税務の取扱いが交錯する事案

れる（もっとも，下記のとおり，エス・ヴイ・シー事件については，最高裁が公正処理基準の問題として処理したこと自体について疑問も呈されている。）。また，ビックカメラ事件においても，裁判所は権利確定基準との抵触を指摘している。これらの裁判例からすれば，「法人税法の企図する公平な所得計算という要請に反するものでない限り」という法人税法上のスクリーニングによって企業の選択した税務処理が否定されるのは，権利確定主義のような法人税法の根幹に抵触する限定的な場面に限られる，という整理は妥当であると思われる。

確定決算主義のもと，合理的な慣行として形成された会計基準に従って納税者が税務処理を行っていたにもかかわらず，法人税法上の考慮により（「別段の定め」なく）その処理が否定されることが許容される場合があるとしても，それは，裁判所が納税者の予見可能性を害してまで事後的に当該処理を否定して課税を行わなければならないと判断できるほど，法人税法の根幹に重大な抵触をもたらす場合に限られるべきであり，「法人税法の企図する公平な所得計算という要請に反する」という文言が拡大されてはならないというべきであろう。

(2) 学説・裁判例から導かれるメルクマール

上記のとおり，法人税法上の独自の考慮が例外的なものであると解するべきであるとしても，一方で裁判例が，法人税法22条4項の公正処理基準が完全に企業会計と一致するものではない旨を述べている以上，納税者としては，企業会計に従った処理について，「別段の定め」が存在しない場合でも，別途，法人税法上の考慮を行う必要性に迫られることになる。

具体的にいかなる場合に，企業会計に従った処理が公正処理基準に該当しない（「法人税法の企図する公平な所得計算という要請に反する」）と判断されるかについて，現時点の裁判例および学説等の状況を整理すると，次のとおりである。

① 公正処理基準に該当すると解されている会計基準等

金子教授は，平成20年に発表された論文において，一般に承認された会計原則のうち公正妥当なものが公正処理基準に相当するものとし，その中心をなす

原則として次のものを挙げていた[15]。

- 企業会計審議会が従来定めてきた企業会計原則およびその関連の注解, 各種基準, 指針等
- （企業会計審議会の後を受け継いだ）企業会計基準委員会の定める企業会計基準, 適用基準, 適用指針, 取扱いその他諸々の基準
- 中小企業の会計に関する基準（日本税理士会連合会, 公認会計士協会, 日本商工会議所および企業会計基準委員会の合意によって設定）
- （今後の動向に注目すべきものとして）国際会計基準

　他方, 金子教授は同時に, 企業会計原則の内容や確立した会計慣行であっても, 必ずしも法人税法22条4項にいう公正妥当なものとは限らず, 企業会計原則や確立した会計慣行について, それが公正妥当といえるかどうかを絶えず吟味する必要がある旨も述べていた。

② 　公正処理基準に該当しないとされた会計基準ないし実務指針

　このような議論を踏まえ, 裁判例において, 明文として確立された会計基準ないし実務指針の中にも法人税法22条4項の公正処理基準に該当しないものがあることが示されてきた。

- 旧リース会計基準（設定：企業会計審議会）
- 不動産流動化実務指針（設定：日本公認会計士協会・会計制度委員会）

　不動産流動化実務指針は, ビックカメラ事件により公正処理基準に該当しないと判断されたものであるが, 旧リース会計基準（企業会計審議会・平成5年6月17日企業会計基準第13号「リース取引に係る会計基準」）も, リース事件（福岡地判平11・12・21税資245号991頁（確定））において公正処理基準に該当しないと判断された。同判決においては, (i)旧リース会計基準が, 納税者が処理を行った平成7, 8年頃にはまだ企業会計上慣行として確立していなかったことに加え, (ii)その内容も, 課税の公平を害し, 法人税法の企図する公平な所得計算の要請に反するとされた。すなわち, 旧リース会計基準によれば「リース物件に

15　金子宏「公正妥当な会計処理の基準（法人税法22条4項）について」租税研究707号7頁～9頁。

ついて（購入したものとして）減価償却を行うことも，（賃借したものとして）リース賃料を損金計上することも可能であり恣意的な処理が可能である」のであって，このような結果を是認することは，課税の公平を害し，法人税法の企図する公平な所得計算の要請に反するとされた。

> - リース事件において納税者が依拠した会計基準＝旧リース会計基準
>   （企業会計審議会・平成5年6月17日「リース取引に係る会計基準」）
>   ファイナンスリース取引については原則として通常の売買に準じて会計処理を行うとしつつ，所有権移転型以外のファイナンスリースについては，財務諸表への注記を条件に，「通常の賃貸借取引に係る方法に準じて会計処理を行うことができる」として，売買処理と賃貸借処理の選択を認める処理基準
> - 税務当局が公正処理基準に該当すると主張した基準＝リース通達
>   （国税庁が昭和53年7月20日付けで発出した「リース取引に係る法人税及び所得税の取扱いについて」と題する通達）
>   「現在広く一般に行われているいわゆるファイナンスリースについては，その経済的実質において一般の賃貸借と異なる面を有しているところから，これを一般の賃貸借と同様に取扱うことに課税上弊害があるものも認められるので，個々のリース取引の経済的実質に応じてこれを売買等と取扱うこととし，その処理の統一を図る」とされる

　もっとも，旧リース会計基準はその後見直され，企業会計審議会を引き継いだ企業会計基準委員会による平成19年の改正により，所有権移転外ファイナンスリース取引の賃貸借処理が廃止（売買処理に一本化）される等，取扱いが明確化された。これを受けて法人税法上も，平成19年度税制改正において，ファイナンスリース取引を原則として資産の売買取引として取り扱うこと（法人税法64条の2第1項）や，賃借人による所有権移転外リース取引に係るリース資産の減価償却方法（法人税法施行令48条の2）等の規定が「別段の定め」として盛り込まれた。

　③　裁判例におけるメルクマール
　その当否はともかく，明文の会計基準ないし実務指針が法人税法22条4項の

公正処理基準に該当しないものとする裁判例が存在することから，納税者としては，「法人税法の企図する公平な所得計算の要請に反する」か否かの判断のメルクマールを的確に把握し，税務処理，税務調査および税務訴訟の場面で適切な対応をとる必要がある。

裁判例から導かれるメルクマールとしては，現状，たとえば次のようなものを挙げることができる。

(a) **権利確定基準**（大竹貿易事件，ビックカメラ事件，オリックス事件）

リーディング・ケースとなった大竹貿易事件，および直近のビックカメラ事件（さらにはオリックス事件）は，ともに権利確定基準に関する裁判例である。裁判例は，収益の計上について権利確定基準（およびそれを補完する管理支配基準[16]）を堅持しており，これらが「法人税法の企図する公平な所得計算の要請」の中核であると考えているものと思われる。ビックカメラ事件においては「課税の公平を重視して一般的な実現主義の考え方を基礎とした権利確定主義を広く採用してきた法人税法の税会計処理基準」（法人税法22条4項の公正処理基準を指す）という表現が用いられている。

そのため，企業会計に従って税務処理を行った場合の収益の認識が権利確定基準（および管理支配基準）の考え方と整合しない場合は，慎重な検討が必要となる。特に，大竹貿易事件において最高裁は，「その権利の実現が未確定であるにもかかわらずこれを収益に計上」したり，「既に確定した収入すべき権利を現金の回収を待って収益に計上するなどの会計処理」は公正処理基準に該当しないと明確に述べていることから，問題となる会計基準ないし実務指針に従った処理が，このような会計処理に該当しないかどうかに注意する必要がある。

会計処理の側から見ると，ビックカメラ事件とオリックス事件における会計処理の考え方には，オリックス事件で問題となった金融商品会計実務指針が採用した「財務構成要素アプローチ」とビックカメラ事件で問題となった不動産

---

16 収入の原因となる権利の確定がない時点においても，金員を収受し，所得の実現があったとみることができる状態が生じたときには，その時期の属する年分の収入金額として所得を計算するべきであるという基準をいう（最判昭53・2・24民集32巻1号43頁，最判昭60・4・18訟月31巻12号3147頁等参照）。

流動化実務指針が採用した「リスク・経済価値アプローチ」の違いがあり、後者が権利確定基準に整合しないという判断がなされている（なお、3(4)③(b)のとおり、両事件においては、問題となった会計処理が依拠した日本公認会計士協会の公表物が、会計基準の委任を受けているか否かという体系上の差異があるが、この点が結論を分けることになったか否かについては、判決文からは明らかでない）。

　　(b)　**計上漏れ（過年度修正損益事件）**
　近時、過年度に発生した計上漏れの費用を、前期損益修正として、計上漏れが発覚した事業年度において損金することができるか否かが問題になった事案で、裁判所は、計上漏れのように本来の事業年度で計上すべきであった損益を、後の事業年度において前期損益修正として計上する処理は公正処理基準に該当しないとして、後の事業年度における損金算入を否定している（東京地判平27・9・25ウエストロー2015WLJPCA09258005、東京高判平28・3・23判例集未登載）。

　この事案において、納税者は、平成12年から13年にかけて外注先からトラック乗務員の派遣を受けたことに対する外注費について計上漏れをし、平成21年3月期に、総勘定元帳に「H13計上漏れ」として記載したうえで、外注費として計上していた。

　第1審は、大竹貿易事件最高裁判決を引用したうえで、企業会計上の考慮と法人税法上の考慮が異なることを述べる。すなわち、企業会計において、会計方針の変更や誤謬を発見した等の場合に、前期損益修正として、過去の損益を特別損益項目に計上して処理することが慣行として広く行われてきたとしても、このような企業会計上の慣行は、過去の財務諸表を遡って修正処理することになれば、利害調整の基盤が揺らぐことになるという企業会計固有の問題に基づくものであるとする。これに対し、法人税法上は、(i)単なる計上漏れのような場合に、企業会計上行われている前期損益修正の処理を法人税法上も是認すると、同一の費用や損失を複数の事業年度（本来計上すべきであった事業年度または計上漏れを発見した事業年度）において計上することができることになるが、こうした事態は、恣意の介在する余地が生じ、公平な所得計算を行うべきであるという法人税法上の要請に反し、法人税法がそのような事態を容認して

いるとは解されないとし，(ⅱ)また法人税法上，修正申告や更正の制度があり，後に修正すべきことが発覚した場合，過去の事業年度に遡って修正することが予定されているのであって，企業会計上固有の問題に基づき行われているにすぎない前期損益修正の処理を，それが企業会計上広く行われているという理由だけで採用することはできないとする。

控訴審においても，第1審と同様の判断がなされたとの報道がなされている[17]（本書執筆時）。これによれば，前期損益修正が発覚した場合には，修正申告や更正の請求により対応することになるが，今後の議論に注意する必要がある[18]。

(c) **納税者による複数の処理の恣意的な選択可能性**（リース事件）

企業会計においても，企業の財務状態の適正な開示という観点から会社の恣意的な会計方針の選択は許されないものの，裁判所は，法人税法の解釈において，「課税の公平を害し，法人税法の企図する公平な所得計算の要請に反する」という観点から，恣意的な選択の可能性に対して特に厳しい態度をとっている。

企業会計において複数の処理が選択可能であるとされている場合には，上記のとおり権利確定基準等に照らして，慎重に検討する必要がある。ただし，企業会計において複数の処理が選択可能である一方，「別段の定め」においてそのうちの1つの処理のみが法人税法に取り込まれている場合には，企業会計上認められているもう1つの処理が（少なくとも納税者の処理を否定する形で）法人税法上許容されるものではないと考えるべきであろう（後記**第3節**[2](1)参照）。

---

17 2016年3月29日付ニュースPRO。
18 法人税基本通達2－2－16は前期損益修正について定めるが，「当該事業年度前の各事業年度……においてその収益の額を益金の額に算入した資産の販売又は譲渡，役務の提供その他の取引について当該事業年度において契約の解除又は取消し，値引き，返品等の事実が生じた場合でも，これらの事実に基づいて生じた損失の額は，当該事業年度の損金の額に算入するのであるから留意する。」として，以前の事業年度に益金を算入する原因となった取引について「契約の解除又は取消し，値引き，返品等の事実」という新たな事実が生じた事業年度において損金の額に算入することを定めたものであり，単に以前の事業年度における計上漏れが事後に発覚した本件のような事案とは異なると考えることもできる。

(d) 他の法人との関係を考慮する会計処理（ビックカメラ事件）

　法人税法は，連結納税等の特則がない限り，個々の法人単体の利益を基に所得を算定するものとしている。ビックカメラ事件において，裁判所は，不動産流動化実務指針によった場合に，連結納税のような法人税法上の特則がないにもかかわらず，子会社が負っているリスクの大小によって親会社の会計処理が左右される結果となることも問題視した（具体的には，親会社がいかなる会計処理を行うべきかの判断要素となる「リスク」の判定において，子会社の負う「リスク」が算入されることが問題視された。前記 [2](4)②(b)）。このように，法人税法上の特則がないのに他の法人との関係が考慮されるような会計上の取扱いは，法人税法との整合性が問題となりうるところである。

(e) 「課税の公平」と異なる趣旨による基準や指針の設定
（ビックカメラ事件）

　ビックカメラ事件において，具体的な会計処理が公正処理基準に妥当しないと判断された理由は，上記のとおり，(a)権利確定基準とは整合しない処理（リスク・経済価値アプローチ）であることや，(d)法人税法上の特則がないのに他の法人との関係を考慮する会計処理であること等であった。

　裁判所は，これらの具体的な会計処理の内容に照らして，不動産流動化実務指針が法人税法上の「公平な所得計算とは別の観点に立って定められたもの」であることを理由に，不動産流動化実務指針は公正処理基準（税会計処理基準）に該当するとはいえないと判示している。この点の判示については，そもそも会計基準は利害関係者に会社の情報を適正に示すために設定されるものであり，法人税法上の「公平な所得計算」とは当然異なる観点に立って定められるものであるから，そのことを理由に会計基準に関する実務指針等が公正処理基準には該当しないとする趣旨であるとすれば，疑問がある。もっとも，裁判所は，このように「公平な所得計算とは別の観点に立って定められたもの」であるか否かを抽象的な規範として判断基準に含めている可能性はあり，注意を要する（あくまで抽象的な規範という点で，(a)〜(d)とは性質が異なる）。

(f) 公正処理基準に反する行為を行うための取引ないし費用
（エス・ヴイ・シー事件）

　(a)〜(e)とは場面が異なるものであるが，ある会計処理を前提とした税務処理

について法人税法上の独自の観点を重視して公正処理基準該当性を否定した最高裁判例としては，大竹貿易事件以外に，エス・ヴイ・シー事件（最判平6・9・16刑集48巻6号357頁）が存在する。最高裁は，脱税に協力した第三者に支払った手数料について，「架空の経費を計上して所得を秘匿することは，事実に反する会計処理であり，公正処理基準に照らして否定されるべきものであるところ，右手数料は，架空の経費を計上するという会計処理に協力したことに対する対価として支出されたものであって，公正処理基準に反する処理により法人税を免れるための費用というべきであるから，このような支出を費用又は損失として損金の額に算入する会計処理もまた，公正処理基準に従ったものであるということはできないと解するのが相当である」として，法人税法22条4項を理由に，脱税経費の損金算入を認めなかった。

　学説上は，「架空の経費」が「費用」ないし「損失」（22条3項）に該当しない以上，それよりもさらに事業活動から間接的な存在である「架空の経費を計上するという会計処理に協力したことに対する対価」もまた，「費用」ないし「損失」に該当しないと解釈すべきであるとし，最高裁が公正処理基準の問題として処理を行ったことに対する批判も存在する[19]。他方で，最高裁調査官解説は，純会計的には脱税経費も役務提供の対価として支払われ，かつ（脱税による税引後利益の増加により）翌期以降の受取利息等を生むことを否定できないことから「費用」に該当しうることを指摘している[20]。このような立場を前提とすれば，最高裁判決は，企業会計上は「費用」に該当する費目について，法人税法上独自の考慮に基づき，これを「損失」（22条3項）とすることが公正処理基準に反すると認定したことになる。すなわち，「公正処理基準に反する処理により法人税を免れる」ことについても公正処理基準は否定的な評価を下しており，そのような処理に要した費用の損金算入もまた公正処理基準に反する，という立場ないし準則が採用されているということになる。

　このような準則は，その射程が必ずしも一義的に明確ではないように思われ

19　本判決を受けて，法人税法が改正され，隠ぺい仮装行為に要する費用や隠ぺい仮装行為から生じる損失が損金算入されないという「別段の定め」が設けられ（55条1項），取扱い自体は明確になったものの，同条が確認の規定であるか創設的規定であるかという点については，まだ議論が残っているという状況にある。

20　『最高裁判所判例解説刑事篇平成6年度』（法曹会，1996年）139頁・140頁。

るため，この判示を前提とするとしても，前記(1)のとおり，脱税という税制の根幹にかかわる本件のような場合に射程が限られると解するべきであろう。

(3) 小 括

　会計基準が「一般に公正妥当と認められる」か否かを法人税法の解釈問題として吟味する必要があるという見解は，会計基準が網羅的でないことや，時代とともに変化するものであり，必ずしも税法上は公正妥当であるとは限らないこと等を理由とする。金子教授は，企業会計原則や確立した会計慣行が決して網羅的であるとはいえず，他方で企業経営における法人税の重要性の増大や税務訴訟の増加に伴って新しい問題が生じていることから，何が公正妥当な会計処理の基準であるかを判定するのは，国税庁や国税不服審判所の任務であり，最終的には裁判所の任務であるとしている[21]。

　税法も「法」である以上，最終的には裁判所の判断に委ねられるものであるが，その裁判所の判断（解釈論）においては，法人税の簡素化の一環として設けられた法人税法22条4項制定の趣旨に立ち返り，原則として，公正処理基準における企業会計と税務の乖離は極力避けられるべきであろう。また，企業会計と税務の乖離が事後の判決により明らかになるという現状は，納税者の予見可能性を著しく害しているといえよう。税務当局に対しては，個別の納税者に対して不意打ち的に課税を行うのではなく，可能な限り解釈の指針を示すとともに，遅くとも税務調査の段階で，法人税「法」に則った理論的な説明を丁寧になすことが求められなければならない。

　他方で，納税者の側も，現状の裁判例に照らすと，漫然と個別の（明文の）会計基準ないし実務指針等に従った処理を税務上も行うだけでは十分でない場合がある。個別の税務処理の中で法人税「法」の観点から十分な検討を行い，税務調査段階においては法人税「法」その他の法令に従った丁寧な主張をする必要がある。そのうえで，税務当局による取扱いが法令（およびその趣旨）に照らして納得のいくものでなければ，不服申立てや税務訴訟による解決を求めることになろう。上記裁判例を参考に，個別の税務処理，税務調査，税務訴訟

21　金子323頁，金子宏「公正妥当な会計処理の基準（法人税法22条4項）について」租税研究707号7頁〜9頁。

の各段階において,税務のみならず法務の専門家を活用し,適切な対応が行われることが望まれる。

第5章　会計と税務の取扱いが交錯する事案

第3節

企業会計と別段の定め

　公正処理基準（第2節）とともに，企業会計と税務上の取扱いが交錯する場面として，法人税法上の「別段の定め」の規定の解釈が企業会計との関係で問題になる場合がある。「別段の定め」自体が，法人税における所得計算と企業会計が乖離する場合を特別に定めた規定であり，かつ平成10年度税制改正以降に詳細に設けられてきたものであることから（前記**第1節**[2]），「別段の定め」の文言解釈は，公正処理基準（「一般に公正妥当と認められる会計処理の基準」）の解釈と比較すると明確であるものの，それでもなお解釈をめぐって争いが生じることがある。

1　近時の裁判例—アリコ事件（納税者勝訴）

　企業会計と「別段の定め」が問題となった近時の事案として，アリコ事件（東京地判平24・12・7税資263号順号12321（納税者勝訴）[22]，東京高判平25・10・24訟月59巻11号2960頁（再更正処分に基づき一部取消），確定）が存在する。この事案は，1つの取引ないし事象に対して，企業会計上は，複数の会計処理が認められ，かつ法人税法の規定上は，そのうちの1つの会計処理のみが「別段の定め」として規定されている，という場合に，もう一方の会計処理に則った処理が法人税法上も認められるという主張が税務当局の側からなされた事案である。裁判所は，税法の文言を重視し，このような税務当局の主張を排斥した[23]。

22　アリコ事件の第1審は，オリックス事件の第1審と同じ裁判体が審理を行っている。
23　控訴審では第1審が一部取り消されているが，これは，税務当局が第1審の判断を前提とした再更正処分を行うとともに控訴審において主張を追加し，これが認められたことによる。

本件で直接的に問題となっているのはデリバティブ取引における「別段の定め」の適用関係という限定的な場面であるが，法人税法の文言解釈の重要性を示すという意味で重要な意義を有する裁判例であるといえる。

(1) 事案の概要

米国に本店を置き，日本国内に支店を有して保険業を営んでいた外国法人であるX社は，その保有していたドル建社債（以下「本件ドル建社債」という）について，価格変動によって生じるおそれのある損失額（ヘッジ対象資産等損失額）を減少させるため，本件ドル建社債をヘッジ対象資産とする通貨オプション取引（ドルプット・円コールの買建取引。以下「本件通貨オプション取引」という）を行った。X社は，平成19年4月1日から平成20年3月31日までの事業年度終了時に，同事業年度において外国為替の売買相場が著しく変動したとして，本件ドル建社債を同事業年度終了時のドル円為替相場により円換算した金額とその時の帳簿価額との差額に相当する金額を損金の額に算入した（具体的な処理については後記(2)）。

これに対して税務当局は，本件通貨オプション取引が，その外国為替の変動に伴って生ずるおそれのある損失の額を減少させるためのデリバティブ取引であり，本件ドル建社債の変動額（時価評価差額）は損金の額に算入されないなどとして，更正処分を行った。

(2) 争　　点

事業年度終了時点において保有する外貨建資産については，当該事業年度においてその外貨建資産に係る外国為替の売買相場が著しく変動した場合（通達上は，概ね15％。法人税基本通達13の2－2－10）には，事業年度終了時に決済がなされたとみなして，その時の帳簿価額との差額（みなし決済損益額）を益金または損金の額に算入することとされている（法人税法61条の9第2項・3項，同法施行令122条の3）。本件においても，X社の有する本件ドル建社債は，当時の円高進行により巨額の外国為替換算差損を含んでいた。

ただし，法人税法上，以下の場合には，上記の益金または損金への算入はしないものと定められている（法人税法施行令122条の2第2号）。

> (i) 繰延ヘッジ処理（法人税法61条の6第1項）の適用がある外貨建資産について，
> (ii) 価格変動によって生じるおそれのある損失額（ヘッジ対象資産等損失額）を減少させる（ヘッジさせる）ためにデリバティブ取引が行われている場合

　そして，上記(i)の法人税法61条の6第1項の適用要件の1つとして，当該デリバティブ取引がヘッジ対象損失額を減少させるために有効であるかの判定（有効性判定）を行い，有効であると認められることが挙げられている（法人税法施行令121条1項）。

　外貨建資産に対する有効性判定の方法として，同施行令上は，「期末時又は決済時におけるそのデリバティブ取引等に係る同項（注：法人税法61条の6第1項）に規定する利益額又は損失額とヘッジ対象資産等評価差額とを比較する方法」のみが挙げられている（同項1号）。この方法は企業会計上のいわゆる「デリバティブ比較法」を指すものと考えられている（日本公認会計士協会・会計制度委員会報告第14号「金融商品会計に関する実務指針」（以下「金融商品会計実務指針」という）156項）。金融商品会計実務指針上は「オプション価格の変動額とヘッジ対象の時価変動額を比較する」方法とされ（下線部筆者，以下同じ），本件では，ドルプット・円コールの通貨オプション価格の変動額と，ヘッジ対象である本件ドル建社債の時価変動額を比較して，変動額が一定程度相殺されていれば，企業会計および法人税法上ヘッジが有効であることになる。

　これに対し，金融商品会計実務指針においては，「オプションの基礎商品の時価変動額とヘッジ対象の時価変動額を比較して判定を行う」方法（いわゆる「基礎商品比較法」）も認められている。本件では，ドル（または円）を通貨オプションの基礎商品として，「オプションの想定元本×円・ドル為替の変化額」で算出される「オプションの基礎商品の時価変動額」と，「ヘッジ対象」である本件ドル建社債の時価変動額を比較することになる。ヘッジ目的でプットオプション取引を行う場合，デリバティブ比較法によるほうが有効性が認められにくいことから，基礎商品比較法が会計上（ヘッジ出来ていることを示すために）比較的広く使われ，税務申告実務上も基礎商品比較法が許容されていた

（後記②(1)②）。

- デリバティブ比較法
  オプション価格の変動額　　　　⇔　ヘッジ対象の時価変動額
- 基礎商品比較法
  オプションの基礎商品の時価変動額　⇔　ヘッジ対象の時価変動額

　本件においてX社は，企業会計上は基礎商品比較法によりヘッジ処理を行っていた。他方で，税務申告上は，基礎商品比較法によることなく，本件ドル建社債について「外国為替の売買相場が著しく変動した場合」（法人税法61条の9第3項）に該当するとして，本件ドル建社債は有効にヘッジされておらず法人税法61条の6第1項の繰延ヘッジ処理の適用がないことを前提に，円高による本件ドル建社債の外国為替換算差損を損金の額に算入して申告を行った。これに対し，税務当局が，基礎商品比較法に基づけば本件ドル建社債は有効にヘッジされており，損金算入は認められないと主張したものである。このように，企業会計上は認められている基礎商品比較法が，法人税法61条の6，同法施行令121条1項1号における有効性判定方法として認められるか否かが争点となった。

(3) 裁判所の判断

　第1審は，税務当局の主張を認めず，基礎商品比較法は法人税法における有効性判定方法としては認められていないと判断し，X社の請求を一部認容した。税務当局は控訴したものの，控訴審ではこの点に関する第1審の判断を争わなかった。

　第1審は，法人税法施行令121条1項1号が，ヘッジの有効性判定方法として「期末時又は決済時におけるそのデリバティブ取引等に係る同項（注：法人税法61条の6第1項）に規定する利益額又は損失額とヘッジ対象資産等評価差額とを比較する方法」（注は筆者）を規定しているが，基礎商品比較法においてヘッジ対象資産等評価差額（ヘッジ対象の時価変動額）と比較される「オプションの基礎商品の時価変動額」（オプションの想定元本と当該基礎商品の時価変動額とをかけ合わせたもの）は上記の「デリバティブ取引等に係る法人税

法61条の6第1項に規定する利益額又は損失額」のいずれにも該当しないとして，基礎商品比較法は法人税法上の有効性判定の方法とは認められないと判示し，X社の請求を一部認容している。

なお，第1審は，ヘッジが有効になされていない以上本件ドル建社債の外国為替換算差損を損金の額に算入できるとした一方，反面として本件通貨オプション取引についても，みなし決済損益額（本件では益）を益金の額に算入すべきと判断していた。そのため，第1審の後，税務当局はX社が本件ドル建社債について別途行っていたドルコール・円プットの売建取引のみなし決済損益額（益）も益金の額に算入して再更正処分を行い，控訴審においては当該再更正処分に基づき増額した益金の額を前提に判断がなされたため，控訴審では算入すべき益金の額が増額されている。納税者は，このような税務当局の処分を前提とした主張は時機に後れた攻撃防御方法（民事訴訟法157条1項）であると主張したが，控訴審は排斥している。もっとも上記のとおり，本件の主たる争点との関係では納税者の主張が認められている。

2　企業会計と「別段の定め」についての検討

(1)　アリコ事件における厳格な文言解釈

アリコ事件第1審は，ホステス報酬源泉徴収事件（最判平22・3・2民集64巻2号420頁，**第3章第4節2(2)③**）を参照し，租税法規は侵害規範であって，法的安定性の要請が強く働くものであるから，みだりに規定の文言を離れて解釈すべきではないとしたうえで，基礎商品比較法にいう「オプションの基礎商品の時価変動額」が，その文言上，法人税法施行令121条1項1号にいう「デリバティブ取引等に係る同項（注：法人税法61条の6第1項）に規定する利益額又は損失額」（注は筆者）に該当しないとしている。

第1審は，このような厳格な文言解釈をもとに，以下のとおり，税務当局が主張する（いわば周辺的な）事情は考慮すべきではないとして排斥し（①②），また立法者意思について補充的な検討を加えている（③）。

① 　金融商品会計実務指針および法人税法61条の6の趣旨

第1審は，金融商品会計実務指針156項がオプション取引に係る有効性判定

方法としてデリバティブ比較法のみならず基礎商品比較法をも認めた趣旨が，上記のとおり広くヘッジの有効性が否定されないようにするためであること，また，法人税法61条の6に規定する繰延ヘッジ処理の趣旨がヘッジ取引の実態を正しく示すことにあることに照らせば，企業会計上，ヘッジ取引として有効であると認められる取引については税務上も繰延ヘッジ処理が適用されることが望ましいことを指摘する。

　しかしながら，他方でこれらの趣旨を踏まえても，上記のように法人税法施行令121条1項1号の文言を離れて，明らかに同号に規定する有効性判定の方法にはあたらない基礎商品比較法を，有効性判定の方法として取り扱うべきであると解すべき合理的理由は見出すことができないとしている。

②　**課税実務**（通達や国税庁紹介回答）

　また，税務当局は，法人税基本通達2－3－48および国税庁の「オプション取引の有効性判定の方法について」の照会に対する回答として，基礎商品比較法が有効性判定方法として認められていること[24]をもって，基礎商品比較法が有効性判定方法として認められるべきことを主張していた。しかし，第1審は，専ら法人税法施行令121条1項1号の解釈により決せられるべきものであって，通達の定めや実際の税務運用上の取扱いによりその結論が左右されるべきものではないと明確に述べている。

　①②のような裁判所の態度には，租税法規における文言を重視した解釈がなされるべきという姿勢が明確に示されている。租税回避が問題となる事案を含め，租税法規の解釈においては文理解釈を第一次的なものとすべきであるという立場からすれば，法人税法（61条の6）の「趣旨」や，通達等の取扱いにもかかわらず文理解釈によって納税者の主張を認めた本判決は，評価されるべき裁判例であるといえる。

③　**一方の会計処理を政令に設けることが可能であったにもかかわらず規定しなかったこと**

　なお，第1審は，「政令において，実務指針156項と同旨の規定を設けることは十分可能であったのであり，それにもかかわらず」，政令が「あえて」基礎

24　https://www.nta.go.jp/shiraberu/zeiho-kaishaku/joho-zeikaishaku/hojin/09/01.htm

商品比較法を有効性判定基準として規定しなかったことも，基礎商品比較法が法人税法における有効性判定基準として認められない理由として挙げる。このように，第1審は立法者意思も補充的に用いて，文理解釈を補強しているように読める。

　ただし，判示において，具体的な立法過程の議論等が参照されているものではなく，判決で掲げられたX社や税務当局の主張においてもそのような議論が明示的になされているわけではない。判示によれば，「オプション取引は，デリバティブ取引の中でも一般的ないし典型的な類型に属する取引」であることや，金融商品実務指針が「当初から，オプション取引の有効性判定の方法としてデリバティブ比較法と基礎商品比較法の2つを認める旨の明文の規定を設けていた」ことから，「政令において，実務指針156項と同旨の規定を設けることは十分可能であった」ことを理由に，「あえてそのような（基礎商品比較法を有効性判定方法として認める）規定を設けなかった」ものとしており，実際には法令の客観的な規定ぶりや制定が「可能であったこと」から逆算して制定の趣旨を論じているにすぎず，文理解釈と離れた独自の意義を有する判示ではないとも読める。

　もっとも，立法趣旨を文理解釈の補強として用いる議論は，租税回避否認の場面などでも見られ（第3章第4節3参照），法解釈においては珍しいものではない。納税者としては立法趣旨・立法者意思を具体的な資料に即して検討し，丁寧に論じることも有益である。

(2)　裁判例の姿勢

　このような「別段の定め」に関する企業会計と法人税法の乖離に関する裁判例の態度は明確である。たとえば納税者敗訴事案ではあるが，自己株式取得価額に係る特種東海製紙事件（第4章第3節3(2)）や，適格現物出資に関する規定が適用される場合のDESの税務上の処理が争いとなったDES事件（最決平23・3・29税資261号順号11656）においても，法人税法上の「別段の定め」が企業会計と異なる処理を明確に求めている場合には，納税者側の「法人税法22条4項の公正処理基準に従えば納税者の処理が正当化される」との主張は否定され，裁判所は当該「別段の定め」に則った処理を厳格に求めている。

納税者としては，個別の税務処理・税務申告の際には「別段の定め」の存在および適用関係についてその文言に従った適切な処理を行うとともに，もし自社の税務処理が「別段の定め」に沿っているかが税務当局との間で争いになった場合には，通達実務や納税者の採用している会計処理ではなく，「別段の定め」の文言にしたがって適切な処理を行っていることを，丁寧に主張することになろう。

事項索引

欧文

ASBJ ……………………………… 240
Attorney-Client Privilege ……… 17
BEPS プロジェクト最終報告書 … 179
Forum Shopping ………………… 53
GAAP …………………………… 265
Internal Revenue Code ………… 51
LOB →特典制限条項
M&A ……………………………… 13
M&A 取引 ………………………… 19
OECD モデル租税条約 …………… 83
PE →恒久的施設
Q&A ………………………………… 6, 49
SPC ……………………………… 247
Technical Explanation …………… 49
Work-Product Doctrine ………… 18

あ行

アリコ事件 ……………………… 278
異議決定 …………………………… 4
異議申立て …………………… 3, 32
意見調整手続 …………………… 38
一般的否認規定 ………………… 148
　　——による否認 ……… 74, 148, 183
一般に公正妥当と認められる会計処理の
　基準 …………………………… 238
移転価格税制 ……………… 22, 79, 191
印紙 ……………………………… 54
隠ぺい仮装 ……………………… 275
訴えの利益 ………………………… 7
エス・ヴイ・シー事件 ……… 267, 274
閲覧・謄写 ……………………… 50
閲覧制限 ………………………… 62
延滞税 …………………………… 29
大竹貿易事件 ……… 243, 258, 267, 271, 272

オリックス事件 ……… 254, 262, 264, 271

か行

会計基準 ………………………… 265
外国税額控除 …………………… 125
　　——の余裕枠利用 …………… 125
外国法人税 ……………………… 86
確定決算主義 …………………… 239
加算税 …………………………… 28
過少申告加算税 ………………… 28
課税処分 ……………………… 4, 24
課税要件事実 …………………… 58
仮装・隠ぺい …………………… 29
仮装隠ぺい行為 ………………… 17
株式移転 ………………………… 231
株式消却 ………………………… 223
株主代表訴訟 …………………… 9
株主法人間取引 ………………… 206
管轄 ……………………………… 52
完全支配関係 ………………… 191, 230
鑑定意見書 ……………………… 60
監督（監視）義務 …………… 8, 10
還付加算金 ……………………… 33
管理支配基準 ………………… 90, 271
企業会計基準委員会 …………… 240
企業会計原則 …………………… 246
企業会計審議会 ………………… 240
期限後申告 ……………………… 28
期限内申告 ……………………… 28
基礎商品比較法 ………………… 280
既存株主 ………………………… 207
希薄化損失 ……………………… 212
規範的要件 ……………………… 91
寄附金 …………………………… 77
寄附金課税 ……………………… 190
基本通達 ………………………… 6

キャッシュ・フロー ……………………… 7
キャピタル・ゲイン ……………………… 229
給与較差 …………………………………… 194
行政事件集中部 …………………………… 42
行政事件専門部 …………………………… 42
行政事件訴訟法 …………………………… 6
行政訴訟 …………………………………… 6
強制調査 …………………………………… 12
虚偽申告犯 ………………………………… 31
金融商品会計実務指針 …………………… 254
金融商品に関する会計基準 ……………… 260
繰越欠損金 ………………………………… 189
繰延ヘッジ処理 …………………………… 280
グループ法人税制 ………………………… 188
グレゴリー判決 …………………………… 123
クロスボーダー取引 ……………………… 13
経済協力開発機構（OECD）…………… 6
契約自由の原則 …………………………… 70
欠損法人の買収 …………………………… 78
決定 ………………………………………… 24
減額再更正 ………………………………… 53
減価償却資産 ……………………………… 132
減資 ………………………………………… 223
原処分庁 …………………………………… 36
源泉所得税 ………………………………… 15
権利確定主義（権利確定基準）………… 243
恒久的施設（PE）…………… 20, 138, 143
　――なければ課税なし … 81, 106, 139, 143
交際費 ……………………………………… 78
更正 ………………………………………… 24
　――の請求 ……………………………… 33
　――の請求の期間制限 ………………… 23
　――の理由 ……………………………… 24
更正決定 …………………………………… 23
更正処分 …………………………………… 14
公正処理基準 ……………………………… 238
更正通知書 ………………………………… 24
控訴理由書 ………………………………… 64
高等裁判所 ………………………………… 42
合理性要件 ………………………………… 196

国外関連者 ………………………………… 191
国外関連取引 ……………………………… 191
国際税務専門官 …………………………… 15
国税局 ……………………………………… 14
国税局課税部資料調査課 ………………… 15
国税訟務官 ………………………………… 42
国税通則法 ………………………………… 12
国税犯則取締法 …………………………… 30
国税不服審判所 …………………………… 35
告発 ………………………………………… 30
個人情報取扱事業者 ……………………… 16
個人情報保護法 …………………………… 16
個人データ ………………………………… 16
個別通達 …………………………………… 6
個別否認規定 ……………………………… 76
　――による否認 ……………… 73, 76, 183
固有概念 …………………………………… 128

さ行

裁決 ………………………………………… 37
裁決事例集 ………………………………… 38
最高裁判所 ………………………………… 42
最高裁判所調査官 ………………………… 44
再調査決定 ………………………………… 34
再調査審理庁 ……………………………… 34
再調査の請求 ……………………………… 32
裁判所調査官 ……………………………… 43
財務構成要素アプローチ ………………… 260
時価取引 …………………………………… 190
事業基準 …………………………………… 89
事実認定による否認 ………… 73, 100, 181
事前照会 …………………………………… 33
事前通知 …………………………………… 14
質疑応答事例 …………………………… 6, 49
実現主義 …………………………………… 243
実体基準 …………………………………… 89
実地調査 …………………………………… 14
実務指針 ……………………………… 251, 263
質問応答記録書 …………………………… 20
質問権 ……………………………………… 36

質問検査権	16
指定代理人	42
私的自治の原則	70
私法関係準拠主義	100
私法上の法律構成による否認	101
資本剰余金	222
資本等取引	206
資本の払戻し	222
釈明	58
借用概念	128
重加算税	17, 23, 29
修正申告	14, 29
趣旨・目的基準	165
主たる事業	93
主張立証責任	247
出向	192
出向負担金	192
出資	206
出訴期間	26
取得のために通常要する価額	218
主要目的テスト	179
純粋経済人基準	152, 177
償却原価法	255
上告受理申立書	66
上告状	66
証拠力	198
訟務官	42
訟務検事	42
条約法に関するウィーン条約	83, 141
職務著作	200
所在地国基準	90
書証	59
除斥期間	53
所得	76
処分証書	109
――の法理	109
申告書	24
申告書不提出犯	31
審査請求	3, 35
審理官	15
ステップ・アップ	229
税会計処理基準	251
請求原因	51
請求の趣旨	51
税制改正の解説	48
税制調査会	240
政府税制調査会	48
税務署	14
税務訴訟資料	50
税務大学校	50
税務大学校論叢	62
税務代理権限証書	19
税務調査	12
税理士法	19
節税	71
是認通知	14
善管注意義務	4, 8
増額再更正	53
捜索・差押	12
組織再編税制	188
組織再編成に係る行為・計算の否認規定	149
訴訟記録	50
訴訟物	52
租税	87
租税回避	70
租税回避行為の否認	71
租税条約	6, 81
租税法律主義	66, 72
その他利益剰余金	222
損益取引	206, 235
損金	7

た行

対価要件	196
第三者割当増資	207
タックス・コンプライアンス	9
タックス・プランニング開示義務制度	179
タックス・ヘイブン対策税制	79, 80
――の適用除外要件	89

脱税 …………………………………… 71
脱税経費 ……………………………… 275
単純無申告犯 ………………………… 31
知的財産高等裁判所 ………………… 64
地方裁判所 …………………………… 42
調査審理課 …………………………… 15
調査第一部国際調査課 ……………… 15
調査第一部特別国税調査官 ………… 15
聴取書 ………………………………… 20
帳簿書類 ……………………………… 16
直接強制 ……………………………… 12
著作権 ………………………………… 200
陳述書 ………………………………… 61
追徴課税 …………………………… 8, 9
通貨オプション取引 ………………… 279
通達 …………………………………… 49
通謀虚偽表示 …………………… 73, 110
低額譲渡 ……………………………… 191
適格合併 ……………………………… 78
適時開示 ……………………………… 26
適正な時価 …………………………… 189
デリバティブ取引 …………………… 279
デリバティブ比較法 ………………… 280
電子メール …………………………… 17
東京国税局 …………………………… 15
謄写 …………………………………… 37
同族会社等の行為・計算の否認規定 … 148
答弁書 ………………………………… 36
特種東海製紙事件 ………………… 231, 284
特定外国子会社等 ………………… 81, 84
特定役員引継要件 …………………… 163
特典制限条項（LOB） ……………… 179
特別国税調査官 ……………………… 15
特別目的会社 ………………………… 247
独立企業間価格 …………………… 22, 192

な行

内部統制システム構築義務 ……… 8, 10
荷為替取組日基準 …………………… 243
日米租税条約 ………………………… 49

日本公認会計士協会 …………… 240, 265
日本税務研究センター ……………… 48
日本租税研究協会 …………………… 46
任意調査 ……………………………… 12

は行

発生主義 ……………………………… 246
パブリックコメント ………………… 48
払戻限度額 …………………………… 223
払戻限度超過額 ……………………… 226
判決の拘束力 ………………………… 54
犯則調査 ……………………………… 30
反面調査 ……………………………… 15
反論書 ………………………………… 36
非関連者基準 ………………………… 90
引受人 ………………………………… 207
ビックカメラ事件
　………… 247, 261, 264, 266, 268, 271, 274
非適格分割 …………………………… 171
秘匿特権 ……………………………… 17
評価根拠事実 …………………… 91, 196
評価障害事実 …………………… 91, 196
ファイナンス取引 …………………… 19
ファイナンスリース ………………… 270
普通裁判籍 …………………………… 53
不動産流動化実務指針 ……………… 248
不動産流動化取引 …………………… 248
船積日基準 …………………………… 243
不納付加算税 ………………………… 28
不服申立て …………………………… 26
不服申立前置主義 ………………… 7, 32
プレスリリース ……………………… 26
文書照会事例 ……………………… 6, 49
文書提出命令 ………………………… 61
分配 …………………………………… 206
文理解釈 ………………… 131, 145, 147, 184
別段の定め …………………………… 234
法解釈による否認 ………………… 74, 181
包括的否認規定 ……………………… 179
報告書 ………………………………… 263

法定納期限	28
補佐人	41
逋脱犯	30
本税	24

ま行

みなし共同事業要件	163
みなし配当	224
無償譲渡	190
無申告加算税	28
黙示の合意	202
持株会社	188
モデル租税条約	6

や行

役員給与	77

有効性判定	280
有利発行	207
予知	28

ら行

濫用基準	167, 178
リース会計基準	269
リース事件	269, 273
利益積立金	232
利益の分配	222
リスク・経済価値アプローチ	252
理由の差替え	57
理由の附記	58
レピュテーション・リスク	23
連結納税	188
連結法人に係る行為・計算の否認規定	149

判例索引

【最高裁判所】

最判昭32・9・19民集11巻9号1608頁 ･･･ 53
最判昭38・3・3訟月9巻5号668頁 ･･ 59
最判昭38・12・24訟月10巻2号381頁 ･･･････････････････････････････････････ 49
最判昭48・7・10刑集27巻7号1205頁 ･･･････････････････････････････････････ 16
最判昭53・2・24民集32巻1号43頁 ･･･ 271
最判昭53・4・21訟月24巻8号1694頁 ･･････････････････････････････････ 152, 156
最判昭56・4・24民集35巻3号672頁 ･･ 54
最判昭56・7・14民集35巻5号901頁 ･･ 58
最判昭60・4・18訟月31巻12号3147頁 ･･････････････････････････････････････ 271
最判平3・3・19税資182号650頁 ･･･ 54
最判平5・11・25民集47巻9号5278頁〔大竹貿易事件〕 ･･････････････････ 242, 250, 257
最判平6・9・16刑集48巻6号357頁〔エス・ヴイ・シー事件〕････････････････････ 275
最判平15・12・19民集57巻11号2292頁 ･････････････････････････････････････ 145
最判平17・12・19民集59巻10号2964頁〔外国税額控除事件〕･････････････････････ 129
最判平18・1・24民集60巻1号252頁〔映画フィルムリース事件〕 ･･･････ 102, 105, 108, 131
最判平18・1・24集民219号285頁〔オウブンシャホールディング事件〕 ･････････････ 207
最判平18・3・1民集60巻2号587頁 ･･ 88
最決平20・6・5税資258号順号10965〔ガイダント事件〕 ････････････････････････ 107
最決平20・10・28税資258号順号11060〔レポ取引事件〕 ･････････････････････････ 98
最判平21・10・29民集63巻8号1881頁〔グラクソ事件〕 ･･････････････････ 48, 82, 141
最判平21・12・3民集63巻10号2283頁〔ガーンジー島事件〕 ････････････ 84, 98, 131, 132
最判平22・3・2民集64巻2号420頁〔ホステス報酬源泉徴収事件〕･････････ 131, 133, 282
最判平23・2・18集民236号71頁〔武富士事件〕 ･････････････････････････ 72, 131, 135
最決平23・3・29税資261号順号11656〔DES事件〕 ････････････････････････････ 284
最決平24・5・8税資262号順号11945〔タイ子会社有利発行事件〕 ･･････････････････ 211
最決平24・6・26税資262号順号11976〔出向負担金事件〕 ････････････････････････ 193
最決平25・12・11税資263号順号12349〔来料加工事件〕 ･････････････････････････ 90
最決平26・5・26税資264号順号12475〔特種東海製紙事件〕 ･･････････････････････ 231
最決平27・9・24LEX/DB25541901〔日産事件〕 ･･･････････････････････････････ 223
最決平28・2・18ウエストロー2016WLJPCA02186002〔IBM事件〕 ･･･････････････ 153
最判平28・2・29民集70巻2号242頁〔ヤフー事件〕 ･････････････････････････････ 162
最判平28・2・29民集70巻2号470頁〔IDCF事件〕 ････････････････････････ 162, 170

【高等裁判所】

大阪高判昭39・9・24判時392号39頁	72
札幌高判昭51・1・13訟月22巻3号756頁	151
東京高判平4・9・24税資192号546頁	196
東京高判平8・6・19税資216号619頁	96
大阪高判平12・1・18訟月47巻12号3767頁〔映画フィルムリース事件〕	102
東京高判平13・12・6判タ1095号278頁	110
名古屋高金沢支判平14・5・15税資252号順号9121	196
大阪高判平15・5・14税資253号順号9341〔外国税額控除事件〕	129
東京高判平16・1・28訟月50巻8号2512頁〔オウブンシャホールディング事件〕	207
名古屋高判平17・10・27判タ1204号224頁〔航空機リース事件〕	104
名古屋高判平19・3・8税資257号順号10647〔船舶リース事件〕	107
東京高判平19・6・28判タ1275号127頁〔ガイダント事件〕	106
東京高判平19・10・25訟月54巻10号2419頁〔ガーンジー島事件〕	86
東京高判平20・3・12金判1290号32頁〔レポ取引事件〕	97
東京高判平20・10・30税資258号順号11061〔アドビ事件〕	192
知財高判平22・5・25税資260号順号11443〔岡三証券グループ事件〕	64, 199
東京高判平22・5・27判時2115号35頁〔ファイナイト事件〕	112, 115
東京高判平22・12・15税資260号順号11571〔タイ子会社有利発行事件〕	211
東京高判平23・8・30訟月59巻1号1頁〔来料加工事件〕	90
東京高判平23・10・27税資261号順号11802〔出向負担金事件〕	193
大阪高判平24・3・8訟月59巻6号1733頁	18
東京高判平24・6・20訟月59巻4号1119頁〔特種東海製紙事件〕	231
東京高判平25・5・29裁判所HP〔平成24年（行コ）421号〕	91
東京高判平25・7・19税資245号991頁〔ビックカメラ事件〕	247
東京高判平25・10・24訟月59巻11号2960頁〔アリコ事件〕	278
東京高判平26・6・12訟月61巻2号394頁〔日産事件〕	223
東京高判平26・8・29ウエストロー2014WLJPCA08299007〔オリックス事件〕	254
東京高判平26・11・5民集70巻2号448頁〔ヤフー事件〕	162
東京高判平27・1・15民集70巻2号671頁〔IDCF事件〕	162, 170
東京高判平27・3・25判時2267号24頁〔IBM事件〕	153
東京高判平27・5・13ウエストロー2015WLJPCA05136001〔ホンダ事件〕	58, 192
東京高判平28・1・28裁判所HP〔平成27年（行コ）222号〕〔通販事件〕	84, 139
名古屋高判平28・2・10裁判所HP〔平成26年（行コ）91号〕〔デンソー事件〕	92
東京高判平28・3・23LEX/DB25543864〔神鋼商事事件〕	217
東京高判平28・3・23判例集未登載〔過年度修正損益事件〕	272

【地方裁判所】

浦和地判平4・4・20判タ796号179頁	111

判例索引

静岡地判平 7 ・11・ 9 訟月42巻12号3042頁	96
東京地判平 9 ・ 6 ・30判タ967号213頁	110
大阪地判平10・10・16訟月45巻 6 号1153頁〔映画フィルムリース事件〕	102
東京地判平11・ 3 ・ 4 判タ1017号215頁	9
福岡地判平11・12・21税資245号991頁〔リース事件〕	269
東京地判平13・ 7 ・26判タ1084号113頁	8
東京地判平13・11・ 9 訟月49巻 8 号2411頁〔オウブンシャホールディング事件〕	207
大阪地判平13・12・14税資251号順号9035〔外国税額控除事件〕	129
名古屋地判平17・ 3 ・ 3 判タ1238号204頁	58
東京地判平17・ 9 ・30判タ1266号185頁〔ガイダント事件〕	106
名古屋地判平17・12・21判タ1270号248頁〔船舶リース事件〕	107
東京地判平19・12・ 7 訟月54巻 8 号1652頁〔アドビ事件〕	192
東京地判平20・ 2 ・ 6 判時2006号65頁〔ヴァージンシネマズ事件〕	112
東京地判平20・11・27判時2037号22頁〔ファイナイト事件〕	100
東京地判平21・ 2 ・ 5 税資259号順号11138〔岡三証券グループ事件〕	199
東京地判平21・ 5 ・28訟月59巻 1 号30頁〔来料加工事件〕	90
東京地判平22・ 3 ・ 5 税資260号順号11392〔タイ子会社有利発行事件〕	211
東京地判平22・12・17訟月59巻 1 号186頁	58
東京地判平23・ 1 ・28税資261号順号11603〔出向負担金事件〕	193
東京地判平23・10・11訟月59巻 4 号1095頁〔特種東海製紙事件〕	231
大阪地判平23・12・ 1 税資261号順号11824〔来料加工事件〕	90
東京地判平24・ 7 ・20訟月59巻 9 号2536頁〔来料加工事件〕	90, 146
東京地判平24・10・11裁判所 HP〔平成22年（行ウ）725号〕	91
東京地判平24・11・ 2 税資262号順号12088〔オリックス事件〕	254
東京地判平24・11・28訟月59巻11号2895頁〔日産事件〕	223
東京地判平24・12・ 7 税資263号順号12321〔アリコ事件〕	278
東京地判平25・ 2 ・25訟月60巻 5 号1103頁〔ビックカメラ事件〕	247
東京地判平26・ 1 ・24判時2247号 7 頁	196
東京地判平26・ 3 ・18判時2236号25頁〔ヤフー事件〕	162
東京地判平26・ 3 ・18判時2236号25頁〔IDCF 事件〕	162, 170
東京地判平26・ 5 ・ 9 判タ1415号186頁〔IBM 事件〕	153
東京地判平26・ 8 ・28税資264号順号12520〔ホンダ事件〕	192
名古屋地判平26・ 9 ・ 4 税資264号順号12524〔デンソー事件〕	92, 99
名古屋地判平27・ 3 ・ 5 ウエストロー2015WLJPCA03059006	21
東京地判平27・ 5 ・28裁判所 HP〔平成24年（行ウ）152号〕〔通販事件〕	84, 139
東京地判平27・ 9 ・25ウエストロー2015WLJPCA09258005〔過年度修正損益事件〕	272
東京地判平27・ 9 ・29ウエストロー2015WLJPCA09298033〔神鋼商事事件〕	217
東京地判平成28・ 9 ・28税務通信3433号 8 頁〔来料加工事件〕	90

《著者紹介》

大石　篤史（おおいし　あつし）

〔略　歴〕
平成8年　東京大学法学部卒業
平成10年4月　弁護士登録（現在第二東京弁護士会）
平成15年　ニューヨーク大学ロースクール卒業
平成15年　ニューヨーク市 Weil, Gotshal & Manges LLP ニューヨークオフィスで執務
平成19年　経済産業省「MBO取引等に関するタスクフォース」メンバー
平成25年　経済産業省「タックスヘイブン対策税制及び無形資産に関する研究会」委員

〔主要著書〕
『取引スキーム別 契約書作成に役立つ税務知識Q&A』（中央経済社，2014年，共著）
『税務・法務を統合したM&A戦略（第2版）』（中央経済社，2015年，共著）
『M&A法大系』（有斐閣，2015年，共著）

小島　冬樹（こじま　ふゆき）

〔略　歴〕
平成18年　東京大学法学部卒業
平成19年9月　弁護士登録（第二東京弁護士会）

〔主要著書〕
『企業危機・不祥事対応の法務』（商事法務，2014年，共著）
『ケース・スタディ消費者トラブル対応の実務』（新日本法規出版，2011年，共著）

飯島　隆博（いいじま　たかひろ）

〔略　歴〕
平成24年　東京大学法学部卒業
平成26年12月　弁護士登録（第二東京弁護士会）
平成27年　東京大学法科大学院未修者指導講師（現任）

〔主要著書〕
『税務・法務を統合したM&A戦略（第2版）』（中央経済社，2015年，共著）
『コーポレートガバナンス・コードの実務（第2版）』（商事法務，2016年，共著）
『指名諮問委員会・報酬諮問委員会の実務』（商事法務，2016年，共著）

企業訴訟実務問題シリーズ
税務訴訟

2017年3月20日　第1版第1刷発行

編者　森・濱田松本法律事務所
著者　大　石　篤　史
　　　小　島　冬　樹
　　　飯　島　隆　博
発行者　山　本　継
発行所　㈱中央経済社
発売元　㈱中央経済グループ
　　　　パブリッシング

〒101-0051　東京都千代田区神田神保町1-31-2
電話　03（3293）3371（編集代表）
　　　03（3293）3381（営業代表）
http://www.chuokeizai.co.jp
印刷／昭和情報プロセス㈱
製本／誠製本㈱

©2017
Printed in Japan

＊頁の「欠落」や「順序違い」などがありましたらお取り替えいたしますので発売元までご送付ください。（送料小社負担）

ISBN978-4-502-21141-6　C3332

JCOPY〈出版者著作権管理機構委託出版物〉本書を無断で複写複製（コピー）することは、著作権法上の例外を除き、禁じられています。本書をコピーされる場合は事前に出版者著作権管理機構（JCOPY）の許諾を受けてください。
JCOPY〈http://www.jcopy.or.jp　e メール：info@jcopy.or.jp　電話：03-3513-6969〉